JN437628

러시아 인문공간:
자연·인간·사회

한국외국어대학교 러시아연구소
HK연구사업단 학술연구총서 **8**

러시아 인문공간:
자연·인간·사회

라승도 편

한국외국어대학교 출판부

19세기 후반에서 20세기 초반까지 러시아 회화사에서 사실주의 경향을 대표했던 '이동전람파'(Передвижники; Itinerants) 화가들의 작품들을 보면, 러시아 자연을 담은 풍경화가 적지 않다. 이들의 풍경화에는 드넓은 강에서 끝없는 길까지 '위대한 러시아 땅'의 본질적 면모가 오롯이 살아 있다. 이런 점에서 이삭 레비탄(Исаак Левитан, 1860~1900)의 풍경화는 흥미로운 예를 제공한다. 이 책의 표지 그림으로 사용된 1892년 작 "블라디미로프카 대로"(Владимировка)에서 우리는 모스크바에서 시베리아까지 끝없이 이어지는 러시아 땅의 위대함만을 보는 것이 아니라, 과거에서 현재까지 쉼 없이 계속되는 러시아 삶의 이야기를 읽을 수 있다. 바꾸어 말하자면, 그림 속 길은 단순한 물리적 차원의 공간만을 의미하지 않는다. 그것은 러시아 민족의 삶이 깊게 아로새겨진 역사적, 문화적, 정신적 차원의 공간이기도 하다. "블라디미로프카 대로"는 한편으로 러시아의 시베리아 정복을 고려할 때 모험의 역사적 공간으로 다가오기도 하고, 다른 한편으로 데카브리스트의 시베리아 유형을 상기할 때 억압의 문화적 공간으로 나타나기도 한다. 이와 동시에 블라디미로프카의 끝없이 펼쳐진 길은 러시아인에게 무한한 잠재력과 가능성의 상징 공간이 되기도 하고, 자유롭고 자발적인 '러시아 영혼'의 상상 공간이 되기도 한다.

이처럼 한 편의 풍경화 속에 나타난 길을 통해서도 우리는 수 세기에 걸쳐 형성된 러시아 사람들의 역사를 읽을 수 있고, 문화를 느낄 수 있으며, 정신을 가늠해볼 수 있다. 마찬가지로 볼가(Волга)라는 한 줄기 도도한 강을 통해서도 우리는 러시아 역사의 강을 횡단할 수 있고, 러시아 문화의 강에서 헤엄칠 수 있으며, 러시아 정신의 강 속에 침잠할 수 있다. 이 책에서 우리가 말하는 '러시아 인문공간'의 본질적 특성도 바로 이렇게 생성되고 발전했다. '러시아 인문공간'은 러시아 사람들이 고대에서 현재까지 오랜 세월 동안 살아오면서 독특하게 형성하고 발전시킨 물리적, 정신적 생활공간의 총체를 가리킨다. 따라서 '러시아 인문공간' 개념 안에는 러시아 영토의 실제 지리에서부터 예술적으로 '상상된 지리'나 문화적으로 '구성된 지리'에 이르기까지 모든 개념적 요소가 포함된다. 이와 함께 '러시아 인문공간' 개념은 과거의 농촌 공동체 '미르'에서 현대의 우주 정거장 '미르'까지도 폭넓게 아우를 수 있는데, 이는 다면적, 다층적 의미의 러시아 땅과 삶을 이해하기 위해서는 '인문공간' 개념이 필요한 이유를 잘 말해준다. 물리적 '세계'를 가리키는 동시에 추상적 '평화'를 의미하기도 하는 러시아어 '미르'(мир)가 과거에는 농촌 공동체를, 현대에는 우주 정거장을 뜻하는 개념이었다는 사실은 러시아 '인문공간'과 사유체계의 독특성을 방증한다.

이러한 일반적 전제를 바탕으로 우리는 이 책에서 먼저 '러시아 인문공간'의 형성과 발전을 러시아에 고유한 자연환경과 인간생활의 상호관계 속에서 설명하고자 했다. 제1부에서는 국가형성 초기부터 현재까지 수많은 강으로 이뤄진 수로체계를 이용한 러시아의 영토 확장이 '인문공간'의 형성과 발전에서 담당한 중차대한 역할에 대해 고찰한다. 제2부에서는 포스트소비에트 시대 러시아의 중앙과 지방에서 일어난 도시 공간과 상징체계의 변화를 탐구한다. 소비에트에서 포스트소비에트 시대로 바뀌면서 민족 정체성과 지역 정체성도 새롭게 정립되는데, 이 과정에서는 도시 공간과 상징의 변화가 무엇보다도 중요했다. 제3부에서는 현대 러시아 영화에 나타난 문화적 공간의 의미 변화에 대해 카프카스와 농촌 공간의 이미지 재구성 작업을 통해 살펴본다. 제4부에서는 고려인과 아르메니아 공동체를 중심으로 러시아연방의 영토 안에 형성된 디아스포라의 타자 공간에 대해 짚어본다. 이처럼 러시아 '인문공간'은 수로체계에서부터 디아스포라에 이르기까지 다채롭고 다층적인 면모를 보여준다.

이 책 『러시아 인문공간: 자연·인간·사회』는 한국외국어대학교 러시아연구소 인문한국(Humanities Korea) 연구사업단이 "러시아연방 인문공간의 한국적 재구성" 아젠다 수행을 위해 기획한 '러시아 인문공간' 총서 제1권으로 발간되었다. 이 책에 실린 글은 필자들이 러시아 인문공간 연구 과정에서 국내 전문 학술지에 발표한 논문 내용을 새롭게 다듬어 엮은 것이다. 제1부 "러시아 인문공간의 형성과 발전"은 『동유럽연구』(제29권, 2012)와 『동유럽발칸학』(제13권, 제1호, 2011)에, 제2부 "도시 공간과 지역 정체성"은 『슬라브연구』(제22권, 제2호, 2006)와 『슬라브학보』(제25권, 제4호, 2010)에, 제3부 "러시아 영화의 문화 공간"은 『노어노문학』(제23권, 제2호, 2011)과 『슬라브학보』(제27권, 제1호, 2012)에, 제4부 "디아스포라의 타자 공간"은 『동북아논총』(제28권, 2010)과 『슬라브학보』(제25권, 제2호, 2010)에 각각 출판된 논문으로 재구성했다. 기존 논문들을 이 책에 출판하도록 허락해준 해당 학회와 학술지 관계자 여러분께 감사드린다.

하지만 기존 논문들은 책으로 발간되는 과정에서 크고 작은 수정을 대폭 거쳤다. 꼼꼼하고 섬세한 편집으로 잘못된 정보나 어색한 표현 등을 바로잡고, 불필요한 대목을 삭제하고, 새로운 내용을 덧붙이는 등 기존 논문의 제목에서부터 각주에 이르기까지 세부 내용에 많은 변화가 있었다. 이와 함께 러시아 인문공간의 대중적 접근과 이해를 돕기 위해 일반 독자에게 낯설게 느껴지는 딱딱한 논문 형식을 최대한 완화하여 가독성을 높였다. 이는 무엇보다도 러시아 인문공간에 관한 참신하고 흥미로운 연구 결과가 기존 논문의 틀에 갇힌 채 학문적 탐구나 연구자 집단 속에만 머물지 않고 대중적 소통에 적극 참여하도록 하기 위함이었다. 이 책이 러시아 인문공간에 관한 기존 논문의 단순한 재구성에 그치지 않고 학문적 탐구와 대중적 이해를 겸비한 학술총서로 새롭게 탄생하게 된 주된 배경도 여기에 있다.

끝으로, 어려운 출판환경 속에서도 '러시아 인문공간' 총서 출판을 기꺼이 맡아주신 한국외국어대학교 출판부의 탁경구 팀장님께 진심으로 감사의 말씀을 전한다. 필자들의 까다롭고 변덕스러운 주문을 늘 한결같이 상냥한 미소로 받아주신 탁 팀장님의 도움과 노력이 없었다면 이 책은 빛을 보기 어려웠을 것이다. 아울러, 인문한국 프로젝트 수행을 위해 불철주야 노력하는 가운데 '러시아 인문공간' 총서 기획과 출판에도 깊은 관심과 격려, 협조를 아끼지 않은 한국외국어대학교 러시아연구소 홍완석 소장님과 연구팀 모두에게 감사하다는 말씀을 전한다.

2012년 5월

라승도

목차

1

러시아 인문공간의 형성과 발전

제 1 장

러시아 자연환경과 인문공간의 성격

황성우

1. 문제제기

지구의 존재 의미는 인간이 거주하는 공간이라는 데 있다. 인간이 거주하는 한 지구는 생물학적 차원에서만 설명할 수 있는 대상이 아니며, 인문학적 차원에서 '인간의 거주지로서 지구,' 삶의 터전, 즉 '에쿠메네(ecumene)로서의 지구'로 바라볼 수 있는 대상이 된다. 그래서 인간의 거주지로서 자연과 그곳에서 삶을 영위하는 인간은 서로 구분하여 설명할 수 없는 주체이자 대상이다. 즉 자연환경이 곧 인간이며, 인간이 곧 자연환경이라는 일원론적 관점에서 인간과 자연의 관계를 인식해야 한다.

자연과 인간의 관계 속에서 형성된 인문공간의 개념 역시 인간과 자연을 하나로 보는 입장에서 출발해야 한다. 인문공간은 크게 보면 '인문'(人文)과 '공간'(空間)의 합성어이다. 두 용어 모두 복잡하고 다양한 의미를 내포하고 있기 때문에, 단일한 개념으로 정의하기 어렵다. 특히 공간의 개념은 지역(area), 장소(place)의 개념만큼이나 복잡하고 다양한 의미를 내포하고 있기 때문에, 학문 분류, 혹은 연구자의 자의성에 따라 공간 개념을 지역, 장소의 개념과 혼용하여 사용하고 있다고 볼 수 있으며, 주관성을 담보하는 개념으로 사용하기도 한다.

우리가 미처 깨닫지 못하는 사실은 인간과 자연환경의 관계를 논할 때, 양자를 서로 다른 별개의 주체로 상정하고 무의식적으로 인간과 자연이 항상 대립하는 것으로 바라볼 수 있다는 점이다. 그 결과 인간과 자연은 서로에게 강한 영향을 미치며, 더 나아가 어느 쪽이 더 절대적인 힘을 가지고 상대방을 지배하는지에 관심을 둔다. 또는 이러한 갈등 구조를 뛰어넘어 이제는 자연과 인간이 공존을 위해 조화를 이루는 친자연적, 친환경적 구조를 만들어야 한다고 역설한다. 일면 타당한 이야기로 들릴 수 있으나, 간과해서는 안 될 점은 이 모든 이야기가 인간과 자연을 구분하고 양자를 대립하는 별도의 항(項, term)으로 설정한다는 것이다. 인간과 자연은 분리된 것이 아니라, 양자의 관계를 통해 서로의 존재 의미가 결정된다.[1]

고대에서 현재에 이르기까지 동양과 서양에서 자연을 바라보는 관점은 크게 두 가지로 구분된다. 동양의 '어머니-대지'로서의 자연관과 서양의 상품가치로서의 자연관이다. 동양에서 나타나는 자연관은 어머니로서의 자연관이다. 우리가 흔히 알고 있는 풍수지리에 등장하는 지모(地母), 지모신(地母神)의 관념이 대표적이다.

서양의 자연관에는 세상 모든 창조물의 중심에는 인간이 있고, 자연은 인간에 종속된다는 개념이 포함되어 있다. 보통 서양의 자연관은 기독교적 자연관에서 파생됐다고 말하기는 하지만, 서양의 경우에서도 유기체로서 자연관을 가진 역사가 있었으며, 자연을 상품가치로 인식하기 시작한 시점은 대략 16세기 이후부터이다. 상품가치로서의 자연관은 15세기 이전까지 종교적으로만 국한된 개념이며, 그 당시까지도 유럽인들 역시 자연을 살아있는 실체로 보아 인간이 자연에 순응해야 한다는 개

1 전종한 외, 『인문지리학의 시선』 (서울: 논형, 2008), pp. 144-147.

념을 가지고 있었다. 즉 인간과 자연의 상호의존성을 강조했으나, 유럽에서 상업화와 산업화가 진행되면서 자연에 대한 인식이 바뀌게 된 것이다. 이렇게 서양에서 자연관이 변경된 사실은 상업화와 산업화가 진행되던 유럽 사회에 변화된 환경에 맞는 새로운 자연관이 필요했다는 것을 보여준다. 즉 자연은 인간에게 종속되고, 자연스럽게 인간이 자연을 정복하여 개발할 수 있다는 논리와 연결된다. 상품가치로서 자연관은 인간이 자연으로부터 자원을 채굴하고 습지를 개간하며, 산림을 벌목하여 경지를 개간할 수 있는 논리를 제공해주기 때문이다.[2]

러시아의 경우에도 초기에는 동양적 자연관이 우세했다고 볼 수 있다. 게오르기 페도토프(Georgy Fedotov)의 표현처럼, "러시아의 대지는 천상(天上)의 이미지가 아닌 '영원한 여성성'(Eternal womanhood)을 의미한다. 대지는 처녀가 아니라, 어머니이다. 그래서 순결한 이미지보다는 다산(多産)을 상징한다. 그리고 러시아의 대지는 검다. 왜냐하면 가장 비옥한 러시아 토양은 바로 흑토이기 때문이다."[3] 그리고 러시아 역시 16세기 말엽 시베리아 정복이 시작되고, 이후 시베리아 개발이 본격화되면서 상품가치로서의 자연관이 등장했다고 볼 수 있다.

이렇듯 관계 속에 맺어지는 인간과 자연의 양자 관계를 설명하기 위해 풍토(風土) 개념을 살펴보도록 하자. 와쓰지 데쓰로우(和辻哲郎)는 일정한 지역의 고유한 자연환경을 풍토로 정의하면서, 풍토는 '물리적, 생물학적 차원의 객관적 대상이 아니라, 인간의 자기 요해(了解), 즉 깨달아 알아내는 방식'이라고 규정했다. 다시 말해서 풍토는 일정 범위의 지역에 나타나는 기후, 지질, 토질, 지형, 경관을 총칭하는 용어로서 인간의 거주환경으로서 나타나는 자연을 뜻한다. 그는 '추위를 느낀다'는 것의 의미를 사례로 들면서 자연환경이 자연과학적 대상에 국한되지 않

2 Ibid., pp. 164-166.

3 James Billington, *The Icon and the Axe: An Interpretive History of Russian Culture* (NY: Vintage Books, 1966), p. 20.

고 근원적으로 인문성의 문제임을 강조했다. 즉 '한기'(寒氣)라는 독립적인 존재를 아는 것은 불가능하고, 추위를 느낌으로써 한기를 발견한다는 뜻이다. 춥다는 느낌을 통해 우리 자신을 발견하는 것이라고 할 수 있다.[4] 즉 자연과의 관계 속에서 인간이 한기를 느낀다는 것을 통해 인간과 자연이 하나라는 일원론적 관점이 설득력을 갖는 것이다.

의복, 가옥구조, 경지, 경관 등과 같은 것은 자유의지에 따라 우리가 만들어낸 것이지만, 이 모든 것은 추위와 무더위, 토양, 습성, 기후 등과 같은 풍토의 제 현상과 관계 속에서 발생한 것이다. 그래서 인간의 자기요해는 자연환경과의 관계에서 나타나는 이러한 '객관적' 수단과 사회적 실천의 발견을 통해 이루어지는 것이지, 단순히 그 지역의 '주관적' 현상을 이해하는 것은 아니다. 각 지역에서 나타나는 가옥이나 건축물은 물론이고 음식문화나 음악, 미술 등의 예술도 해당 지역의 특수한 풍토와의 관계 속에서 나타나는 인간의 자기요해 방식의 표현일 뿐이다. 즉 풍토는 인간 존재의 자기 객관화, 자기 발견의 계기인 것이다.[5]

이러한 관점을 가지고 러시아의 자연환경을 통해 러시아의 인문공간을 어떻게 정의할 수 있는지 살펴보고자 한다. 인문공간은 무엇이며, 어떻게 정의할 수 있는지를 우선으로 검토한 이후 공간성 규정을 위한 자연환경과 인문공간의 관계가 어떻게 규정될 수 있는지 고찰하고자 한다. 자연환경은 인문공간이라는 공간의 성격, 즉 공간성을 규명하는 기본 단위이자 일차 요소라고 생각하기 때문이다. 다시 말해서 러시아인의 삶의 공간으로서 인문공간은 러시아인의 삶의 궤적과 정체성을 밝혀주는 데 가장 기본이 되는 분석 대상이다. 그리고 인문공간과 관련하여 러시아인의 삶에 가장 중요한 역할을 담당했던 러시아 자연환경 중에서 기후와 토양, 하천, 숲, 초원지대 등 네 가지 요인을 살펴보고자 한다.

---

4 전종한, op. cit., pp. 149-151.

5 Ibid.

이 네 가지 환경적 요인은 러시아 인문공간을 형성하는 기본 단위이자 핵심 분석 단위이며, 인문공간의 공간성을 규명하는 일차적이면서 고대에서 현재에 이르기까지 강한 영향력을 끼친 절대적 대상이기 때문이다.

2. 인문공간의 개념

2.1. 人과 文, 人文

자연환경과 관련하여 '인문공간'에 대해 논하고자 한다면, 먼저 인문공간의 어원적 개념을 살펴볼 필요가 있다. 어원적 의미가 중요한 이유는 인문공간이 인문학이나 사회과학 등 지역연구에서 흔히 사용하는 용어가 아니라, 분석 대상으로 규정한 하나의 자의적 개념이기 때문이다. 다시 말해 정확한 개념 규정 없이 학자 혹은 사용자의 상식적 관념과 인식 수준에 따라 누구나 남용할 수 있는 개연성이 존재한다. 어찌 보면 별다른 생각 없이 쉽게 뜻을 이해하고 파악할 수 있는 용어일 수도 있으나, 구체성을 띠고 관찰하면 단순히 '수사'(rhetoric)로 쓰인다는 생각도 들 수 있기 때문이다. 따라서 '인문공간은 무엇인가,' '인문공간을 어떻게 정의할 수 있는가,' '인문공간의 연구는 어떻게 진행되어야 하는가' 등 개념에 대한 근본적이면서 원론적인 의문에 답변하는 것으로부터 논의를 시작하고자 한다.

인문공간은 기본적으로 두 가지 구분법, 즉 인문(人文)과 공간(空間)으로 구분할 수 있고, 세 가지 구분법, 즉 인(人), 문(文), 공간(空間)으로 나누어 정의할 수 있다. 중요한 점은 인문이 '人'과 '文'의 결합이라고 할 때, 인문은 결국 인과 문의 합성어이기에 인과 문을 구별하여, 각각 인과 문의 개념을 우선으로, 그다음으로 공간의 개념을 정의하고, 마지막으로 인문공간의 개념을 규정하는 것이 순리적으로 타당하다고 생각한다.

먼저 '人'에 대해서 살펴보자. 人은 인간(人間)을 의미한다. 인이 인간을 의미한다는 것은 곧 동식물과 구분된다는 의미이며, 인문공간은 동식물의 서식지가 아닌 인간의 거주지로서 인간의 활동이 개입되는 곳을 의미한다. 즉 논의의 대상은 인문공간의 주체로서 인간이 자신들의 삶을 영위하는 터전, 삶의 공간으로서 에쿠메네를 분석 대상으로 상정하고 있다는 의미이다.

또한, 이곳에서 인간의 의미는 한자에서도 알 수 있듯이, 집단과 사회로부터 고립된 인간이 아닌, 인간과 인간의 관계 속에서 형성된 인간, 즉 다양한 집단과 사회의 유기적 관계 속에서 존재하고 발전하는 인간을 뜻한다.

두 번째로 살펴볼 것이 '文'이다. 한자의 '文'은 흔히 알고 있듯이, '글월 문'과 '꾸밀 문'의 뜻으로 구분된다. 따라서 文의 사전적 의미는 첫째, '글월, 문장, 운문, 산문의 총칭'이라는 개념, 둘째, '꾸미다, 모양 있게 꾸미다, 정돈하다, 문신(文身)하다'의 개념을 포함하고 있다. 여기서 우리가 주목해야 할 의미는 '꾸미다, 모양 있게 꾸미다'의 의미이다.

'꾸미다'의 의미는 인간의 활동이 개입됐다는 것을 의미한다. 인간의 활동이 개입됐다는 것은 자연 상태에서 인간의 손을 거쳐 무엇인가 생산됐다는 것을 의미한다. 그래서 여기서 말하는 문의 의미는 '글월 文'의 의미보다는 '꾸미다'의 의미가 강조되는 무늬, 결을 나타내는 '紋'[6]이 더 적합하다고 볼 수 있다. 즉 '人文'에서 '文'은 '紋'의 의미로서 더 설득력이 있으며, 紋이 의미하는 바는 결국 문화의 개념과 동일하다는 것

6 이명수, "로컬, 로컬리티와 인문학의 공간: 한국적 시선으로 찾는 장소성," 한국외대 러시아연구소 콜로키움 발표문 (2011), p. 8. 이런 점에서 '로컬리티의 인문학' 프로젝트를 진행하고 있는 부산외대 한국민족문화연구소가 제시하는 '인문학'(人紋學) 표기는 현실성 있는 대안이라고 생각한다.

을 보여준다. "'文'은 '색을 교차하여 얻어낸 어떤 무늬와 모양'을 의미하며, 문화는 인간이 무늬를 놓은 인위적 행위의 종합화 과정"[7] 이라는 문화에 대한 개념과 일맥상통하기 때문이다.

영미권에서 사용되는 문화라는 용어도 라틴어의 'cultura'에서 파생한 'culture'를 번역한 말로 '경작(耕作)하다,' '재배(栽培)하다'는 의미를 포함하고 있다. 토지 경작, 동식물의 배양과 같은 의미로 사용된 'culture'의 의미는 동양권에서 말하는 紋(광범위한 의미로 文)의 의미와 다를 바가 없다.[8]

결국 '人文'은 구체적으로는 '人紋'의 의미로서 문화의 개념과 동일하게 사용된다고 볼 수 있다. 문화에 대한 고전적 정의를 제시한 영국의 인류학자 에드워드 테일러(Edward Taylor)는 주저 『원시문화』(Primitive Culture, 1871)에서 문화란 "지식, 신앙, 예술, 도덕, 법률, 관습 등 인간이 사회의 구성원으로서 획득한 능력 또는 습관의 총체"라고 정의했다. 우리나라의 『국어대사전』에서도 문화는 "인간이 자연 상태에서 벗어나 일정한 목적 또는 생활 이상을 실현하려는 활동 과정과 이로부터 이룩해 낸 물질적, 정신적 소득의 총칭이며, 좁은 의미로는 학문, 예술, 종교, 도덕 등 인간의 내적 정신활동의 소산을 말한다"[9] 고 정의하고 있다. 『브리태니커 사전』도 이와 유사하게 "문화는 사회 구성원에 의해 공유되는 지식, 신념, 행위의 총체이며, 도구의 사용과 더불어 인류의 고유한 특성으로 간주된다. 문화를 구성하는 요소에는 언어, 관념, 신앙, 관습, 규범, 제도, 기술, 예술, 의례 등 매우 다양하다"고 정의하고 있다.[10] 이러한 문

7 이덕형, 『러시아 문화예술의 천년』 (서울: 생각의 나무, 2009), p. 14.

8 현재의 사회과학, 특히 문화인류학에서는 미개(未開)와 문명(文明: 高文化)을 가리지 않고, 모든 인류가 문화를 소유하며 인류만이 문화를 가진다고 생각한다. 여기에서 문화란 인류에게서만 볼 수 있는 사유(思惟), 행동의 양식(생활방식) 중에서 유전에 의하는 것이 아니라 학습으로 소속 사회(협동을 학습한 사람들의 집단)로부터 습득하고 전달받은 것 전체를 포괄하는 총칭이다.

9 이희승 편, 『국어대사전』 (서울: 민중서관, 1982), p. 1283.

10 『브리태니커 세계대백과사전』, pp. 141-143.

화 정의에서 공통으로 발견할 수 있는 사실은 문화는 인간의 활동이 개입되어 만들어진 어떤 '흔적'이라는 것이다.[11]

문화가 인간이 만들어낸 흔적이라는 측면에서 볼 때, 그 자체로 현재적 관점에서 중요성이 있기 위해서는 문화의 기본적 속성을 이해해야 한다. 즉 문화는 다른 동물과 달리 인간만이 가지는 '상징적 사고'라는 고유한 능력으로부터 출발한 '상징성'을 포함하고 있다. 인간의 사고행위는 단순한 반사적 단계로부터 시작하여 파블로프의 조건반사적 단계, 수단적 단계를 거쳐 상징적 단계로 발전·진화해왔다. 도끼가 단순히 숲을 개간하고 벌목하는 도구가 아닌 '권위'와 같은 상징적 의미로 발전하는 것과 같은 이치이다. 또한, 문화는 사회 구성원 모두가 함께하는 공통 속성, 즉 '공유성'을 포함하고 있다. 공유성은 사회 구성원들이 제각기 가진 자기 나름의 독특한 습관이나 취향의 차이를 넘어 다른 사회 및 집단과 구분되는 공통된 사고방식과 행동방식을 공유하는 특성이다. 따라서 공유성은 사회성을 수반할 때에만 설득력이 있다. 유사한 외모나 생존을 위한 본능적 행위, 즉 생리현상, 수면 행위나 음식물 섭취와 같은 생물학적 특성은 사회성을 수반하지 않기 때문에 공유성에 포함될 수 없다.

사회성은 비유전적인 수단에 의해 습득되는, 말하자면 '사회적 학습'에 의해서 만들어지는 것이다. 동일한 음식물을 섭취한다고 해도 요리 방법과 어떤 방식으로 섭취하느냐에 따라 차이가 발생하면 그 식사 행위는 사회와 집단에 따라 다르게 나타나기 때문에 사회성을 가진다고 말할 수 있다. 음식문화의 차이는 바로 이러한 사회성의 차이로도 발생

---

11 이와 관련하여 동양적 관점에서 서술한 '인문'에 대한 주장은 설득력이 있다. "인문이란 인간이 남긴 무늬이다. 그 무늬는 곧 '결'이다. 그 결은 '이치의 공간'이기도 하다. 정체성의 공간일 수 있고, 푸줏간에서 사람이 소를 잡을 때 쓰는 '자연이 부여한 이치의 공간'일 수도 있다. 인간 세상의 입장에서 보면, 무늬와 결은 문명이나 문화로 풀이할 수 있는데, 그 '결'과 '이치의 발견'에 사람들이 참여하는 사람들, 또는 '결'과 '이치의 발견'을 이야기하고 실천을 강조하는 사람들을 인문학자로 부를 수 있다." 이명수, "로컬, 로컬리티와 인문학의 공간: 한국적 시선으로 찾는 장소성," p. 5.

할 수 있다.[12] 이런 사회성의 차이로부터 문화가 구분되는 것이며, 우리 민족의 사회성에 따른 문화를 '한국 문화,' '한국인의 문화'라고 부르듯이, 고대에서 현재까지 러시아인들이 삶을 영위하면서 공유하고 있는 사고방식과 행동양식을 '러시아 문화,' 혹은 '러시아인의 문화'라고 정의한다.

이렇듯 상징성과 공유성을 내재하고 있는 문화는 이후 연속성과 축적성, 변화성을 포함한다. 일단 확립된 문화는 자체의 생명력을 가지고 한 세대에서 다음 세대로 연속성을 가지고 계승되며, 계승된 문화는 과거의 것 위에 새로운 것이 추가되어 쌓이는 형태를 띠면서 지속해서 축적된다. 동시에, 축적되는 문화는 과거의 것과 똑같은 모습을 띨 수도 있지만, 끊임없이 변화하는 모양을 갖추게 된다. 인위적으로 속도를 늦출 수는 있을지 몰라도 변화 그 자체를 막을 수는 없다. 바로 이것이 문화가 가지고 있는 속성이다.[13]

2.2. 공간

다음으로 공간(space)에 대해 살펴보자. 인간의 삶은 공간과 장소의 구체화를 통해 이루어진다. 공간과 장소라는 매개체 없이 인간의 삶은 존재할 수 없다. 공간의 존재를 무시한 상태에서 삶의 의미를 논의할 수 없음에도 불구하고 공간이 가지는 시간의 영속성 때문에, 공간의 중요

---

12 김익두 편, 『우리 문화 길라잡이』 (서울: 한국문화사, 1998), pp. 11-12.

13 Ibid. 이 밖에 문화의 특성 중에 보편성과 특수성도 존재한다. 보편성과 특수성은 동시적 성격을 가지고 있으면서도 바라보는 시각의 차이를 대변하는 것이다. 인류는 그것이 미개사회든 문명사회든 하나의 사회를 구성하여 삶을 영위하면서 자신들의 문화를 생산하고 발전시킨다. 이것은 어느 사회든지 문화를 형성한다는 문화의 보편적인 특성을 말하고 있다. 또한, 특정한 지역과 환경에 따라 독자적인 문화가 생성·발전되며, 그 결과 서로에게 보이는 문화의 스펙트럼은 너무나 다양하다. 이것은 문화의 특수성을 말하는 것이며, 보통 문화의 상대성이라고 정의한다. 너무나 당연한 말이지만, 우리가 타자의 문화를 이해하기 위해서는 자기가 속한 사회의 문화가 우월하다는 '자민족 중심주의적' 사고가 아닌 상대방의 문화적 맥락과 틀 속에서 타인의 문화를 이해하는 '문화적 상대주의' 시각으로부터 출발하는 자세가 필요하다.

성을 잊어버릴 때가 잦다. 공간과 장소의 정체성은 그곳에 사는 인간의 정체성을 규명하기 때문에, 공간의 소멸은 곧 인간의 소멸이라고 할 수 있다. 공간의 중요성은 바로 여기에 있다.[14]

공간에 대해 논의하고자 하면 우선 공간의 개념 정의부터 시작해야 한다. 오늘날 공간이라는 용어는 매우 다양하게 사용된다. 우주 공간, 도시 공간, 농촌 공간, 문화 공간 등 천체학, 수학, 물리학 등 개별 분과학문에서 사용되는 개념을 떠나 인문학과 사회과학에서 사용되는 공간의 개념 역시 사실상 명확한 규정 없이 사용자의 자의적 개념에 따라 무분별하게 사용되고 있다. 또한, 지역, 장소, 경계 등과 같이 공간과 유사한 범주로 묶을 수 있는 용어와도 아무런 구분 없이 사용되는 때도 있다. 그 일차적인 이유는 학문 분야에서 나타난 '통합과 세분' 분위기에 편승한 것이 아닐까 한다. 오늘날에 이르러, 특히 포스트모더니즘의 학문적 분위기에서 고유한 학문 영역의 경계가 무너지며 '지식의 통섭'(統攝, consilience)[15]이라는 용어가 자주 등장한다.

하지만 각 영역의 경계가 모호해진 상황에도 불구하고 개별적인 분과학문의 고유한 영역은 지켜지고 있다. 그 이유는 개별 분과학문의 연구 영역과 연구 대상은 중첩되지만, 각 분과학문에서 연구 대상으로 삼고 있는 사회정치 현상을 고찰하는 시각과 분석의 틀이 서로 다르기 때문이다. 사회 현상에 접근해 들어가는 분석 시각과 그 도구라 할 수 있는 분석의 틀이 다르다는 것은 결국 개별 분과학문이 가지고 있는 고유한 개념의 차이가 존재한다는 것을 의미한다. 동일한 사회 현상이라고 할지라도 각 분과학문에서 사용하는 개념적 도구에 따라 분석 방법이 달라질 수 있기 때문이다. 이런 이유로 학문의 경계가 흐려진 지식의 지형도에서 '공간'에 대한 명확한 개념을 정의함으로써 지역연구가 자기 정

---

14 전종한, op. cit., p. 37.

15 최재천, 주일우, 『지식의 통섭: 학문의 경계를 넘다』 (서울: 이음, 2008).

체성을 가질 수 있고, 그 결과 여타 분과학문과 학문적 '구별짓기'도 가능할 수 있다고 생각한다.[16]

여기서 말하는 '공간' 개념은 인문지리학에서 사용하는 공간 개념을 바탕으로 한 것으로 지역연구에서 흔히 말하는 지역 개념과 구별된다. 일반적으로 지역연구에서 말하는 '지역'은 크게 네 가지로 구분한다. 첫째, 현재 국제사회에서 인정하고 있는 국경선을 기준으로 구분하는 '하나의 국가로서 지역' 개념이다. 둘째, 한 국가의 지리적 단위와 행정단위로서 지역 개념이다. 셋째, 국경이 인접한 몇몇 국가의 일부 지역, 혹은 한 국가와 인접한 국가의 일부 지역을 지역의 개념에 포함할 수 있다. 넷째, 몇몇 국가, 혹은 그 이상의 수를 포함하는 국가군에 포함되는 지역을 의미한다. 동아시아, 동남아시아, 남아시아, 중동, 아프리카, 동유럽, 중부유럽, 라틴 아메리카, EU, CIS, GUAM, BRICs 등이 이 범주에 해당한다.[17]

장소(place)의 개념 역시 공간과 구별된다.[18] 공간과 장소의 개념은 사용자의 자의적 해석에 따라, 혹은 분과학문의 개념 정의에 따라 달라질 수 있지만, 여기서는 인문지리학에서 밝히고 있는 공간과 장소의 구분법을 사용하여 양자를 구별하고자 한다. 즉 주관성과 개별성을 포함하는 장소의 의미와 객관성 및 개방성을 포함하는 공간의 의미를 구분하고 강조하고자 한다. <표 1>에서 알 수 있듯이, 공간과 장소의 의미로 동시에 사용할 수 있는 공원과 가로수길, 터미널, 광장, 시장 등은 산책하거나 쇼핑하고, 여행을 가는 사람들에게 '유희의 공간'이자 '소통의 공간'이지만, 헤어진 연인들에게는 구체적인 '추억의 장소'이자 '이별의

---

16 전종한, op. cit., pp. 36-37.

17 지역연구에서 말하는 지역 개념에 대한 자세한 내용은 다음을 참고하기 바람. 황성우, "러시아 지방의 지역별 범주화를 통한 연구방법의 모색: 83개 연방주체를 중심으로," 『아태연구』, 제17권, 제3호 (2012.12), pp. 208-212.

18 최근 들어 장소와 장소성에 대한 연구가 활발하게 진행되고 있는데, 이와 관련된 자료는 다음을 참고하기 바람. 이석환, 황기원, "장소와 장소성의 다의적 개념에 관한 연구," 『국토계획』, 제5권 (1997), pp. 169-184.

장소'가 될 수 있다. 이때의 장소 역시 학문적 연구에서 분석 대상이 될 수도 있겠지만, 앞서 말한 문화의 공유성이라는 측면에서 볼 때 상대적으로 설득력이 떨어진다.[19]

〈표 1〉 공간과 장소의 구분

	의미와 상징	
공간	객관성, 개방성	공원, 가로수길, 터미널, 광장, 시장 등등
장소	주관성, 개별성	

독일어로 '공간'(raum)의 어원적 의미는 "자리를 만들어낸다, 비워 자유로운 공간을 만들다, 떠나다, 치우다"라는 의미의 동사 '로이멘'(räumen)에서 파생됐다. 사전적 정의에 따르면, 공간이란 "하나의 공간, 다시 말해 경작이나 이주할 목적으로 숲 속에 빈터를 만들다"는 의미로 규정할 수 있다. 공간은 "게르만 이주자들의 아주 오랜 표현으로서 일단은 거주 장소를 얻기 위한 황무지 개간과 개발행위 ... 그 다음은 그렇게 획득한 거주 장소 자체"를 의미했다.[20]

독일어에서 공간, 즉 '라움'은 단순히 자연 상태로 존재하는 땅이나 평원을 의미하는 것이 아니라, 자연적 상태인 지리적 공간에 인간의 활동이 개입되면서 생산된 사회적 공간을 의미하는 것이다. 이때의 라움에는 이미 구성적 공간 개념이 포함된 경우이며, 여기서 원래 그 자리에 존재하고 있었던 자연적 공간은 중요하지 않다는 것이다. 이러한 구성적 공간 개념 때문에 공간의 개념 정의와 규정에 관한 학문적 고찰이 끊임없이 진행된 것이다.[21]

19 전종한, op. cit., p. 44. 그렇다고 '장소'가 전혀 의미가 없다는 것은 아니다. 인문공간에 대해 논하고자 할 때도 구체적인 '터, 자리, 흔적'의 의미로서 장소가 가지는 중요성은 포괄적인 공간의 의미와 더불어 분석대상으로서 설득력이 있다고 할 수 있다.

20 마르쿠스 쉬뢰르, 『공간, 장소, 경계』, 정인모, 배정희 옮김 (서울: 에코리브르, 2010), pp. 29-30.

21 Ibid., p. 30.

이렇듯 공간은 비어 있는 공간, 즉 물질적 대상이나 사건들을 담아낼 수 있는 용기(container)로서의 수학적, 물리적, 기계적 개념이 아니다. 여기서 말하는 공간은 '사회적으로 생산된 공간,' 즉 사회체제의 본질상 또는 그 사회의 정치, 역사, 경제, 문화생활에서 파생된 공간을 의미하며, 여러 개념이 존재하여 갈등을 일으키고 대결하는 복합적 공간이다. 이러한 복합적 공간의 성격을 공간성(spatiality)이라고 한다. 공간성을 포함하여 장소, 공간, 지역이 가지는 특성에 대한 이해는 장소, 지역, 공간 속에 압축된 시간의 특성에 대한 이해와 결부된다. 공간적 현상은 시간적 변화에 민감하게 반응하기 때문이다. 시간적 변화는 장소, 공간, 지역에 퇴적된 단선적인 역사적 시간(historical time)이 아니라, 장소와 공간, 지역의 특성을 반영하는 '공간화된 시간'(spatialized time)이자 다선적 시간, 즉 '맥락적 시간'(contextual time)이라고 할 수 있다.[22]

2.3. 인문공간

앞서 논의한 인, 문, 공간의 개념을 정리하여 '인문공간'에 대한 정의를 내리고자 한다. 먼저 인문공간은 인간의 활동이 개입된 곳이다. 인간의 활동이란 인간이 자연 상태에서 벗어나 무언가를 꾸며서 인공적으로 생산한 결과를 지칭한다. 그리고 공간은 문화(人文, 人紋)가 생산되고 축적되는 '터'로서의 의미를 갖는다. 인간의 활동은 그러한 터와 상호관계를 맺으면서 그것과 복합적으로 작용하고 역사적으로 퇴적되어 진화 발전한다. 그 결과 나타난 인문공간은 "인간이 자연 상태에서 벗어나 삶을 영위하면서 생산해낸 모든 물질적, 정신적 가치들이 축적된 곳, 터"이다. 즉 인문공간은 고대에서 현재에 이르기까지 인간이 삶을 영위하면서 생산해낸 지식, 신념, 예술, 도덕, 제도, 법률 등 모든 정치적, 경제적, 사회적 가치들이 퇴적된 총체적인 문화적 삶의 공간이다. 여기서

22 전종한, op. cit., pp. 44, 51-52.

정의된 인문공간은 기본적으로 자연과 인간이 하나라는 인식에서 출발한다.

이 개념을 러시아 인문공간에 적용하면, 러시아인의 인문공간은 '러시아인들이 정착하여 삶을 영위하면서 생산해낸 모든 가치가 퇴적된 총체적인 문화적 삶의 공간'이다. 그 결과 현재의 러시아 인문공간은 유럽과 아시아를 포함하는 지리적 합일체로서 하나의 단일공간일 뿐만 아니라, 그 안에 소속된 83개의 정치, 경제, 문화단위인 행정주체가 각기 독립적인 공간으로 기능하는 복합공간이다. 이때 83개 공간은 지역적 차별성을 띠고 있는 개별적이고 구체적인 '장소'의 의미도 있으며, 83개가 하나의 '모자이크'(mosaic)를 이루어 각 단편이 독자적인 개성적 특징들을 띠면서 인접한 조각들과 조화와 합일 속에서 상호 작동함으로써 러시아 인문공간이라는 하나의 큰 그림을 구성하게 된다. 이 그림은 '공국-왕국-제국'으로 이어지는 '러시아인의 땅'이라는 러시아 인문공간의 역사성과 다민족 사회가 공존하는 오늘날 러시아 연방이 내포하는 현재성이 반영된 결과이다.[23]

러시아 인문공간이 역사성과 현재성을 동시에 포함하고 있기 때문에, 러시아 인문공간을 구성하는 83개 행정주체 역시 역사성과 현재성을 보유한다. 그 결과 전체 러시아 인문공간과 행정주체 공간은 중앙과 지방이라는 이분법적 사고에서 파생된 지배와 종속, 중심과 주변이라는 수직적인 하향 위계 관계로 보는 것이 아니라, 서로 영향을 주고받는 수평적 관계로 봐야 된다.[24] 그 이유는 인문공간의 크기를 결정하는 문제와

23 러시아는 제국으로 영토가 확장된 시기에 둘 혹은 약간의 논의는 있지만, 세 개의 커다란 공간(ecumene) 사이에 있었다고 볼 수 있다. 행정구역 측면에서 볼 때 러시아는 고대 스텝 지역 문화와 중국문화 영향권 아래 놓였던 지역을 기반으로 하는 아시아 제국의 공간이며, 문화적 측면에서 볼 때, 적어도 최근 3세기 제정 러시아 시기 동안은 가톨릭과 프로테스탄트 문화의 영향을 받은 유럽제국의 공간이었다. 또한, 종교적 측면에서 볼 때, 동로마 제국과 그리스 정교 세계로부터 파생된 비잔틴 제국의 공간이었다. Geoffrey Hosking, *Russia and the Russians: A History* (Cambridge, Massachusetts: The Belknap Press of Harvard University Press, 2001), pp. 4-5.

연결되어 있으며, 하나의 단일체로서 러시아 인문공간의 경우에는 크게 문제가 없으나, 전체로서가 아닌 개별적인 러시아 인문공간 연구는 결국 로컬(local), 로컬리티(locality) 연구와 맥을 같이 한다고 할 수 있는데,[25] 개별적인 83개의 공간을 중앙과 지방으로 구분하여 공간성을 연구하자면 공간의 규모, 크기, 범위와 관련하여 자체의 모순에 빠지기 때문이다.[26] 그러므로 개별적인 인문공간은 상대적인 스케일을 인정한 상태에서 연구해야 한다. 즉 83개 연방주체의 공간은 전체 러시아 인문공간보다 작고, 83개 연방주체 내 도시 공간은 연방주체 공간보다 작으며, 도시에 속한 작은 지역의 공간은 도시 공간보다 상대적으로 스케일이 작다. 이렇듯 상대적 스케일을 인정한 상황에서 인문공간 연구가 진행되어야만 개별 공간이 가지는 특수성도 파악하면서 동시에 큰 스케일 차원의 보편성도 파악할 수 있다. 이 경우 작은 스케일의 공간성과 상대적으로 큰 스케일의 공간성은 계서제적 관계가 아닌 상호 영향을 주고받는 '다중스케일적'(multi-scalar)[27] 과정으로 이해할 수 있다.

그렇다면 다음으로 공간의 성격, 즉 공간성은 자연환경과 어떤 관계를 맺고 있을까? 공간성을 규정하는 기본 요소로서 자연환경은 어떻게 정의할 수 있는가? 양자의 관계는 어떻게 규정할 수 있는가?

---

24 구동희, "로컬리티 연구에 관한 방법론적 논쟁," 『국토지리학회지』, 제4권 (2010), pp. 514-515.

25 로컬, 로컬리티와 관련된 자료는 다음을 참고하기 바람. 이명수, "중국문화에 있어 시간 공간 그리고 로컬리티의 문제: 로컬리티의 인문학을 위한 시공간 의미의 시론적 접근," 『동양철학연구』, 제55권 (2008), pp. 449-476; 이명수, 조관연, "중화주의적 인식 경계, 로컬리티와 타자: 도통론적 대상 인식에 대한 실학적 전환을 중심으로," 『동양철학연구』, 제62권 (2010), pp. 171-201.

26 러시아의 경우 모스크바 도시 공간을 연구하고자 할 때, 모스크바는 수도로서가 아니라, 하나의 지방으로서 의미가 있다. 지방 연구가 중앙과 지방의 이분법적 사고로 분석될 때는 모스크바는 결코 지방의 범주에 속할 수 없기 때문이다. 이와 관련된 내용은 다음을 참고하기 바람. 구동희, op. cit., p. 513.

27 Ibid., p. 514. 공간의 스케일 문제와 관련해서는 다음을 참고하기 바람. 박배균, "초국가적 이주와 정착을 바라보는 공간적 관점에 대한 연구: 장소, 영역, 네트워크, 스케일의 4가지 공간적 차원을 중심으로," 『한국지리지역학회지』, 제5권 (2009), pp. 616-634.

3. 러시아의 자연환경

러시아 인문공간의 성격을 규명하고 자연환경과 인문공간의 관계를 설명하기 위해 기본적으로 자연환경은 인문공간, 더 나아가 인문학의 모태라는 사고에서 출발하고자 한다. 앞서 설명했듯이, 인문공간의 주체는 인간이며, 인간이 꾸미고, 만들어낸 터가 인문공간이다. 그러나 자연환경에서 모든 관련 요소를 공간성과 결부하여 설명하기는 불가능하다. 공간의 규모와 범위, 환경의 지리적 위치, 파급 효과, 상호작용의 정도 등 상관관계를 규정하는 요소들이 너무나 많기 때문이다. 따라서 역사 형성 초기부터 러시아 인문공간에 영향을 미친 대표적인 자연환경적 요소를 네 가지로 구분하여 설명하고자 한다.

3.1. 기후와 토양: 열악한 환경과 절대자 추구

초기 러시아인들의 생활무대가 됐던 동유럽 평원은 여름은 짧고 겨울이 긴 전형적인 대륙성 기후로서 사람이 살기에 우호적인 곳은 아니었다. 남쪽에 비옥한 흑토지대 토양이 있기는 하지만, 전반적으로 부족한 강우량 때문에 농경에도 적합하지 않았다. 이렇듯 자연적 악조건에 맞서 생활하기 위해서 러시아인들은 농민공동체와 같은 자체 조직을 결성하여 외부인의 침략과 생존 위협에 대처해야 했다. 그 결과 가부장적 권위, 공동체적 질서, 평등, 재산 공유 개념이 발달하게 됐고, 공동체의 삶은 자연스럽게 권위적 위계질서가 필요하여 공동체를 보호해 줄 강력한 절대자의 등장을 용인할 수 있었다.

즉 공동체의 절대자, 더 나아가 국가의 전제군주적 통치자의 등장은 러시아 자연환경의 특성과 밀접한 관련을 맺고 있다. 러시아의 열악한 기후적 조건 때문에 짧은 기간에 농사일을 마무리하기 위해서는 한 가구의 부부나 아이들을 포함하는 독립 농가 이외에 결혼한 자식의 식구

들, 이웃들이 필요했다. 그 결과 자연스럽게 농민공동체의 형성이 이루어졌으며, 공동체의 우두머리에게 절대복종하는 분위기 속에서 그 수장은 중요하고도 절대적인 역할을 하게 됐다. 공동체의 수장은 '볼샤크'(большак)로 불렸으며, 보통 친족 중 가장 연장자가 맡았다. 그는 가족과 관련된 모든 문제를 해결할 최종 결정권을 가지고 있었으며, 농사와 관련된 업무도 그의 지시에 따라 진행됐다.[28] 이러한 현상은 생존을 위한 필수조건이었다.

이러한 초기의 가족 형태에서 알 수 있듯이, 러시아 국가의 성격도 군주가 아버지가 되고, 국민이 자식이 되는 가족적 형태를 띨 수밖에 없었다. 이 패턴은 가부장적 성격으로부터 확대 발전된 러시아의 전제정치에도 반영되어 군주는 절대적 권력을 소유할 뿐만 아니라, 그 권력은 절대 순종을 요구하는 불가분의 특성이 있었다. 19세기 러시아 역사가 미하일 포고딘(Mikhail Pogodin)은 차르를 러시아 국가의 가장이라고 주장하면서 군주들 간의 법적 관계를 가족 용어로 표현하기도 했다.

> 나는 여기서 러시아 역사의 비밀을 덧붙이려고 하는데, 그 비밀은 서양의 어떤 현인도 이해할 수 없다. 러시아 역사는 군주가 항상 아버지가 되고, 국민은 자식이 되는 하나의 가족으로 러시아를 묘사한다. 아버지는 자식들에게 완전한 자유를 주는 반면, 그들에게 전권을 행사한다. 둘 사이에는 배반과 의심이 존재하지 않는다. 그들은 운명과 축복, 평화를 공유한다. 이러한 현상은 국가 전체로도 확대 가능한데, 군대의 사령관은 병사의 아버지가 되고, 지주는 농민의 아버지가 되는 것이다. 이러한 유대관계가 파괴되지 않고 신성하게 유지되는 한 평화와 행복은 계속될 것이다. 반대로 유대관계가 흔들리면 어느 곳이라 할 것 없이 무질서와 혼란이 판을 칠 것이다.[29]

---

28 Jesse D. Clarkson, *A History of Russia* (NY: Random House, 1969), pp. 25-26.

29 Anderson Thornton, *Russian Political Thought: An Introduction* (Ithaca and London: Cornell University Press, 1967), pp. 179-180.

열악한 기후와 토양 조건에서 발생한 가부장적 요소 때문에 러시아인들은 차르의 권위에 대해 절대복종해야 한다는 사고방식을 깊이 간직하고 있었다. 그 결과 차르에 대한 직접적인 비난보다는 지배계급과 귀족에 대한 혐오감이 더 깊었다. 오늘날 '푸틴식 민주주의'가 러시아에서 설득력이 있는 이유 중 하나는 러시아 정치문화의 가부장적 특성이 뿌리 깊게 자리 잡고 있기 때문이라고 볼 수 있다. 이처럼 기후와 토양은 궁극적으로 러시아 인문공간의 정치적 성격을 규정하는 적절한 요소가 되고 있다.

3.2. 하천과 수로체계: 경제적 공간의 이동과 확장

수많은 하천과 바둑판같이 연결된 수로체계도 러시아 인문공간에 영향을 미친 중요한 자연환경적 요소이다.[30] 고대로부터 하천은 러시아인에게 공동생활에 활력을 불어넣어 줌과 동시에 이웃 세계와 자신들을 연결해주는 활로와 같았다. 수로체계를 통해 주변지역과 교역을 할 수 있었으며, 발달한 지역을 중심으로 상업도시가 등장했다. 수로를 연결하는 연수육지는 하천과 하천을 연결하는 중간지대이다. 이러한 연수육지의 지배는 곧 공간의 정치적 영향력이 확대되는 결과를 낳았다. 시간이 흐르면서 하천과 수로체계는 러시아인이 수행한 식민 활동의 주요 통로가 됐으며, 공국, 왕국, 제국으로 확대되는 공간 확대의 첨병 역할도 하게 됐다.

수로체계를 통한 러시아 공간의 확장에서 근원지이자 중심부는 유럽 러시아 북서부에 위치한 발다이(Валдай) 구릉이었다. 대부분 평지로 이루어진 유럽 러시아 공간에서 상대적으로 평균 고도 300m를 유지한 발다이 구릉지대에서 발원한 서드비나 강을 통해 러시아인들은 발트 해로

30 수로체계와 러시아 공간의 확대에 대한 자세한 내용은 다음을 참고하기 바람. 황성우, "수로를 통한 러시아 공간의 팽창," 『동유럽발칸학』, 제13권 (2011), pp. 397-423.

진출할 수 있었다. 일리멘 호수와 연결되는 로바치 강과 일리멘 호수를 통해서는 발트 해, 백해, 북극해로 나갈 수 있었고, 북극해 연안을 따라 태평양까지도 진출할 수 있었다. 또한, 러시아인들은 드네프르 강을 통해서 흑해로 진출할 수 있었고, 드네프르 강에 위치한 수송기지인 연수육지를 통해 다시 볼가 강과 연결된 카스피 해까지 나아갈 수 있었다. 마지막으로, 러시아인들은 카스피 해로 흘러들어 가는 볼가 강 유역의 연수육지를 통해 우랄 산맥 너머 동쪽으로 나갈 수 있었고, 토볼 강을 거점으로 시베리아의 수로체계를 통해 백해, 바렌츠 해, 북극해, 더 나아가 태평양에 진출할 수 있었다.[31]

결국, 발다이 구릉지대에서 시작한 강을 따라 러시아는 동서남북 어느 방향으로든지 대양으로 진출할 수 있었다. 이처럼 바둑판같이 연결된 광활한 수로체계는 러시아 공간 팽창과 식민화 정책의 주된 경로였다. 그 덕분에 러시아는 유럽, 아시아, 아메리카 등 세 대륙에 걸친 대제국을 건설할 수 있었다. 러시아 영토가 확장된 과정은 수로와 하천의 지배로부터 출발해 대양으로 향한 출구를 확보하여 제국을 형성한 공간적 인과관계 속에서 찾을 수 있다. 그 중심은 발다이 구릉지대였다. 이곳에서 발원한 드네프르 강과 오카 강, 볼가 강을 중심으로 하는 수로체계가 팽창의 객관적 조건이 됐으며, 모피와 연수육지, 목조요새, 수도원들이 팽창의 원심력으로 작용했다.

이처럼 동유럽 평원을 가로지르는 여러 강은 국가형성 이전부터 육로

---

31 제국 건설을 위한 공간 팽창의 주관적 동력은 모피, 특히 검은담비의 모피였다. 국가 형성 초기부터 수로체계를 통한 교역상품에는 노예, 호박, 목재 관련 제품 등 다양했지만, 시대를 초월하여 가장 인기 있는 상품은 모피였다. 또한, 러시아의 공간이 확장할 수 있었던 객관적 조건은 연수육지, 목조요새, 수도원이 있었기 때문이다. 일종의 수송기지인 연수육지를 통해 강을 연결하는 수로체계를 구축할 수 있었으며, 구축된 수로체계를 확보하고 주변지역의 지배권을 장악하기 위해 연수육지에 요새화된 성채의 건설이 필요했다. 고대의 주요 도시들은 대부분 목조요새화 공간에서 팽창하여 도시로 성장했다. 마지막으로 러시아 공간 확장의 대리인 역할을 한 것은 수도원이었다. 현실정치에서 탈피하여 참된 수도생활을 위해 건립된 수도원은 본의 아니게 영토 및 공간 확장의 첨병으로서 임무를 떠안아 공간 확대를 위한 전초기지 역할을 맡게 됐다.

와 수로를 연결하는 해상 교통로 역할을 담당했다. 강을 통한 수로체계 덕분에 러시아인들은 발트 해, 흑해, 카스피 해, 북극해 등 해양으로 나아갈 수 있었고, 우랄 산맥을 넘어 시베리아에 진출할 수 있었다. 특히 '발트 해-흑해'로 이어지는 교역로는 러시아의 저명한 역사가 바실리 클류체프스키(Vasilii Kliuchevskii)가 주장하듯이 교역로로서 중요성과 더불어 고대 동슬라브인의 정치, 경제, 문화생활의 심장부 역할도 담당했다.[32]

3.3. 숲: 신화적 상상력의 보고

드네프르 강 중부지역이나 오카 강과 볼가 강이 흐르는 동유럽 중부평원은 울창한 숲으로 이루어진 삼림지대이다. 이 지역으로 이동하는 이주민이 증가하면서 울창한 산림에 벌채와 개간이 이루어졌고, 숲을 지배하는 집단이 형성되면서 이곳은 정치적, 경제적, 문화적 중심지가 됐다. 숲은 문화, 문명의 발전과는 반비례한다. "문명과 열대다우림이 공존할 길은 없다. 전자는 후자를 황폐화시킨다"[33]는 말과 같이 사실 문화가 발전하면 할수록, 문명이 발달하면 할수록 숲은 파괴된다. 새로운 나무 공급원을 찾아야만 하는 상황에서 결국 광범위한 인구 이동이 발생한다. 시베리아의 울창한 산림을 보유한 러시아는 약간의 예외일 수 있지만, 유럽 러시아의 상황은 이와 별반 다를 것이 없었다.

숲은 러시아인의 신화적 상상력을 불러일으킨 인문공간의 보고이다. 끝없이 펼쳐진 숲으로부터 러시아인들은 자연이 가진 원초적 힘을 통해 자신들의 원시적 상상력을 표현했다. 물, 불, 흙, 공기 등 4원소뿐만 아니라, 나무나 돌 등 광활한 대지의 공간과 함께 자연의 불가사의한 힘과 대면해야 했던 러시아인들은 주술과 제의를 통해 신화적 요소를 구체화

---

32 А. С. Орлов, В. А. Георгиев и др. *История России* (Москва: ПРОСПЕКТ, 2004), с. 17.
33 존 펠린, 『숲의 서사시』, 송명규 옮김 (서울: 도서출판 따님, 2003), p. 10.

하고, 다시 주술, 제의, 의식 등을 통해 토착신앙이라는 종교적 관념을 형성했다. 기독교와 같은 고등종교가 수용되어 체계화되기 이전까지 만신전과 같은 러시아인들의 범신론적 자연 숭배사상은 인문공간의 모태로서 자연환경이 어떻게 러시아인들의 사고와 행위를 규정했는지를 알 수 있다.[34]

또한, 숲은 집과 마찬가지로 러시아인들이 가진 공간적 인식의 기본 대상이었다. 숲을 통해 하늘과 땅(대지)이라는 수직적 관계와 숲 안과 밖의 수평적 관계를 통해, 성과 속, 선과 악의 구분을 창출했으며, 집과 숲의 수평적 관계를 통해 자아(우리)와 타자(그들)의 공간적 구분을 시도했다.[35] 오늘날에도 존재하는 지역 명칭에서 알 수 있듯이, 숲과 관련하여 '숲이 우거진,' '숲 너머에 자리 잡은'이라는 이름이 부여됐다.[36] 이것은 고대의 공간적 인식이 현대까지 설득력이 있다고 할 수 있다.

러시아의 문화 상징으로 알려진 도끼도 숲과 관련이 있다. 숲을 지배하기 위한 권력의 수단으로서 도끼는 러시아인들에게 집을 지을 수도, 숟가락을 만들 수도 있는 생활도구였다.[37] 이렇듯 숲은 러시아인들이 미지의 자연과 더불어 삶을 유지하면서 생산해낸 종교적, 신화적, 문화적 상상력의 보고였으며, 러시아인의 공간성을 규정하는 기본 단위였다.

3.4. 초원지대: 안보와 팽창의 정치적 공간

러시아 역사에서 국가형성 초기에 러시아인들의 중심 무대는 드네프

34 슬라브인과 러시아인의 원시적 상상력에 대한 자세한 설명은 다음을 참고하기 바람. 이덕형, 『천년의 울림』 (서울: 성균관대 출판부, 2001), pp. 17-65.

35 숲 속 나무와 식물들은 하늘-대지-지하 세계를 연결하는 매개체로서 기능한다. 특히 나무는 세계수(世界樹)로서 하늘-대지-지하를 연결하는 세 공간 구조의 중심에 놓여 있다고 생각했다. 오늘날에도 러시아인의 사랑을 받고 있는 자작나무는 러시아의 세계수로서 '우주로 향하는 사다리' 역할을 담당했다. 숲 밖(살고 있는 공간)과 안(미지의 공간, 암흑의 공간), 집(善)과 숲(惡)의 이항적 대립구조 등도 공간에 대한 러시아인들의 세계관을 보여주는 좋은 예이다.

36 대표적으로 모스크바 근교의 페레스라블-잘레스키(Переславль-Залесский) 지명은 '숲 너머에 있는 페레슬라블'이라는 뜻이다.

37 Billington, op. cit., p. 21.

르 강과 볼가 강 연안을 중심으로 하는 동유럽 평원이었다. 이 지역은 동쪽으로 우랄 산맥, 서쪽으로 카르파티아 산맥, 남쪽으로 카스피 해와 흑해, 북쪽으로 발트 해에 인접하는 약 400만㎢에 해당하는 광활한 지역으로 한반도 영토의 약 20배에 이르는 거대한 지리적 공간이다. '평원의 나라'[38]로 불리기도 했던 이 지역에는 빙하시대를 거치면서 오랜 침식작용으로 말미암아 호수와 늪지대가 상대적으로 널리 분포되어 있으며, 이곳을 중심으로 흔히 동슬라브인으로 분류되는 러시아인들이 역사의 무대에 등장하여 활동했다.

방대한 지리적 공간임에도 주변의 침략으로부터 자신들을 보호해줄 명확한 자연적 방어선이 없었던 관계로 우랄 산맥과 카스피 해 사이에 펼쳐진 광활한 초원지대는 러시아인들에게 위협과 두려움의 땅이었다. 훈족, 하자르인, 페체네그인, 폴로베츠인, 몽골인 등 동쪽으로부터 밀려오는 아시아 유목민들의 침략에 고스란히 노출된 남쪽 초원지대는 러시아인에게 처절한 민족 수난의 역사를 안겨준 공포의 대상이었다. 이러한 질곡의 역사 때문에 러시아인들은 대외 혐오증과 함께 자신들의 생명과 안전을 보장해주는 절대자의 등장을 염원했다.

특히 동슬라브인의 문명 발상지이자, 러시아 역사의 초기 무대가 되었던 동유럽 평원은 영토의 방대함에도 불구하고 구성원들을 외부의 위협으로부터 보호할 수 있는 큰 강이나 산맥 등 자연적 방어선을 갖추고 있지 못해 이민족의 침입이 빈번한 지리적, 정치적, 문화적 공간이었다. 기원전부터 러시아인들은 수많은 이민족의 침입을 받아 민족적으로 엄청난 수난과 단절의 역사를 경험했다. 그 결과 안보개념에 대한 러시아인의 의식구조를 논할 때면, 흔히 '대외 혐오증'(Xenophobia)과 '적극적 안보개념'이라는 두 가지 측면을 말하곤 한다. 대외 혐오증은 자연적 장애물이 없었던 동유럽 평원에 주변 이민족의 침입과 약탈이 빈번했던

38 박태성, 『역사 속의 러시아 문화』 (부산: 부산외대 출판부, 1998), p. 11.

관계로 러시아인의 의식 속에 뿌리 깊게 자리 잡은 외국인 혐오증을 설명하는 개념이다. '적극적 안보개념'은 수많은 민족 수난을 체험한 러시아인들이 국경방어를 위해 수도나 중심지로부터 국경선을 확대하여 외부의 침입으로부터 수도와 본토를 방어하고, 넓어진 영토에서 '시간 끌기 작전'을 통해 방어할 시간적, 공간적 준비를 하고자 하는, 이른바 포괄적 안보개념으로 설명된다. 따라서 러시아인의 적극적 안보개념의 구체적 실천방안으로 러시아의 대외정책은 현재에 이르기까지 '방어적 팽창주의'(Defensive expansionism) 정책을 지속해서 추진했다고도 볼 수 있다.

이처럼 초원지대는 유럽 러시아 대부분 지역을 차지하고 있으면서 러시아인들에게는 삶을 위한 터전이었던 동시에 외부의 침략에 고스란히 노출된 공포와 위협의 공간이었다. 안보개념의 형성, 더 나아가 이민족의 침략에 맞서 자신들의 안전을 보장해줄 절대자에 대한 갈망은 동유럽 평원이라는 광활한 초원 공간이 러시아인에게 안겨준 지리적, 정치적 굴레였다.

4. 결론

지금까지 인문공간과 자연환경의 상관관계를 규정하기 위한 목적으로 인문공간의 개념 정의와 더불어 인문공간과 자연환경의 상호작용을 통해 어떻게 공간성이 규정되는가를 살펴보았다.

인문공간은 인과 문, 공간의 합성어이다. 인문공간은 인간의 활동이 개입된 곳이다. 인간의 활동이란 인간이 자연 상태에서 벗어나 무언인가를 꾸며서 인공적으로 생산한 결과를 지칭한다. 공간은 문화(人文, 人紋)가 생산되고 축적되는 '터'로서의 의미를 갖는다. 인간의 활동은 그러한 터와 상호관계를 맺으면서 복합적으로 작용하여 역사적으로 퇴적되어 진화·발전한다. 그 결과 나타난 인문공간은 "인간이 자연상태로부터 벗어나 삶을 영위하면서 생산해낸 모든 물질적, 정신적 가치가 축적된 곳, 터"라고 정의내릴 수 있다. 동일한 맥락에서 러시아의 인문공간은 '고대에서 현재까지 러시아인들이 삶을 영위하면서 생산해낸 지식, 신념, 예술, 도덕, 제도, 법률 등 모든 정치적, 경제적, 사회적 가치가 퇴적된 총체적인 문화적 삶의 공간'이다.

러시아의 자연환경은 러시아인이 거주하는 삶의 공간인 인문공간의 성격을 규정하고, 인문공간에서 러시아인들이 생산하고 축적한 물질적, 정신적 기본 가치들의 특성을 설명하고 있다. 그 이유는 무엇보다도 러시아인이 자신들을 둘러싸고 있는 공간을 대변하기 때문인 동시에, 러시아의 자연환경, 즉 인문공간이 러시아인의 정체성을 상징화하고 있기 때문이다.

이러한 자연환경과 인문공간의 상관관계는 인간이 자연 속에서 문화적 활동을 시작하면서 오늘날에 이르기까지 끊임없이 인간과 자연의 상호작용을 일으키게 하는 주된 내적 원동력이 됐다. 외부로부터의 압력에 의해 인문공간의 규모와 성격이 변화한다고 해도 자연환경은 러시아인이 추구하는 삶의 객관적 환경을 끊임없이 제공한다.

결국 자연과 인간이 별개로 구성된 이원론적 관념이 아닌, 일원론적 관념을 가지고 인간과 자연의 관계를 파악해야 하며, 자연환경은 인문공간의 모태라는 생각에서 논의를 시작해야 한다. 물론 논의를 발전하면, 동일한 자연환경이라도 그곳에 거주하는 인간집단에 따라 다르게 인식될 수 있다는 생각도 포함해야 하며, 자연환경은 언제나 사회·문화적으로 재구성되고, 재구성된 자연환경도 역사적으로 변화한다는 점을 간과해서는 안 된다.

참고문헌

구동희. “로컬리티 연구에 관한 방법론적 논쟁.” 『국토지리학회지』, 제4권 (2010).

김익두 편저. 『우리 문화 길라잡이』. 서울: 한국문화사, 1998.

박배균. “초국가적 이주와 정착을 바라보는 공간적 관점에 대한 연구: 장소, 영역, 네트워크, 스케일의 4가지 공간적 차원을 중심으로.” 『한국지리지역학회지』, 제5권 (2009).

박태성. 『역사 속의 러시아 문화』. 부산: 부산외대 출판부, 1998.

______. 『한눈에 보는 러시아 역사』. 부산: 부산외대 출판부, 2009.

『브리태니커 세계대백과사전』.

쉬뢰르, 마르쿠스. 『공간, 장소, 경계』. 정인모, 배정희 옮김. 서울: 에코리브르, 2010.

이덕형. 『천년의 울림』. 서울: 성균관대 출판부, 2001.

______. 『러시아 문화예술의 천년』. 서울: 생각의 나무, 2009.

이명수. “로컬, 로컬리티와 인문학의 공간: 한국적 시선으로 찾는 장소성.” 한국외국어대학교 러시아연구소 콜로키움 발표문 (2011).

______. “중국문화에 있어 시간 공간 그리고 로컬리티의 문제: 로컬리티의 인문학을 위한 시공간 의미의 시론적 접근.” 『동양철학연구』, 제55권 (2008).

이명수, 조관연. “중화주의적 인식 경계, 로컬리티와 타자: 도통론적 대상 인식에 대한 실학적 전환을 중심으로.” 『동양철학연구』, 제62권 (2010).

이석환, 황기원. “장소와 장소성의 다의적 개념에 관한 연구.” 『국토계획』, 제5권 (1997).

이희승 편. 『국어대사전』. 서울: 민중서관, 1982.

전종한 외. 『인문지리학의 시선』. 서울: 논형, 2008.

최재천, 주일우. 『지식의 통섭: 학문의 경계를 넘다』. 서울: 이음, 2008.

클링호퍼, 아서. 『지도와 권력』. 이용주 옮김. 서울: 알마, 2007.

펄린, 존. 『숲의 서사시』. 송명규 옮김, 서울: 도서출판 따님, 2003.

황성우. “‘발트 해-흑해 무역로’와 키예프 루시의 태동.” 『동유럽연구』, 제2권, 제2호 (2009).

______. “러시아 지방의 지역별 범주화를 통한 연구방법의 모색: 83개 연방주체를 중심으로.” 『아태연구』, 제17권, 제3호 (2010).

______. “수로를 통한 러시아 공간의 팽창.” 『동유럽발칸학』, 제13권 (2011).

Вернадский, Г. В. *Древняя Русь*. Тверь и Москва: ЛЕАН АГРАФ, 1996.

Греков, Б. Д. *Киевская Русь*. Москва: Государственное Издательство Политической Литературы, 1953.

Орлов, А. С., Георгиев, В. А. и др. *История России*. Москва: ПРОСПЕКТ, 2004.

Платонов, С. Ф. *Полный Курс Лекций по Русской Истории*. Петрозаводск: АО Фолиум, 1996.

Billington, James. *The Icon and the Axe: An Interpretive History of Russian Culture*. NY: Vintage Books, 1966.

Clarkson, Jesse D. *A History of Russia*. NY: Random House, 1969.

Hosking, Geoffrey. *Russia and the Russians: A History*. Cambridge, Massachusetts: The Belknap Press of Harvard University Press, 2001.

Kerner, Robert J. *The Urge to the Sea: The Course of Russian History*. NY: Russell & Russell, 1971.

Thornton, Anderson. *Russian Political Thought: An Introduction*. Ithaca and London: Cornell University Press, 1967.

제2장

러시아 수로체계와 인문공간의 팽창

황성우

1. 문제제기: 러시아는 대륙세력인가?

러시아는 전통적으로 대륙세력으로 분류된다. 영국, 미국과 같은 해양세력에 대응하는 대륙세력으로서 독일, 프랑스와 같은 범주에 포함된다. 실제로, 19세기 거대게임(Great Game)에서나 21세기 신거대게임(New Great Game)에서나 행위의 주체로서 러시아는 항시 대륙세력으로 구분됐다. 1차적인 이유는 지리적으로 유럽과 아시아, 즉 유라시아 대륙에 걸쳐 있는 러시아의 지리적 특성에서 나온다.

그러나 『해양력이 역사에 미치는 영향』[1]에서 해양력의 중요성을 강조하여 처음으로 용어의 개념화를 시도했던 알프레드 마한(Alfred T. Mahan, 1840~1914), "세계정치에 나타난 해양력"(Seapower in Global Politics, 1494~1993)이라는 글에서 해양력에 대한 개념화를 시도했던 조지 모델스키(George Modelski)나 윌리엄 톰슨(William Thompson)의 견해를 따르더라도, 러시아를 반드시 대륙세력으로만 분류하기는 어렵다.[2]

---

1 알프레드 마한, 『해양력이 역사에 미치는 영향』, 김주식 역 (서울: 책세상, 1999).

2 해양력에 대한 최초의 정의라고 할 수 있는 마한의 견해나 이후 모델스키, 톰슨의 견해에 따르면, 해양력이라는 용어는 크게 두 가지로 해석할 수 있다. 첫째, 고전적 개념으로서 "해

1696년 해군을 창설하여 대양에 진출할 출구를 확보하고자 했던 표트르 대제(1682~1725)를 시작으로 제정 러시아와 소비에트 시기의 막강한 해군력과 대양을 장악할 수 있는 능력을 소유한 소련을 해양세력으로 분류하는 데 별다른 무리가 없어 보이기 때문이다. 소련 해체 이후 상대적으로 군사력이 약해졌다고는 해도 러시아 역시 해군력이 절대적으로 약하다고 평가하기 어렵다.

문제는 어떤 기준으로 두 세력을 개념적으로 정의할 것인가이다. 명확한 근거 없이 자기 중심적인 편향된 시각에 파묻혀서는 안 된다. 오히려 특정 시기에 따라 양대 세력의 범주는 얼마든지 달라질 수 있다는 생각에 착안해야 한다. 과거 산업화에 먼저 성공한 민주적 해양세력과 뒤늦게 발전한 전근대적인 전체주의적 대륙세력의 구분이라는 19세기적 사유체계와 20세기 냉전 이데올로기에 근거한 단순한 이분법적 사고의 오류에 빠지지 않는 것이 더 설득력이 있다.

오늘날 러시아가 대륙세력으로 분류된다는 사실은 역사적 관점을 통해 살펴보면 그 시각이 오류였음을 명확하게 알 수 있다. 광활한 동유럽 평원을 중심으로 역사무대에 등장한 러시아는 전통적으로 '대양으로의 출구'를 확보하기 위해 국가적 차원의 노력을 기울였다. 국가형성 최초 시기에서도 알 수 있듯이, '발트 해-흑해' 교역로를 장악하면서 '공국'으로서 키예프 루시가 탄생했고, 모스크바 지역을 중심으로 하는 '볼가 강과 오카 강 수로체계'의 지배권을 확보하면서 모스크바는 공국을 넘어 '왕국'으로서 중앙집권국가 형태를 갖출 수 있었다. 이후 발트 해, 흑해, 태평양 등 대양으로 진출할 수 있는 출구를 확보하면서 러시아는 '제국'

양력은 해양을 사용하고 통제하는(use and control of the sea) 능력을 의미한다." 둘째, 현대적 개념으로서 "해양력은 해양을 사용하고 통제할 수 있는 '거대 해군력'(major naval strength)을 보유한 국가를 가리키거나 해군력(naval strength)을 사용함으로써 국제사회(global system)에서 중추적 기능을 수행할 수 있는 능력을 의미한다." 결국, 고전적 의미나 현대적 의미에서 바라볼 때, 중요한 것은 해양력이 곧 해군력을 의미한다는 것이다. 이런 의미에서 볼 때, 표트르 대제 이후의 제정 러시아나 소비에트 시기의 소련은 해양력을 보유한 해양세력으로 볼 수 있다.

으로서 공간적 팽창을 지속할 수 있었다.[3]

이처럼 거대 제국으로서 러시아가 공간적으로 양적 팽창이 가능했던 이유는 바둑판같이 연결된 광활한 수로체계를 정치적, 경제적, 문화적으로 이용하여 공간 확장의 동력을 마련했기 때문이다. 특히 '발트 해-흑해,' '발트 해-볼가 강-카스피 해'로 연결된 교역로야말로 '공국'(Княжество)-'왕국'(Царство)-'제국'(Империя)으로 이어지는 러시아의 국가형성과 발전과정에서 중추적 역할을 담당했다.

다시 말해서 러시아 공간의 팽창을 가능하게 한 객관적 조건은 수많은 강과 광활한 수로체계였다. 수로체계에서 수송기지 역할을 했던 강과 강을 이어주는 연수육지와 이를 장악하기 위해 구축한 목조요새, 신앙생활을 위해 오지를 찾아 떠난 수도원의 존재도 공간 팽창의 환경적 요인이었다. 이러한 배경 속에서 16세기 후반 시베리아 진출을 통해 왕국에서 제국으로 러시아의 영토적 확대가 가능했던 또 다른 요인은 상업적 이윤을 추구하여 찾아 나선 모피에서 찾을 수 있다.

본 글에서는 전통적으로 러시아를 대륙세력으로 분류하는 기존의 범주가 잘못됐다는 인식하에, 러시아는 국가형성 초창기에서부터 현재까지 수많은 강으로 형성된 수로체계를 이용하여 대양으로 진출을 시도했던 전형적인 해양세력이며, '공국-왕국-제국'으로 이어지는 러시아의 공간 확대가 수로체계라는 객관적 조건과 연수육지, 요새, 수도원, 모피 등 주관적 조건과 결합하여 이루어졌음을 고찰하고자 한다.

---

3 소련 시기의 통계를 보면, 소연방에 존재하는 하천과 강의 개수는 약 300만 개에 달하며, 이 강들의 총연장 길이는 약 960만km라고 한다. 이 수치는 지구의 둘레를 약 40,000km라 했을 때, 지구를 240만 번 횡단한 것과 같은 수치이다. 그만큼 소련에 하천과 강이 많이 존재했다는 사실을 보여준다. 물론 평균적으로 계산하더라도 강 하나의 길이가 약 3.2km에 달하기 때문에, 960만km는 작은 하천까지도 포함된 수치라고 할 수 있지만, 그 정도로 하천이 발달했다는 것을 반증한다. 동유럽 평원을 가로지르는 강들은 고대 키예프 루시 시대부터 육로와 수로를 연결하는 중요한 수송로 역할을 담당했으며, 제정 러시아 말기 산업화 단계에서도 철도교통과 연결되어 중요한 수송로로 이용됐다. 그 결과 고대에서 현재까지 수로를 통한 해상교통은 러시아인들의 생활과 결코 분리될 수 없었다. 황성우, "'발트 해-흑해 무역로'와 키예프 루시의 태동," 『동유럽연구』, 제22권 (2009), p. 253.

2. 발다이 구릉지대와 수로체계

유럽 러시아 수로체계의 중심이자 발원지는 발다이(Валдай) 구릉지대이다. 발다이 구릉은 러시아 북서부 노브고로드 주와 트베리 주 지역에 위치한 작은 고원으로, 면적은 약 2.5㎢, 고도는 약 300m 정도 된다. 지리적으로 발다이 구릉지대는 노브고로드에서 남쪽으로 160km 정도 떨어져 있고, 모스크바에서 북서쪽으로 320km 정도, 키예프에서 북쪽으로 800km 정도 떨어져 있다. 이곳으로부터 우리에게 잘 알려진 러시아의 큰 강들이 흘러나가기 시작한다. 이들은 직접 흘러가거나 아니면 연수육지(волок, переволок, portage),[4] 다시 말해 일종의 수송기지를 통해 다른 곳으로 연결되어 흘러가기도 한다. 이 강들을 통해 러시아인들은 유럽과 아시아 두 대륙을 거쳐 전 세계 바다에 접근할 수 있었다. 그래서 발다이 구릉은 초기 러시아 역사에서 유럽과 아시아를 연결하는 가장 중요한 전략적 공간, 즉 거대한 연수육지라고 할 수 있었다. 발다이 구릉지대에도 많은 연수육지가 있지만, 발다이 구릉 자체가 하나의 거대한 연수육지로서 세계에서 가장 중요한 지역이다.[5] 러시아의 초기 역사에서 이러한 수송기지는 자연스럽게 여러 공국 사이에서 갈등과 분쟁을 일으키는 원인이 되었다. 그래서 이 수송기지는 종종 두 국가가 공동으로 관리하는 지역으로 구분되기도 하여, 한 국가가 한쪽 지역의 수송기지만 소유·관리하기도 했다.[6]

---

4 영어 'portage'에 상응하는 러시아어 '볼로크'(волок, переволок)는 'portage'의 '운반하다'는 의미보다는 '두 강 사이에 놓여 있는 장소'라는 의미와 동사 'переволакивать,' 'перетаскивать'에서 알 수 있듯이, '배를 바닥으로 질질 끌고 당기는 수역'이라는 의미가 있다. 실제로, 배를 끌고 육지로 갈 때에는 직접 들거나 무거우면, 바닥에 통나무를 대고 끌고 갔다. 현재 노브고로드 유리예프 수도원 근처 목조 박물관에는 당시 사용됐던 실물 크기의 배가 전시되어 있다.

5 발다이 구릉지대에 위치한 연수육지에 대해서는 다음을 참고하기 바람. 황성우, op. cit., p. 255; <그림 2>.

6 А. П. Новосельцев, А. Н. Сахаров, и другие, *История России* (Москва: ПРОСПЕКТ, 1996), с. 192.

발다이 구릉과 유사한 중동지역의 나하리나(Naharina) 평원 역시 발다이 구릉과 같이 국가 및 문명 형성과 역사 발전 과정에서 중요한 지역이었다. 유프라테스 강과 오론테스(Orontes)[7] 강 사이에 있는 나하리나 평원은 페르시아 만과 지중해를 연결하는 중요한 전략적 공간이었다. '비옥한 초승달 지역'의 심장부였던 나하리나 평원은 메소포타미아 지역에서 흑해, 지중해, 이집트로 연결되는

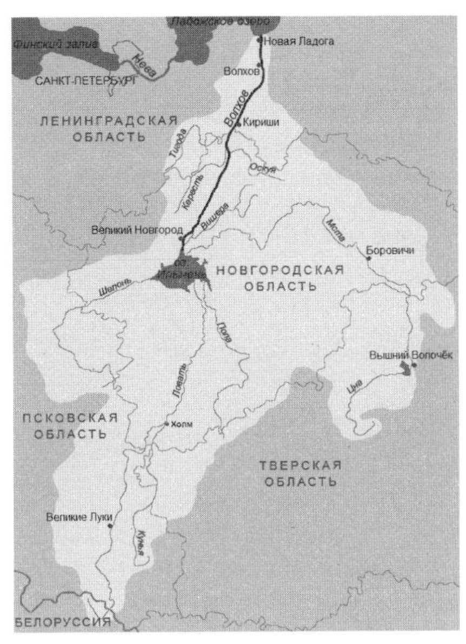

〈그림 1〉 발다이 구릉과 수로체계[8]

중간지대로서 그 중요성은 대양으로 나갈 수 있는 열린 공간으로서 발다이 구릉의 기능과 매우 유사했다.

<그림 1>에서 볼 수 있듯이, 초기 역사에서 러시아인들은 발다이 구릉지대를 중심으로 서드비나 강, 일리멘 호수, 볼가 강, 드네프르 강으로 나갈 수 있었고, 이곳에 있는 연수육지를 거쳐 동서남북 모든 방향으로 세력을 확대해갔다. 이 구릉지대와 이곳에 연결된 수로체계를 장악하면서 결과적으로 러시아인들은 대양으로 진출할 수 있는 계기를 마련했다고 볼 수 있다.

발다이 구릉지대의 수로체계와 연결된 대표적인 하천과 호수들은 므스타(Мста), 볼호프(Волхов), 쉘론(Шелонь) 강과 발다이(Валдай),[9] 일리

7 아시(Asi) 강으로도 불리는 오론테스 강은 오늘날 레바논, 시리아, 터키를 가로지르는 강이다.
8 http://ru.wikipedia.org/wiki/%D0%A4%D0%B0%D0%B9%D0%BB:Volkhov-Ilmen.png
9 발다이 호수는 노브고로드 주에 있는 발다이 구릉지대 중심에 자리 잡고 있다. 호수 면적은

멘(Ильмень) 호수 등이다. 므스타 강은 러시아의 프스코프와 노브고로드 주를 흐르는 총 길이 445km의 강이다. 발다이 구릉지대에 위치한 브이시니 볼로초크 시의 므스티노(Мстино) 호수에서 발원하여 일리멘으로 흘러들어 간다. 므스타 강의 주요 지류는 베레자이카(Березайка), 우베리(Уверь), 세그린카(Шегринка), 페레트나(Перетна), 리냐나야(Льняная), 홀로바(Холова), 벨라야(Белая), 므다(Мда), 후바(Хуба) 강 등이 있다. 19세기 중반까지 므스타 강은 발트 해-흑해 무역로를 연결하는 중요한 수로 중 하나였다.[10]

볼호프 강은 총 길이 224km로 러시아 북서부 지방의 노브고로드와 레닌그라드 주를 흐른다. 일리멘 호수에서 발원하여 유럽에서 가장 큰 라도가 호수로 흘러들어 간다. 주요 지류로는 비세라(Вишера), 케레스티(Кересть), 오스쿠야(Оскуя), 프체브좌(Пчевжа), 티고다(Тигода), 쵸르나야(Чёрная), 블로야(Влоя), 올롬나(Оломна) 강이 있다.

볼호프 강은 규모가 그렇게 크지 않지만, 볼가 강, 드네프르 강, 네바 강과 더불어 러시아 역사에서 매우 중요한 역할을 담당했다. 9세기 중반 무렵 볼호프 강 유역은 바이킹들이 지배하던 곳으로서 상대적으로 인구 밀집 지역이었다. 볼호프 강은 북유럽과 아시아를 연결하는 교역로 역

약 19.7㎢이고, 평균 수심은 12m이다. 가장 깊은 곳은 약 60m 정도 된다. 12월 초에 호수가 얼기 시작하여 다음 해 5월 초가 돼서야 녹는다. 발다이 호수 주위로 발다이 시가 자리 잡고 있으며, 호수 주변은 휴식을 취하는 사람들로 늘 붐빈다. 호수 바로 옆에는 유명한 이베르 수도원(Иверский монастырь)이 있다. 또한, 발다이 호수에는 작지만 멋진 베료조브이(Берёзовый), 랴비노브이(Рябиновый), 파토치느이(Паточный) 섬 세 개가 있는데, 주변 경치와 어우러져 멋진 운치를 자아낸다. 특히 이베르 수도원이 위치한 랴비노브이 섬은 이베르 수도원 덕분에 관광객의 발길이 끊이지 않는다. 발다이 호수는 우진 호수와 운하로 연결되어 있는데, 1862년 이베르 수도원에서 운하 공사를 맡았다. 17세기와 18세기에 걸쳐 건축된 이베르 수도원은 그 안에 위치한 교회 건물들로 러시아에서 명성을 얻고 있다. 최근 2007~8년에는 주변의 도로와 다리가 새롭게 재건축됐다. 기억할 사실은 2008년 12월 타계한 러시아 정교회 총대주교 알렉시 2세(Патриарх Алексий II, 1923~2008)가 이베르 수도원에 안치됐다는 점이다.

10 므스타 강에 위치한 가장 중요한 도시는 보로보치(Боровичи) 시이다. 오페첸스키 포사드(Опеченский Посад)와 보로보치 시 사이에 걸친 약 30km 정도의 므스타 강 급류는 래프팅 장소로 아주 유명하다.

할을 담당했으며, 바이킹들은 볼가 강과 드네프르 강을 통해 카스피 해와 흑해에 진출할 수 있었다. 이 당시 볼호프 강 유역에 있던 중심지는 스타라야 라도가와 노브고로드였다.

셸론 강[11]은 총 길이 248km로 프스코프와 노브고로드 주를 흐른다. 프스코프 주의 '수돔 언덕'(Судомская возвышенность)에서 발원하여 노브고로드의 일리멘 호수로 흘러들어 간다. 주요 지류로는 므샤가(Мшага), 시트냐(Ситня), Удоха(우도하), 우자(Уза), 수도마(Судома), 일리즈나(Ильзна), 콜로시카(Колошка), 레멘카(Леменка), 류타(Люта), 실린카(Шилинка), 폴론카(Полонка), 벨카(Белка), 세베라(Севера) 강 등이 있다.

일리멘 호수는 노브고로드 주에서 가장 중요하며, 역사적으로도 의미가 있다. '발트 해-흑해 교역로'의 요충지라 할 수 있으며, 러시아 최초의 통치자인 류리크가 도착하여 국가를 건설한 곳이기도 하다. 그래서 일리멘 호수는 러시아 역사의 시작점이라 할 수 있다. 호수의 면적은 평균 982㎢인데, 수량에 따라 733㎢부터 2,090㎢까지 다양하게 변화한다. 수심은 평균 10m이다. <그림 1>에서 보듯이, 크고 작은 강을 포함하여 일리멘 호수로 유입되는 강들은 모두 52개이다. 이 가운데 중요한 강들은 므스타, 폴라, 로바티, 셸론 강이며, 호수를 통해 흘러나가는 강은 라도가 호수로 들어가는 볼호프 강이 유일하다.

위에 언급한 강들로 이루어진 수로와 수로체계를 통해 러시아인들은 더 넓고 큰 강으로 나아갈 수 있었다. 사실 발다이 구릉지대의 지리적, 경제적 이용가치를 러시아인들보다 앞서 활용한 민족은 고트족이었다. 그 이후 북유럽의 스칸디나비아인들도 고트족이 남긴 교역로를 이용했다. 흔히 바이킹이라고 부르는 스칸디나비아의 바랴그인들은 발트 해에

11 셸론 강은 15세기 1471년 7월 14일 노브고로드 공국과 모스크바 공국이 '셸론 강의 전투'(Шелонская битва)를 벌인 곳으로 유명하다. 당시 동유럽 평원에서 세력을 확장하던 모스크바 공국은 셸론 강과 솔츠이(Сольцы) 지역에서 노브고로드 공국의 부대를 격파했다. 그 결과 1478년 노브고로드 공국은 모스크바에 병합됐다.

서 시작하여 흑해와 카스피 해로 이어지는 교역로를 이용하기 위해 무엇보다 먼저 발다이 구릉지대를 확보했다.

바랴그인들로부터 발다이 구릉지대의 지배권을 접수하면서부터 러시아인들은 노브고로드에 최초의 국가를 형성할 수 있었다.[12] 그래서 이곳은 노브고로드와 키예프를 중심으로 발생한 초기 러시아 국가의 핵심 지역이었다.

초창기에는 '발트 해-흑해 교역로'를 개척한 고트족이, 그다음으로 바이킹들, 노브고로드 공국과 키예프 공국, 모스크바 공국이 차례로 발다이 구릉지역을 점령함으로써, 볼가, 드네프르, 서드비나, 로바치 강 유역의 자원들을 활용할 수 있었다. 앞서 언급한 강들을 지배한다는 것은 곧 강과 강 사이의 연수육지를 점령하는 것이었다. 말하자면 당시의 지배력은 수로체계와 수로 사이의 연수육지에 위치한 '목조요새'(острог)나 요새화된 수도원을 점령했을 때 의미가 있는 것이었다. 그 당시 대표적인 목조요새들이 위치한 곳은 스몰렌스크, 토르조크(Торжок), 토로페츠(Торопец), 모스크바 등이었다. 이들보다 전략적 가치가 조금 떨어지지만 중요한 목조요새가 설치된 지역은 볼로콜람스크(Волоколамск), 트베리(Тверь), 비시니 볼로초크(Вышний Волочёк), 리빈스크(Рыбинск), 수라시(Сураж), 그뇨즈도보(Гнёздово) 등이다.[13]

이렇듯 발다이 구릉지대는 고대 러시아 역사의 내적 발전의 원동력이

12 러시아인 사이에 전해지는 민담에서는 슬라브인 공후였던 고스토므이슬(Гостомысл)의 외손자가 류리크라고 회자된다. 고스토므이슬은 슬라뱐스크(Славянск)라는 도시를 건설하여 바랴그인들의 침략을 저지했다. 이 과정에서 세 명의 아들이 전사했는데, 그의 사후 후계자가 없는 관계로 루시인들 사이에서 불화가 발생했고, 이 혼란을 종식하기 위해 바랴그인과 정략결혼한 고스토므이슬의 딸 우밀라(Умила)의 아들 류리크를 초대했다는 것이다. 류리크는 폐허가 된 슬라뱐스크 자리에 새로운 도시를 건설했는데, 그 결과 슬라반스크는 '새로운 도시'라는 의미의 '노브고로드'로 재탄생하게 됐다. 황성우, op. cit., p. 261. <각주 25>.

13 오늘날에도 존재하는 모스크바 주변 '볼로콜람스크'의 지명은 '라마 강에 있는 볼로크'라는 의미이다. 트베리 주에 위치한 비시니 볼로초크는 '볼로크의 상류 지역'이라는 뜻이다. 도시 명칭에 과거의 지명이 반영된 것은 과거에 중요했던 연수육지를 중심으로 삶의 공간이 확대됐다는 사실을 의미한다.

됐을 뿐만 아니라, 무역로와 인구이동을 통제하는 공간이기도 했다. 그리고 수 세기 동안 이 지역 무역의 주요 상품은 모피였다. 노예, 목제품, 호박(amber) 등 다른 상품들이 거래되기도 했지만, 모피는 초기 역사부터 18세기까지, 더 나아가 그 이후에도 변함없이 가장 가치 있는 중요한 상품이었다.

키예프 루시가 몽골의 침략으로 붕괴한 이후 노브고로드를 중심으로 하는 대공국이 건설된 곳도 바로 발다이 구릉지대를 주축으로 하는 러시아의 북서부 지역이었다. 당시 경제적 성장을 누렸던 노브고로드 공국이 모피 수출을 위해 북쪽과 북동쪽으로 진출하고, 식료품을 조달하기 위해 남쪽과 남동쪽으로 진출할 수 있었던 것도 발다이 구릉지역을 실질적으로 통제하고 있었기 때문이었다.

3. 모스크바 공국과 수로체계

키예프 루시가 쇠퇴하고[14] 마침내 몽골에 의해 붕괴했을 때, 대부분 러시아인들은 '러시아의 메소포타미아'[15]라 불리던 볼가 강과 오카 강 상류 지역으로 이동했다.[16] 그곳에 흐르고 있는 모스크바 강은 오카 강

---

14 고대 러시아의 중심지로서 키예프의 몰락 시점을 구분할 때, 흔히 세 개의 연도가 사용된다. 먼저 블라디미르 모노마흐의 아들 므스티슬라프(Мстислав)가 죽은 1132년, 수즈달이 공후 안드레이 보골류프스키가 키예프를 점령하고 나서 수즈달로 돌아간 1169년, 몽골-타타르에게 키예프가 완전히 점령당한 1240년이다. 이 중에서 필자는 키예프가 고대 루시 사회에서 정치적 중요성을 상실한 1169년을 실질적인 키예프의 몰락 시점으로 보고 있다. 이 점에 대해서는 다음을 참고하기 바람. Nicholas Riasanovsky, *A History of Russia* (NY: Oxford University Press, 1963), pp. 42-44.

15 Robert Kerner, *The Urge to the Sea: The Course of Russian History* (NY: Russell & Russell, 1971), p. 35.

16 이 당시 몽골의 침략으로 폐허가 된 키예프를 떠나 러시아인들은 크게 세 방향으로 이동하기 시작했다. 먼저 북동쪽으로 이동한 사람들은 블라디미르-수즈달 공국 지역을 중심으로 정착하기 시작했고, 북서쪽으로 이동한 사람들은 노브고로드를 중심으로 정착했다. 남서쪽으로 이동한 사람들은 갈리치아-볼리냐 공국 주변에 정착했다. 러시아 역사에서 大러시아인(러시

〈그림 2〉 오카 강과 수로체계[17]

의 지류로서, 콜롬나(Коломна)에서 본류인 오카 강과 합류한다. 오카 강은 다시 니즈니-노브고로드(Нижний Новгород)에서 볼가 강과 합류한다. 이렇듯 모스크바 지역은 <그림 2>에서 볼 수 있듯이, 러시아 메소포타미아 지역의 심장부라고 할 수 있는데, 이곳은 볼가 강 상류지역의 연수육지와 여러 강이 교차하는 전략적 중간지대이기 때문이다. 이곳으로부터 북쪽, 동쪽, 남쪽을 통해 본류인 볼가 강으로 갈 수 있었고, 서쪽으로 서드비나와 드네프르 강으로 갈 수 있다. 북쪽으로는 볼로콜람스크를 거쳐 라마(Лама) 강으로 갈 수 있고, 쇼사(Шоша) 강, 볼가 강과 그 지류인 됴르좌(Дёржа) 강으로 갈 수 있다.

동쪽으로는 모스크바 강의 지류인 스호드냐(Сходня)와 야우자(Яуза) 강을 통해 오카 강의 지류인 클랴즈마(Клязьма) 강으로, 더 나아가 볼가

아인), 小러시아인(우크라이나인), 白러시아인(벨라루스인) 등 동슬라브인의 분화가 발생하기 시작한 시점을 키예프 루시가 쇠퇴하고 몽골의 침략이 있던 때로 보고 있다.

17 http://ru.wikipedia.org/wiki/%D0%A4%D0%B0%D0%B9%D0%BB:Oka_basin.png

강의 지류인 오카 강으로 나갈 수 있다. 볼가 강을 통해서는 카스피 해로 나갈 수 있었다. 또한, 볼가 강을 통해 북쪽으로는 자볼지예(Заволжье) 지역과 동쪽으로는 시베리아에 진출할 수 있었다. 모스크바 지역으로부터는 남쪽으로는 프로트바(Протва) 강이나 파흐라(Пахра) 강을 통해 로파스냐(Лопасня) 강으로 연결되는데, 두 강 모두 오카 강으로 흘러들어가 연수육지를 통해 돈 강으로 연결되고, 드네프르 강을 거쳐 흑해로도 흘러들어 간다.

서쪽으로는 모스크바 지역에 있는 연수육지를 통해 바주자(Вазуза) 강의 지류인 그좌티(Гжать) 강으로 나갈 수 있고, 이를 통해 드네프르와 서드비나 강으로도 나아갈 수 있다. 이러한 수로체계를 이용하여 모스크바 공국은 동서남북 어느 방향으로도 진출하여 대제국을 건설할 수 있는 광활한 영토를 지배할 수 있었다. 특히 모스크바의 지정학적 중요성은 '발트 해-볼가 강-카스피 해' 무역로와 서드비나, 볼가 강을 연결하는 무역로의 교차 지역에 있다는 사실에서 연유했다.[18]

실제로 '발트 해-볼가 강 무역로'는 고대 스칸디나비아 지역과 이슬람 지역을 이어주는 주요 연결고리였다. 십자군전쟁이 발발하기 전까지 볼가 교역로의 중요성은 아무리 강조해도 지나치지 않는다. 9세기 중반 볼가 교역로의 경제적 가치가 최고조에 달했을 때, 이 교역로를 통해 거래하던 고대 러시아, 볼가 불가르 공국, 하자르 공국은 상당 수준의 경제적 부를 축적할 수 있었다. 처음에는 이 교역로의 중요한 행위주체가 흔히 바이킹으로 알려진 스칸디나비아인들이었다. 8세기 후반 무렵 그들은 발트 해 연안에서 시작하여 네바 강과 볼호프 강, 일리멘 호수를 따라 남쪽으로 진출했고, 일리멘 호수에서 나온 수로를 따라서는 발다이

18 정치적 목적에 의해 의도적으로 잘못 해석할 수 있는 단점이 있음에도 불구하고, 지정학적 측면에서 주로 남북 방향으로 진행되는 독일의 하천들과 비교할 때 러시아 하천들은 방사선 모양의 구조였다. 그 결과 당시 모스크바 공국은 상대적으로 중앙집권체제를 구축하고 이를 확장하는 데 유리한 지리적 여건을 충족하고 있었다는 주장도 있다. 클라우스 베슬러, 『정치지리학』, 안재학 옮김 (서울: 명보문화사, 1983), pp. 35-36.

구릉지대까지 도달할 수 있었다. 교역로를 따라 바이킹들은 모피와 꿀, 노예를 매매했다. 그 결과 볼가 강 상류 지역에 있는 '사르의 요새'(Сарское городище), '티메료프 언덕'(Тимерёвские курганы)에 스칸디나비아인들의 정착촌이 형성되기도 했다.

볼가 교역로의 경제적 가치가 감소하기 시작한 때는 9세기 말엽부터이다. 러시아인들이 '발트 해-흑해'를 잇는 교역로를 장악하여 비잔틴 제국과 거래하면서 상대적으로 중요성이 떨어졌으며, 정치적, 경제적 중심지 역시 키예프를 포함하여 체르니고프, 스몰렌스크로 이동했다. 960년대 '대모험의 시기'(962~972)를 통해 활발한 정복 활동을 펼쳤던 키예프의 공후 스뱌토슬라프는 이 지역의 무역을 관장하던 하자르인에게 승리함으로써 카스피 해에 접근할 기회를 갖게 되지만, 바이킹들은 점차 세력을 잃게 됐다. 이후 11세기에 가서는 압사시도 칼리프 왕조의 은 생산량이 감소하면서 볼가 교역로의 교역량이 더욱더 줄게 됐다.

볼가 교역로가 다시 중요하게 부각된 시기는 몽골 점령기이다. 몽골이 러시아 전역을 침략하고 키예프를 점령한 후 볼가 강 유역 사라이에 근거지를 마련하고 수도로 정한 뒤, 교역이 증가하기 시작했다. 아파나시 니키틴(Афанасий Никитин)과 같은 러시아 상인은 1466년 트베리에서 출발하여 아스트라한에 도착해 카스피 해를 건너 페르시아와 인도에 가서 교역했다는 기록도 전해진다. 그 이후 국제 교역로로서 의미를 상실한 시기는 모스크바 공국의 이반 4세가 1552년 카잔 한국을, 1556년 아스트라 한국을 연이어 점령한 때이다. 볼가 교역로가 모스크바 공국의 수중에 떨어지면서 국제적 위상은 약화했지만, 러시아와 페르시아를 잇는 장거리 교역로로서의 중요성은 많이 감소하지는 않았다.

볼가 강 무역로의 역사적 중요성은 모스크바가 러시아인의 초기 생활 무대인 동유럽 평원의 중심지에 있다는 지리적 이점을 말해준다. 동시에 그러한 중요성은 모스크바는 노브고로드와 키예프, 18세기 이후 등

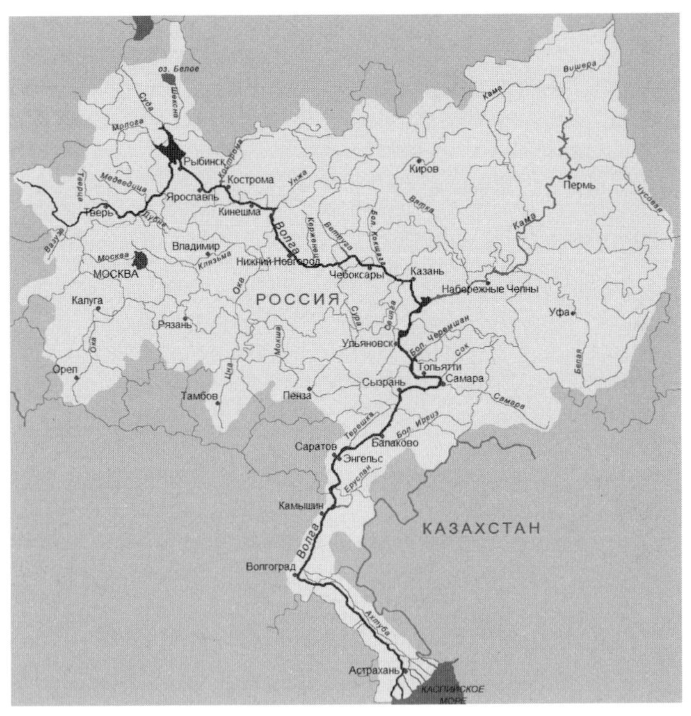

〈그림 3〉 볼가 강과 수로체계[19]

장하는 페테르부르크보다도 상대적으로 러시아의 중심부에 있어 방사선으로 확장할 수 있는 수도로서의 입지가 강하다는 사실을 통해서도 알 수 있다. 즉 유럽 러시아 지역의 정중앙에 위치한 모스크바의 지리적 위치가 대제국을 건설할 수 있는 공간적 토대로 작용했다는 점을 보여준다. 1917년 러시아 혁명 이후 수도가 상트페테르부르크(당시 페트로그라드)에서 모스크바로 이전한 사실도 대제국으로서의 지리적 입지가 페테르부르크보다 모스크바에 더 유리하다는 사실을 입증하는 것이다.[20]

---

19 http://ru.wikipedia.org/wiki/%D0%A4%D0%B0%D0%B9%D0%BB:Volga_basin.png

20 물론 1918년 3월 레닌이 수도를 페트로그라드에서 모스크바로 옮긴 가장 큰 이유는 당시 독일의 공세에 눌려 수도인 페트로그라드가 위험에 처해 있었기 때문이다.

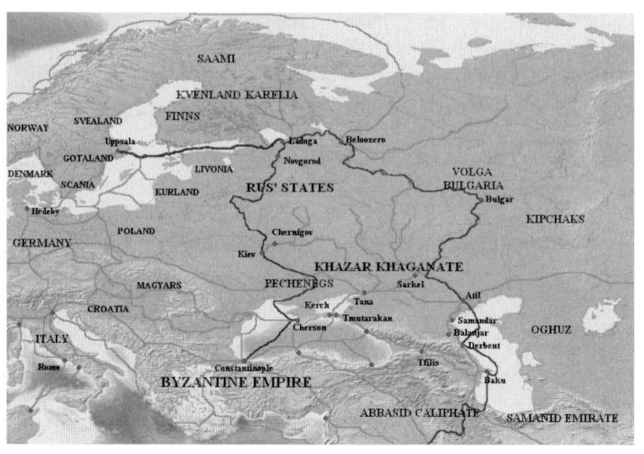

〈그림 4〉 발트 해-흑해, 발트 해-볼가 강 무역로[21]

물론 모스크바만이 이러한 수로체계의 중심에 있었던 것은 아니다. <그림 3>에서 알 수 있듯이, 니즈니 노브고로드, 페름, 랴잔, 블라디미르-수즈달 등 볼가 강과 오카 강의 수로체계를 이용할 수 있었던 다른 주변 지역 역시 공간 팽창을 위한 객관적 조건은 갖추고 있었다. 하지만 모스크바가 상대적으로 유리했던 이유는 객관적 환경에 더하여 경제적, 정치적, 종교적 요인이라는 주관적 조건이 충족됐기 때문이다. 주변의 여러 강으로 연결될 수 있는 유리한 중간 지역에 위치한 모스크바는 자연스럽게 수로를 이용한 교통의 요충지로 자리 잡게 됐고, 그 결과 사람들이 모여들면서 자연 발생적으로 이곳에 시장이 형성될 수 있었다. '아름다운 광장'으로 알려진 모스크바의 '붉은 광장'은 색깔이 주는 이미지처럼 붉은색으로 장식된 광장이 아니고 '중요하다'는 의미의 광장이었다. 다시 말해서 이 '붉은 광장'이 중세 러시아에서 가장 큰 시장이 열렸던 곳이었기에 모스크바는 러시아의 경제 중심지로 부상할 수 있었다.[22]

---

21 http://en.wikipedia.org/wiki/File:Varangian_routes.png

22 '붉은 광장'이 가지고 있는 정치적, 경제적, 사회·문화적 의미는 광장에서 행해지는 구체적 행위들을 통해 알 수 있다. 즉 이곳은 차르의 포고령이 발표되고 스텐카 라진과 같은 중요 범죄자들을 재판하고 처형하는 정치적, 사법적 공간인 동시에 시장이 형성되는 경제 중심지

다른 한편, 모스크바가 성장할 수 있었던 정치적 조건은 모스크바 공후들이 형제 분할상속제로 권력을 배분하던 키예프 루시의 정치문화와 다르게 초기부터 장자 상속제를 확립하여 왕권계승에 따른 권력분산을 막을 수 있었다는 점이다. 바로 이러한 통치권력의 특성이 모스크바가 빠르게 세력을 확장할 수 있는 계기가 됐다. 또한, 모스크바의 공후 이반 1세가 몽골 한으로부터 충성의 대가로 대공(大公) 칭호를 받았듯이, 몽골 한에 대한 절대적 충성 대가로 모스크바 공후들은 몽골 한의 정치적 배려를 바탕으로 자신들의 세력을 확장할 수 있었다.

마지막으로, 모스크바가 부상할 수 있었던 이유로 주관적 조건이자 가장 중요했던 종교적 요인을 들 수 있다. 1240년 키예프의 몰락으로 러시아의 교회 중심지가 사라지고, 한동안 교회조직이 부재한 상황에서 1300년에 가서야 수좌대주교 관구가 블라디미르 지역에 구축됐다. 그러나 그곳에 거주하던 교회 최고 성직자인 수좌대주교 표트르(митрополит Пётр)가 1326년 사망하자 모스크바에 머물고 있던 차기 수좌대주교 페오그노스트(митрополит Феогност)는 이반 1세(이반 칼리타)의 권유에 따라 블라디미르가 아닌 모스크바에 거주하고 그곳에서 교회 업무를 관장했다. 그럼으로써 모스크바가 자연스럽게 러시아 교회의 중심으로 자리 잡게 됐다.[23] 이때부터 모스크바는 러시아의 정치적, 경제적, 종교적

였으며, 총대주교의 연설이 이루어지는 종교적 장소이기도 했다. '붉은 광장'에 대한 좀 더 자세한 설명은 다음을 참고하기 바람. 박태성, 『역사 속의 러시아 문화』 (부산: 부산외대 출판부, 1998), pp. 111-115; 이덕형, 『천년의 울림』 (서울: 성균관대 출판부, 2001), pp. 243-245.

23 1300년 무렵에 수좌대주교 막심(Митрополит Максим, 1287~1305)은 루시의 수좌대주교 관구를 몽골의 침입으로 폐허가 된 키예프에 존속시킬 것인지 아니면 새로운 장소를 물색할 것인지의 문제에 직면하게 됐다. 수좌대주교 관구를 북쪽으로 이동하면 갈리치아의 공후들이 콘스탄티노플의 총대주교에게 루시의 남쪽에 또 다른 수좌대주교 관구를 설립해달라고 요구할 것이 분명했지만, 총대주교는 루시의 교회가 분리되는 것을 원치 않았다. 막심이 죽은 후에 표트르(Митрополит Пётр, 1308~1326)는 당시 러시아의 북부 중심지였던 블라디미르로 옮겨가서 그곳이 수좌대주교의 공식적인 체류지가 됐다. 그러나 블라디미르에는 공후가 살지 않았기 때문에 표트르는 자신을 보호해줄 수 있는 공후가 거처하던 다른 지역이 필요했다. 그리하여 블라디미르의 대안으로서 모스크바와 트베리가 논의됐다. 표트르는 모스크바를 지지했고, 다른 지역에서도 모스크바의 이반 칼리타 공후를 지지했다. 표트르는 오랫동안 모스

구심점 역할을 하며 수도로서 역사무대의 주체로 등장했다. 더욱이 몽골 지배기에 러시아 교회의 영향력은 증가했다. 키예프 루시가 붕괴한 이후 러시아인들의 구심점 역할을 할 수 있는 정치적 기구가 전혀 없는 상황에서 교회는 러시아인들의 정신적 지주가 될 수 있었다. 러시아 공후들 사이에 갈등이 발생했을 때도 일차적 중재자는 교회의 수장이었다. 물론, 더 중요한 사실은 몽골제국이 교회와 수도원에 면책과 면세 특권을 주었다는 것이다. 몽골은 특히 14세기 중반에 수좌대주교였던 알렉시(митрополит Алексий, 1358~1378)가 3년간이나 고생하고 있던 몽골 한(汗)의 부인인 타이둘라(Тайдула)의 눈병을 치료해줌으로써, 몽골 한은 교회에 더욱더 호의적인 태도를 보였다고도 볼 수 있다.[24] 이렇듯 수로체계의 객관적 조건과 시장형성, 몽골 한의 정치적 배려, 종교적 중심지라는 주관적 조건을 갖춘 모스크바는 영토상으로 공간적 팽창을 할 수 있었다.

한 국가의 수도는 보통 국가 영토의 한가운데 아니면 국가가 정체성으로 표방하고자 하는 데서 유리한 지역이나 다른 지역으로 진출하고자 하는 전략적 공간의 중심지에 있기 마련이다. 이런 점에서 모스크바는 그에 앞서 중심지 또는 수도로서 기능했던 노브고로드나 키예프와 비교할 때 상대적으로 유리한 상황에 있었다. 모스크바는 상대적으로 유럽

크바에 거주하고 있었고, 이반 1세는 블라디미르의 우스펜스키 사원(Успенский собор)을 모델로 하여 모스크바에도 우스펜스키 사원을 건립했다. 표트르가 사망한 이후 그는 바로 이 사원에 묻히게 됐고, 표트르의 후임이었던 페오그노스트(Митрополит Феогност, 1328~1353) 역시 모스크바에 머물렀다. 이렇게 하여 모스크바가 전 루시의 교회 중심지가 됐고, 모스크바는 다른 도시들에 우선하여 정치적, 종교적으로 루시의 중심지가 됐다. С. Ф. Платонов, *Полный курс лекций по русской истории* (Петрозаводск: АО Фолиум, 1996), с. 164-165.

24 Платонов, Указ. соч., с. 166. 기본적으로 몽골인들이 러시아 교회에 대해 우호적인 입장을 보일 수 있었던 이유는 다신교를 믿고 있던 그들이 러시아 정교를 단지 여러 신들 중에 하나로 보았기 때문이라고 할 수 있다. 몽골인들의 고유 종교는 결과적으로 지속되지 못했는데, 그 이유는 그들이 이슬람교로 개종했기 때문이다. Dmitry Likhachev, “Religion: Russian Orthodoxy,” Nicholas Rzhevsky, *Modern Russian Culture* (UK: Cambridge University Press, 1998), p. 98.

러시아 지역, 즉 동유럽 평원의 중앙에 위치해 있어 주변세력을 대표하는 정치, 경제, 종교 등 복합적인 문화 중심지 역할을 할 수 있을 뿐만 아니라, 주변세력이 모스크바로 결집할 수 있는 구심점 역할도 할 수 있는 기본 조건이 충족됐었다. 물론 모스크바가 18세기에 등장한 페테르부르크를 제외하고 다른 고대 도시들보다 상대적으로 늦게 러시아의 역사무대에 등장했음에도 빠르게 성장할 수 있었던 이유는 객관적 환경을 포함하여 주관적 조건이 충족됐기 때문이다. 이러한 조건 속에서 모스크바가 영토를 확장할 수 있는 동력으로 작용한 요인들은 무엇인지 살펴보도록 하자.

4. 팽창의 동력: 모피, 연수육지, 요새, 수도원

왕국을 거쳐 제국으로 팽창하기 위해 러시아인들이 진출했던 곳은 우랄 산맥 너머 광활한 시베리아 지역이었다. 러시아인들이 유럽과 아시아의 지리적 경계인 우랄 산맥에 정착한 시기는 1517년으로 거슬러 올라간다. 당시 부유한 가문이었던 스트로가노프 집안은 바실리 3세로부터 철광광산과 소금광산의 운영허가를 받고 이 지역에 진출했다. 그 이후 1580년대 토볼 강 유역에 요새를 구축하여 지역 지배권을 구축한 스트로가노프 가문은 예르마크를 고용하여 시베리아 진출을 시도했다. 이것이 러시아가 시베리아로 영토를 확장한 최초의 시도였다고 할 수 있다.[25]

러시아가 아시아, 즉 시베리아로 팽창하려고 한 이유는 천연자원과 농토의 필요성, 상업적 목적, 안보와 방어에 대한 고려, 그리고 단순한 제국주의적 확장 등을 들 수 있는데, 무엇보다도 중요한 진출 의도는 상업적 이익 때문이었다. 이러한 이유들은 서부 전선[유럽]에서 수립된 목

25 안나 레이드, 『샤먼의 코트』, 윤철희 옮김 (서울: 미다스북스, 2003), p. 30.

적과 근본적으로 다르지 않다. 이를 위해 러시아가 취했던 첫 번째 행동은 16세기 중반, 이반 뇌제(Иван Грозный)로 더 잘 알려진 이반 4세 때 일어났다. 이 시기에 모스크바 공국은 주변 공국들에 대해 확고한 지배권과 통제권을 가지고 있었는데, 이를 통해 근본적으로 새로운 국가의 지리적 심장부로 자리 잡아가고 있었다. 거의 3세기 반에 걸친 영토 확장 과정이 끝났을 때, 러시아 제국의 영토는 동쪽으로는 알래스카, 중국의 만주지역, 한국, 몽골과 국경을 접했고, 남쪽으로는 페르시아, 터키와 국경을 접했다. 러시아의 아시아 제국은 고도로 복합적인 과정의 결과물로서 탄생한 것이다. 아주 단순화시켜 영토 팽창의 방향을 설명하면, 러시아인들은 동쪽과 남쪽, 그리고 남동쪽이라는 세 가지 방향으로 제국을 확장해 나갔다.

실제로 정동(正東) 방향은 처녀지를 개척하는 것과 같이 러시아의 팽창을 위한 극적인 무대가 됐다. 240년간 러시아를 지배했던 '골든 호르드'(Golden Horde)의 잔여 지역에 관심을 집중시킨 이반 4세는 1550년대부터 카잔, 아스트라, 크림 한국을 공격하기 시작했다. 그 결과 10년 이내에 카잔과 아스트라 한국을 정복하여 볼가 강 유역을 러시아 수중에 확실히 넣을 수 있었다. 이러한 영토 확장은 1580년대 초에 특히 활발하게 이루어졌는데, 정복 활동의 중심에는 19세기 민족주의 사관을 가진 역사가들에게 '러시아의 코르테스'[26]로 불리며 칭송받은 카자크 출신 예르마크가 있었다. 그는 일단의 카자크들을 이끌고 우랄 산맥을 넘어 튜멘(Тюмень)에 있는 시베리아 한국의 수도를 공격했다. 카자크들은 자신들도 놀랄 정도로 쉽게 승리를 얻어냈지만, 예르마크는 전투 중에 목숨을 잃었다.

이후 시베리아라는 '미지의 세계'(terra incognita)로 가는 길이 뚫리면서 러시아인들은 별다른 저항을 받지 않았다. 시베리아는 쓸모없는 불

26 코르테스(Cortez)는 멕시코를 점령한 스페인의 군인이다.

모지로 여겼지만, 이 지역으로 가는 길은 러시아인들에게 커다란 매력으로 다가왔다. 그리하여 러시아인들은 놀라울 정도로 짧은 시간 안에 이 지역을 정복할 수 있었다. 1649년 무렵에 러시아인들은 태평양 연안까지 도달할 수 있었다. 장비도 제대로 갖추진 못한 한 무리의 카자크가 반세기가 조금 넘는 기간에 도보와 원시적인 통나무배를 이용해 수천 마일이나 되는 험준한 지형을 가로질렀다는 사실은 실로 역사에 길이 남을 전대미문의 사건이었다.[27]

러시아인들이 비교적 빠르게 아시아 대륙을 횡단할 수 있었던 이유는 시베리아 한국을 제외하고 특별한 저항이 없었던 때문이기도 했지만, 시베리아 침엽수림 지대에서 획득할 수 있었던 흑담비와 흰 담비 가죽, 밍크와 여우 모피라는 상업적 이윤 추구 때문이기도 했다. 국내시장에서뿐만 아니라, 국외시장에서도 인기가 많았던 각종 모피는 우랄 서쪽 지역에서 거래됐는데, 공급 부족으로 곳곳에서 무분별한 포획이 자행됐다. 그래서 시베리아 지역을 점령하는 속도가 빠르면 빠를수록, 이 지역에 서식하는 동물들도 빠르게 멸종위기에 몰렸다. 담비나 여우의 숫자는 이미 17세기 말엽에 상당할 정도로 감소하고 있었다.[28]

이후 러시아인들은 북태평양에서 대량 서식하는 바다 수달에 관심을 돌렸다. 그 결과 모피 무역의 중심지도 좀 더 동쪽으로 이동했고, 점차로 시베리아의 중심을 벗어나 캄차카 반도와 알류신 열도를 지나 마침내 북아메리카의 알래스카까지 이동했다. 러시아인들이 알래스카에 진출한 시기는 1740년대이다. 이후 1799년 알래스카의 시트카(Sitka)에 행정 중심지가 구축되었고, 1867년에 알렉산드르 2세가 미국에 720만 달러로 팔아넘기기 전까지 러시아의 알래스카 지배는 계속됐다.

러시아가 시베리아를 넘어 영토를 확장해 나가는 과정에서 남동쪽 종

27 Mark Bassin, "Asia," Rzhevsky, *Modern Russian Culture*, pp. 66-68.
28 Ibid.

착역은 아무르 강 유역이었다. 태평양과 중국의 만주지역과 국경을 접한 이 지역은 러시아가 17세기에 잠깐 점령했지만, 중국의 완강한 저항에 부딪혀 포기할 수밖에 없었다. 이후 1850년대에 러시아는 서유럽의 다른 열강들과 더불어 중국의 힘을 무력화시키고, 다시 아무르 강과 우수리 지역에 영향력을 행사하여 마침내 1860년에 두 지역을 병합했다. 현재까지도 극동 지역에서는 이 지역을 중심으로 중국과 러시아가 국경을 맞대고 있다.[29]

이처럼 제국으로 영토 확장을 추구하던 러시아 팽창정책의 실제 행태적 역할은 수로체계의 수송기지 기능을 담당했던 연수육지, 그곳에 세워진 목조요새, 그리고 수도원이 맡았다. <표 1>과 <표 2>에서 알 수 있듯이, 16세기 이후 러시아가 우랄 산맥을 넘어 시베리아에 진출하면서 이 지역에는 수많은 요새와 수도원이 건립됐다. 이들은 실질적 팽창의 주역이었다. 특히 수도원이 건립됐다는 것은 곧이어 농민과 행정관리,

29 러시아인들이 남쪽으로 진출했던 방향은 흑해 북부와 북동부였는데, 그곳에 관심을 기울인 이유는 크림반도 지역에 매장된 보석을 구하기 위해서였다. 앞서 이미 지적했듯이, 1550년대 크림 한국까지 정복하려던 이반 뇌제의 야심은 물거품이 되어 버렸고, 러시아가 '골든 호르드'의 잔여 지역이었던 크림반도 지역을 차지하기까지는 그 이후로 약 2세기가 흘러야 했다. 이 지역을 장악하려던 러시아인들의 노력이 실패로 돌아간 이유는 크림반도의 타타르인들이 오스만튀르크 제국 술탄의 보호를 받고 있었기 때문이었다. 그래서 오스만제국과 오랜 전쟁 끝에 예카테리나 대제(Catherine the Great, 1762~1796) 시기에 이르러서야 비로소 러시아는 오스만튀르크 제국을 물리치고 흑해 북부지역을 완전히 병합했다. 이 지역에 러시아가 관할하는 평화가 정착됐다는 사실은 러시아에 어느 정도 적의적인 유목민들이 존재한다 할지라도 결국 러시아인들이 스텝지대로 자유로이 진출할 수 있다는 것을 의미했다. 그 결과 러시아와 우크라이나 농민들이 이 지역에 대규모 농지를 개간할 수 있었다. 이후 러시아는 계속해서 남쪽으로 팽창하여 카프카스 산맥을 넘어 흑해와 카스피 해 사이의 넓은 지협(地峽)을 확보할 수 있었다. 북카프카스에 위치한 고대 그루지야 왕국은 러시아보다 더 먼저 4세기 초반 기독교로 개종했음에도 1801년 러시아 황제의 권위를 인정해야만 했고, 좀 더 남쪽에 위치한 아르메니아는 1827년 러시아에 병합됐다. 카프카스 지역의 다른 국가들은 이들보다 훨씬 늦게 러시아에 병합됐지만, 인종적으로 다양한 민족들로 구성되고 수적으로도 소수에 불과했기 때문에, 끈질기게 저항했음에도 결국 러시아 제국으로 편입됐다. 이 지역의 러시아 병합 과정은 대략 1860년에 종결됐다. 이 과정에서 러시아는 카스피 해 서쪽 지역을 모두 합병했고, 러시아 국경은 더욱 확대되어 카프카스 지역을 넘어 오토만제국과 페르시아와 마주하게 됐다. 이와 관련한 좀 더 자세한 내용은 다음을 참고하기 바람. Firuz Kazemzadeh, "Russian Penetration of the Caucasus," Taras Hunzak (ed). *Russian Imperialism from Ivan the Great to the Revolution* (New Brunswick, New Jersey: Rutgers University Press, 1974), pp. 239-263.

〈표 1〉 16세기 이후 설립된 주요 목조요새 (출처: Kerner, op. cit., pp. 185-190)

지역	목조요새	설립연도
토볼스크 지역(오비 강)	아친스키 요새	1621
토볼스크 지역(오비 강)	벨스키 요새	1668
예니세이 지역	아바칸스크 요새	1676
예니세이 지역	발라간스크 요새	1654
야쿠츠크 지역	암긴스크 요새	1633
야쿠츠크 지역	아나디르스크 요새	1649
야쿠츠크 지역	바운토프스크 요새	1674 이전
네르친스크 지역	아찬스크 요새	1651
네르친스크 지역	알바진 요새	1665

군인들이 뒤따라 거주하여 그곳이 제국의 영토에 편입됐다는 것을 의미했다.

수도원이 실질적인 팽창정책의 전초기지가 됐다는 사실은 몽골 지배기에 교회와 몽골의 관계가 긴밀하게 연결되어 상대적으로 교회의 영향력이 증가했다는 점에서 기인한다. 240년간 몽골의 지배를 받는 동안 러시아인의 외교관 역할을 담당했던 교회 지도자와 그들의 역량 덕분에 교회는 본의 아니게 이중 플레이 혹은 도덕적으로 불미스러운 외교 전

〈표 2〉 16세기 이후 설립된 주요 수도원 (출처: Kerner, op. cit., pp. 177-184)

지역	수도원	설립연도
토볼스키 지역	토볼스키-즈나멘스키 수도원	1587
튜멘 지역	트로츠키 수도원	1616
톰스크 지역	카잔스키 수도원	1663
예니세이 지역	스파스키 수도원	1644
크라스노야르스크 지역	브베덴스키 수도원	1646
야쿠츠크 지역	스파스키 수도원	1659
이르쿠츠크 지역	즈나멘스키 수도원	1693
이르쿠츠크 지역	폴로스키-프레오브라젠스키 수도원	1681
브랴츠크 지역	스파스키 수도원	17세기

략을 취할 수밖에 없었다. 그 결과 주교들의 도덕적 위상은 추락하고, 교회 조직은 부정적 평가를 받게 됐다. 신실한 수도생활을 원하던 많은 성직자와 수도승은 교회의 현실 정치 참여에 반감을 갖기 시작했고, 만연한 유혹으로부터 정신적, 도덕적 탈출구를 찾고자 했다. 결국, 이러한 이유로 14세기부터 17세기에 이르기까지 수백 개에 달하는 새로운 수도원들이 깊고 울창한 숲 속에 건설됐다. 이 당시 설립된 수도원들은 주로 성 세르게이의 제자들이나 그의 추종자들에 의해 만들어졌다. 대규모 수도원 이주의 결과는 크게 세 가지로 요약할 수 있다.[30]

첫째, 북극 지역과 그 주변에 거주하던 핀족, 시베리아에 거주하던 튀르크족과 몽골족이 확장하던 수도원의 영향으로 기독교로 개종했다. 둘째, 도덕적, 정신적 가치를 추구하던 농민과 추종자들이 수도승들을 따라 이동하여, 수도원 근처 숲 속 빈터에 거주지를 형성하고 그곳에 정착했다. 셋째, 농민들이 수도원 주변에 정착하자 수도승들이 더욱 외지고 깊은 숲 속으로 이동했고, 다시 농민들이 그들을 따라 이동하자, 수도승들은 더 멀리 이동하는 순환 과정이 되풀이됐다. 그리고 농민들이 정착한 곳에는 뒤이어 관리들이 도착했고, 그다음 군인 파견대가 주둔하게 됐다. 그 결과 군인들이 파견되어 주둔한 지역은 공식적으로 러시아의 영토로 병합됐다. 이러한 현상은 러시아 팽창정책의 한 단면이 됐고, 은둔 수도승들은 본의 아니게 러시아 팽창정책의 대리인 또는 첨병이 됐다.[31]

---

30 D.V. Pospielovsky, *The Orthodox Church in the History of Russia* (Crestwood and NY: St. Vladimir's Seminary Press, 1998), p. 50. 수도원에서 행했던 노동 중에서 가장 성스러운 작업은 서적 필사였다. 당시 필사라는 것은 손으로 직접 옮겨 적는 행위였기 때문에, 11세기부터 서적 필사는 개별 수도승뿐만 아니라, 모든 수도원이 맡아야 하는 가장 중요한 업무였다. 원래 수도원은 도시에서 일정한 거리를 두고 세워졌다. 몽골-타타르 지배기에 수도원은 깊숙한 숲 속이나 외진 북부 지방에 세워졌지만, 아무리 외진 곳에 수도원이 건설됐다 하더라도 수도원들은 서로 연락이 가능했다. 그래서 서적 필사본 교환이 가능했다. Likhachev, op. cit., pp. 100-101. 이처럼 전체 수도원의 연락 체계가 수립되어 있었기 때문에 아무리 외진 곳으로 이동한다고 해도 농민과 군인, 관리들의 추가 이동이 가능했다.

31 Pospielovsky, op. cit., p. 50.

5. 결론

앞서 살펴보았지만, 수로체계를 통해 러시아 공간이 확장하는 데 가장 중요한 근원지이자 중심부는 유럽 러시아 북서부에 위치한 발다이 구릉이었다. 발다이 구릉지대에서 발원한 서드비나 강을 통해 러시아인들은 발트 해에 진출할 수 있었고, 일리멘 호수와 연결되는 로바치 강과 일리멘 호수를 통해 발트 해, 백해, 북극해 연안을 따라 태평양까지도 진출할 수 있었다. 또한, 러시아인들은 드네프르 강을 통해 흑해에 진출할 수 있었고, 드네프르 강에 위치한 수송기지인 연수육지를 통해서는 다시 볼가 강과 연결된 카스피 해까지 나아갈 수 있었다. 마지막으로, 러시아인들은 카스피 해로 흘러들어 가는 볼가 강 유역의 연수육지를 통해 우랄산맥 너머 동쪽으로 진출할 수 있었고, 토볼 강을 거점으로 시베리아의 수로체계를 통해 백해, 바렌츠 해, 북극해, 태평양으로 나갈 수 있었다.

결국, 발다이 구릉지대에서 시작한 강을 따라 러시아는 동서남북 어느 방향으로든 대양으로 진출할 수 있었다. 이처럼 바둑판같이 연결된 광활한 수로체계는 러시아 영토팽창과 식민화 정책의 주된 경로였다. 그 결과 러시아는 유럽, 아시아, 아메리카 등 세 대륙에 걸친 대제국을 건설할 수 있었다.

아울러 15세기 후반 모스크바 공국이 시장과 천연자원을 확보하기 위해 점령했던 곳도 바로 발다이 구릉지대였다. 15세기 후반에 '발트 해-카스피 해' 교역로를 장악하기 위해 발다이 구릉지대를 점령하고, 더 나아가 카잔, 아스트라 한국을 점령하여 16세기와 17세기에 동유럽 평원 전체를 자신들의 지배권 아래 놓음으로써 모스크바 공국은 서쪽으로 발트 해, 남쪽으로 흑해와 카스피 해, 동쪽으로 태평양, 북쪽으로 북극해 등 네 방향 모두로 진출할 수 있어 대제국을 건설할 수 있는 기틀을 마련했다.

제국 건설을 위한 공간 팽창의 동력은 모피, 특히 검은담비의 모피였다. 국가형성 초기부터 수로체계를 통한 교역상품에는 노예, 호박, 목재 관련 제품 등 다양했지만, 시대를 초월하여 가장 인기 있는 상품은 모피였다. 잘 알려졌듯이, 러시아가 알래스카를 점유하고 지배할 수 있었던 동기도 모피를 찾아 베링 해협을 건넜기 때문이다.

러시아의 공간이 확장할 수 있었던 환경적 조건은 연수육지, 목조요새, 수도원으로 구성되었다. 강과 강을 연결하는 일종의 수송기지인 연수육지를 통해 강을 연결하는 수로체계를 구축할 수 있었으며, 구축된 수로체계를 확보하고 주변지역의 지배권을 장악하기 위해 연수육지에 요새화된 성채를 건설했다. 고대의 주요 도시들은 대부분 목조 요새화한 공간에서 팽창하여 도시로 성장한 것이다. 마지막으로, 러시아 공간 확장의 대리인 역할을 한 것은 수도원이었다. 현실정치에서 탈피하여 참된 수도생활을 위해 건립된 수도원은 본의 아니게 영토 확장의 첨병으로서 임무를 떠안아 공간 확대를 위한 전초기지 역할을 맡게 됐다.

결국, 러시아 영토가 확장된 과정은 수로와 하천의 지배에서 출발해 대양으로 향한 출구를 확보하여 제국을 형성한 공간적 인과관계 속에서 찾을 수 있다. 그 중심은 발다이 구릉지대로, 이곳으로부터 발원한 드네프르, 오카, 볼가 강을 중심으로 하는 수로체계가 팽창의 객관적 조건이 됐으며, 모피와 연수육지, 목조요새, 수도원들이 팽창의 원심력으로 작용했다.

참고문헌

레이드, 안나. 『샤먼의 코트』. 윤철희 옮김. 서울: 미다스북스, 2003.

마한, 알프레드. 『해양력이 역사에 미치는 영향』. 김주식 역. 서울: 책세상, 1999.

박태성. 『역사속의 러시아문화』. 부산: 부산외대 출판부, 1998.

______. 『한눈에 보는 러시아 역사』. 부산: 부산외대 출판부, 2009.

베슬러, 클라우스. 『정치지리학』. 안재학 옮김. 서울: 명보문화사, 1995.

이덕형. 『천년의 울림』. 서울: 성균관대 출판부, 2001.

전종한 외. 『인문지리학의 시선』. 서울: 논형, 2008.

클링호퍼, 아서. 『지도와 권력』. 이용주 옮김. 서울: 알마, 2007.

황성우. "'발트 해-흑해 무역로'와 키예프 루시의 태동." 『동유럽연구』, 제22권 (2009).

Вернадский, Г. В. *Древняя Русь.* Тверь и Москва: ЛЕАН АГРАФ, 1996.

Новосельцев, А. П., Сахаров, А. Н. и другие, *История России.* Москва: ПРОСПЕКТ, 1996.

Орлов, А. С., Георгиев В. А. и др. *История России.* Москва: ПРОСПЕКТ, 2004.

Платонов, С. Ф. *Полный курс лекций по русской истории.* Петрозаводск: АО Фолиум, 1996.

Скрынников, Р. Г. *История IX-XVII вв.* Москва: Издательство 'Весь Мир,' 1997.

Bassin, Mark. "Asia." Rzhevsky, Nicholas. *Modern Russian Culture.* UK: Cambridge University Press, 1998.

Kazemzadeh, Firuz. "Russian Penetration of the Caucasus." Hunzak, Taras (ed). *Russian Imperialism from Ivan the Great to the Revolution.* New Brunswick, New Jersey: Rutgers University Press, 1974.

Kerner, Robert. *The Urge to the Sea: The Course of Russian History.* NY: Russell & Russell, 1971.

Likhachev, Dmitry. "Religion: Russian Orthodoxy." Rzhevsky, Nicholas.

Modern Russian Culture. UK: Cambridge University Press, 1998.

MacKenzie, David and Curran, Michael W. *A History of Russia and the Soviet Union.* Homewood, Illinois: The Dorsey Press, 1977.

Pospielovsky, D.V. *The Orthodox Church in the History of Russia.* Crestwood and NY: St. Vladimir's Seminary Press, 1998.

Riasanovsky, Nicholas. *A History of Russia.* NY: Oxford University Press, 1963.

2

도시 공간과 지역 정체성

제3장

공간의 문화정치학: 포스트소비에트 모스크바 재건의 문화적 함의

라승도

1. 들어가는 말

1917년 10월 혁명 직후인 1918년 3월 공산당중앙위원회와 인민위원회가 상트페테르부르크(당시 페트로그라드로 개명됨)에서 옮겨오면서 모스크바는 소비에트 러시아의 공식 수도가 되었다. 잘 알려졌듯이, 10월 혁명 직후 볼셰비키 정권은 안보상 이유로, 또 차르 정권과의 완전한 단절을 보여주기 위해 수도를 상트페테르부르크에서 모스크바로 옮겼다. 곧이어 모스크바는 '소비에트 연방' 전체의 수도가 되었고 1991년 붕괴 시점까지 70여 년 동안 소비에트 연방의 수도로 기능했다. 그러나 1991년 소비에트 연방이 갑작스럽게 해체되면서 모스크바는 더 이상 소비에트 연방이나 소비에트 러시아의 수도가 아닌 독립국가 '러시아 연방'의 수도로 거듭난다.

이러한 모스크바 변천사[1]에서 특히 주목할 만한 것은 1917년 10월 혁

1 모스크바 변천사를 고대부터 현대까지 일목요연하게 정리한 연구 자료는 다음을 참고하기 바람. Timothy Colton, "Moscow: History, Geography, and Society," *Moscow: Governing the Socialist Metropolis* (Cambridge, MA: Harvard University Press, 1995), pp. 1-12; Olga Gristi and Herman van der Wusten, "Moscow and St. Petersburg, a Sequence of Capitals, a Tale of Two Cities," *Geojournal*, Vol. 51 (2000), pp. 33-45. 10월 혁명 전후

명 결과 새롭게 탄생한 소비에트 연방의 수도 모스크바가 이후 1930년대에 들어와 역사상 가장 급격한 변모 과정을 거쳤던 것과 매우 흡사하게, 1991년 소비에트 연방 해체와 함께 새로 태어난 러시아 연방의 수도 모스크바 역시 1990년대에 들어와 대규모 변형 과정을 겪었다는 점이다. 이 점은 1990년대 초반 시작되어 1999년 모스크바 신도시계획(New City Plan)과 함께 절정에 이른 모스크바의 건설 열기에서 극명하게 드러난다. 이것은 규모 면에서 1930년대 스탈린 시대에 있었던 건설 열기를 능가하는 것이었다. 특히, 1990년대 중반 러시아가 자본주의 시장경제체제로 급속히 편입되면서 모스크바 도심 곳곳에는 과거에 볼 수 없던 고급주택뿐만 아니라 쇼핑몰을 포함한 상업과 금융 관련 빌딩들이 우후죽순 생겨났다. 이와 더불어, 과거 소비에트 정권에 의해 파괴된 교회나 사원 등 종교 관련 건축물들이 대대적인 복원 공사에 들어갔고 역사적 의미가 있는 기념비적 건축물들이 새로 건설되거나 재건설되었다. 또한, 1999년에는 '제3순환대로'(Третье транспортное кольцо) 건설이 확정되어 착공에 들어갔고, 2000년에는 그동안 지지부진했던 국제비즈니스센터 '모스크바-시티'(Москва-Сити) 건설 프로젝트가 재개되면서 1990년대 포스트소비에트 '모스크바 재건'(Reconstruction of Moscow)의 압권으로 평가받고 있다.[2]

이렇듯, 포스트소비에트 시대 모스크바에서 일어난 도시 공간의 급격한 변화는 무엇보다도 사회주의 몰락 이후 도입된 자본주의 시장경제체제에 걸맞게 수도 모스크바의 면모와 위상을 재정립하고자 한 모스크바 시 당국의 도시 발전계획에 의한 것이었다. 이와 관련하여 매우 흥미로운 점은 모스크바 시장 유리 루시코프(Юрий Лужков)의 주도 아래 전개

부터 최근까지 현대 모스크바의 변천사만을 집중적으로 분석한 연구는 다음을 참고하기 바람. Karl Schlögel, *Moscow* (London: Reaktion Books, 2005).

2 포스트소비에트 시대 루시코프의 모스크바 재건 과정을 1992년부터 2004년까지 체계적으로 자세하게 정리하고 분석한 연구는 다음을 참고하기 바람. Рой Медведев, *Московская модель Юрия Лужкова* (Москва: Время, 2005).

된 1990년대 포스트소비에트 모스크바의 재건 과정이 스탈린의 총지휘 아래 추진된 1930년대 소비에트 모스크바의 재건 과정과 정반대 방향에서 진행됐다는 점이다. 1930년대 중반 스탈린이 노동자의 천국으로서 사회주의의 이상 도시를 창조하기 위해 모스크바 재건에 착수했다고 한다면, 1990년대 중반 루시코프는 '자본주의의 등대'로서 새롭게 떠오르는 글로벌 도시를 건설하기 위해 모스크바 재건에 돌입했기 때문이다.[3] 하지만 이러한 지향점의 차이에도 1990년대 루시코프의 모스크바 재건은 무엇보다도 공간의 수직 지향성 혹은 수직적 위계질서를 지나치게 강조하는 '문화 2'(Культура Два) 현상을 분명하게 드러내고 있다는 점에서 1930년대 스탈린의 모스크바 재건과 많은 점에서 닮았다.[4]

다른 한편, 1990년대 모스크바 재건은 소비에트 연방 해체 이후 새로운 국가로 태어난 러시아의 민족 정체성 재정립 과정에서도 중대한 의미가 있다.[5] 특히, 러시아 국가의 수도로서뿐만 아니라 러시아 민족 문화의 중심으로서도 큰 의미가 있는 모스크바의 급격한 물리적 변화는 도시 공간의 상징체계나 질서에서도 커다란 반향을 불러일으켰다. 이런 점에서 루시코프가 역사·문화적으로 중요한 의미를 함축하는 공공장소나 기념비적 건축물을 재정비하며 모스크바 도시 공간의 풍경과 질서에 일대 변화를 가한 것은 공간의 상징체계와 '정체성'이라는 측면에서 특

---

3 Keith Livers, ""Empty Is My Native Land": The Problem of the Absent Center in Aleksandr Zel'dovich's *Moscow*," *Russian Review*, Vol. 64, No. 3 (2005), p. 425.

4 『문화 2』란 책에서 러시아의 건축문화학자인 블라디미르 파페르느이는 러시아 문화를 수평성과 수직성, 원심력과 구심력, 분산성과 결집성, 여성성과 남성성 등 이분법적 대립구조로 파악한다. 그의 분석에 따르면, 1917년 혁명 이후부터 1920년대까지는 확산의 시기로 '문화 1'를 형성하며, 1930년대에서 1955년까지는 정착의 시기로서 '문화 2'를 형성한다. 또한, '문화 1'은 '불'의 문화이자 '수평적 이동(혹은 운동)'의 문화이며, '문화 2'는 '물'의 문화이자 수직적 '위계질서'의 문화이다. Владимир Паперный, *Культура Два* (Москва: Новое литературное обозрение, 1998).

5 이를 뒷받침하듯 안나 소콜리나는 사회주의 이후 1990년대 모스크바 도시개발계획의 기본 특징을 5가지 경향으로 나누어 분석하면서, 그중 하나가 민족 정체성과 밀접하게 관련된 "민족 통합 사상"을 고취하는 "애국적, 민족적" 경향이라고 주장한다. Anna Sokolina, "Architecture and the State: Moscow Urban Concepts after Socialism," *Anthropology of East European Review*, Vol. 20, No. 2 (2002), p. 216.

히 주목할 만하다. 루시코프의 모스크바 재건은 물리적 차원에서 재편되는 공간과 장소는 상징적·심리적 차원에서 공동체 집단의 정체성 형성에 심대한 영향을 끼친다[6]는 점을 여실하게 보여주는 대표적 사례 가운데 하나로 평가할 수 있기 때문이다. 실제로 루시코프의 '그리스도 구세주사원'(Храм Христа Спасителя, 이하 '구세주사원')과 '승리공원'(Парк победы) 재건은 모스크바 도시 공간의 새로운 풍경과 상징체계 조성 과정에서만 아니라 러시아의 새로운 민족 정체성 정립 과정에서도 중요한 재건 사업으로 간주할 수 있다.

이 글에서는 우선 1990년대 모스크바 재건 과정의 주요 특징과 의미를 1930년대 모스크바 재건 과정과의 비교를 통해 고찰해보고자 한다. 1990년대 루시코프의 모스크바 재건은 한편으로는 자본주의의 첨단 도시를 건설하고자 했다는 점에서 사회주의의 이상 도시를 창조하려 했던 1930년대 스탈린의 모스크바 재건과 많이 다르지만, 다른 한편으로는 건축 규모, 양식, 기법 등에서 스탈린식 도시 재건 모델을 그대로 차용하고 있다. 다음으로, 1990년대 모스크바 재건의 문화적 의미를 '신생' 러시아의 역사 '다시쓰기' 차원과 민족 정체성 재정립 차원에서 고찰해보고자 한다. 1990년대 모스크바 재건은 모스크바 도시 공간이라는 러시아 역사의 상징적 텍스트 위에 과거의 잘못된 역사를 지우거나 바로잡고 새로운 역사를 써나가는 과정의 일단으로 파악할 수 있다. 또한, 공간의 물리적 재편이 상징적 차원에서 정체성 형성에 영향을 끼친다는 점을 고려할 때, 모스크바 재건 역시 러시아의 새로운 민족 정체성 정립 과정과 불가분의 관계 속에 전개되었음을 알 수 있다.

---

6 공간과 정체성의 관계에 관한 좀 더 자세한 내용과 설명은 다음의 연구를 참고하기 바람. Erica Carter, *Space and Place: Theories of Identity and Location* (London: Lawrence & Wishart, 1993); 이무용, 『공간의 문화정치학: 공간 그곳에서 생각하고, 놀고, 싸우고, 만들기』(서울: 논형, 2005).

2. 모스크바 재건의 두 역사

2.1. 스탈린의 모스크바 재건

1930년대 모스크바 도시 공간의 급격한 변형은 무엇보다도 "모스크바가 세계 모든 수도의 모델이 되어야 한다"고 주장한 스탈린의 1935년 모스크바 재건 '일반계획'(General Plan)으로 가능했다.[7] 따라서 이 계획의 일차 목표는 스탈린의 '1국 사회주의' 국가 건설 개념에 걸맞게 수도 모스크바의 이미지를 새롭게 탈바꿈시키는 데 있었다.[8] 그리하여 고색창연한 교회나 사원 등으로 대표되는 모스크바의 과거 이미지는 프롤레타리아 국가 수도로서의 새로운 위상과 역할에 걸맞지 않은 것으로 치부되었다. 그 결과, 교회나 사원 등을 포함한 과거의 문화를 대표하는 무수한 옛 건물이 집중적으로 파괴되거나 철거되었다.[9] 대신 그 자리에는 프롤레타리아 국가의 새로운 상징과 천국의 비전을 담은 현대식 개념의 고층건물이나 기념비적 건축물이 속속 들어섰다. 제정 러시아의

---

7 물론, 모스크바 도시 공간의 재정비는 1920년대에도 진행됐다. 최초의 모스크바 재건 '일반계획'은 내전이 끝난 직후인 1920년대 초반에 나왔고, 그 일차 목적은 수도 모스크바를 소비에트 연방 전체의 축소판으로서뿐만 아니라 사회주의 국가 이념의 선전 무대로서 표현하는 데 있었다. 이 계획안에 따라 1920년대에 진행된 모스크바 재건 사업은 주로 기존의 역사적 유산에 새로운 건축 요소를 첨가하는 형태로 전개됐다. 그러나 이 계획안은 극히 일부분만 실현되었을 뿐, 1930년대에 들어와 불충분하고 실현 불가능한 것으로 판단되어 폐기처분이 되었다. Gristai and Westen, op. cit., pp. 39-40. 1920년대 말 30년대 초 모스크바의 공간적 변화 과정을 좀 더 자세하게 정리하고 분석한 연구는 다음을 참고하기 바람. Stephen V. Bittner, "Green Cities and Orderly Streets: Space and Culture in Moscow, 1928-1933," *Journal of Urban History*, Vol. 25, No. 1 (1998), pp. 22-56.

8 다른 한편으로, 당내 권력 투쟁에서 승리하고 국가 권력까지 장악한 스탈린은 모스크바 도시 공간의 재건 과정을 통해 국가 권력뿐만 아니라 자신의 개인적 권력까지도 상징적으로 드러내 보이고자 했다. Herman van der Wusten, "Dictators and Their Capital Cities: Moscow and Berlin in the 1930s," *GeoJournal*, Vol. 52 (2000), pp. 339-344.

9 이런 점에서 1930년대 스탈린의 모스크바 재건은 고대 러시아의 종교·문화적 건축물들을 집중적으로 파괴하는 성상파괴주의(iconoclasm)의 분출로만 아니라 세기의 전환기에 나온 '러시아 양식'(*style russe*) 건축물들에 대한 광적인 혐오주의로도 정의할 수 있다. Catriona Kelly and David Shepherd, *Constructing Russian Culture in the Age of Revolution, 1881-1940* (Oxford: Oxford University Press, 1998), pp. 235-237.

상징 건축물이었던 '구세주사원'을 파괴하고 그곳에 엄청난 높이의 '소비에트 궁전'(Дворец советов)을 건설하고자 했던 스탈린의 원대한 계획이 단적인 예이다.

1930년대 스탈린의 모스크바 재건은 모스크바 도심에 방사선 형태로 순환도로를 새롭게 건설하거나 확장 공사하고 그 주요 지점에 현대식 고층건물을 세우는 등 기존의 도시 공간 질서를 새롭게 재편하는 작업에서도 활발하게 진행됐다. 그리하여 모스크바 심장부를 형성하는 크렘린(Kremlin)을 중심으로 방사선 형태로 펴져 나가는 순환도로가 건설되었고, 이것을 가로지르는 간선도로들이 새로 개통되었다. 이와 동시에 크고 작은 광장과 거리가 도심 곳곳에 새롭게 조성되었다. 특히, 새로 형성된 주요 간선도로와 거리를 따라 건축된 웅장한 규모의 건축물들은 이후 '스탈린 양식'으로 불리게 되는 고전주의 건축양식에 맞춰 건축되었다.[10] 고전주의 양식의 파사드를 갖추고 이상적인 메트로폴리스의 삶을 대표하는 이 건축물들은 모스크바 도시 공간의 물리적 풍경과 면모를 일신하는 데 크게 이바지했다. 수보로프스카야 광장의 붉은군대 극장(1934~40), 곤차르나야 거리의 아파트 건물(1936~46)과 가가린 광장의 아파트 건물(1939~50) 등이 대표적인 예이다. 이 밖에, 1930년대 중반부터 40년대까지 모스크바에는 농업박람회 건물 등 웅장한 규모의 기념비적 건축물이 잇따라 건설되었고, 최초의 지하철 노선, 볼가 강과 연결되는 운하 등 대규모 건축과 토목 공사가 끊이지 않았다.[11]

그러나 스탈린의 '일반계획'에 따라 모스크바에서 진행된 모든 건설과 건축의 의미는 '구세주사원'을 파괴하고 그 자리에 400미터 높이의 거대한 '소비에트 궁전'을 건설하고자 했던 스탈린의 원대한 계획에 집

10 1930~40년대 모스크바 재건 사업에 적용된 스탈린식 고전주의 건축 양식의 다양한 의미에 대해서는 다음을 참고하기 바람. Alexei Tarkhanov, "A Vision of Paradise: Architecture in Stalin's Moscow," *Rossica*, Vol. 4 (2001), p. 39-48.

11 1930~40년대 스탈린의 모스크바 재건 전반에 관한 자세한 설명은 다음을 참고하기 바람. Timothy Colton, "Stalin's Moscow," op. cit., pp. 249-256.

중되었다. 1934년 최종 확정된 설계안에서 '소비에트 궁전'은 소비에트 국가의 기술 수준과 이념을 집약해 놓은 웨딩 케이크 형태의 건축물로서 꼭대기 부분에는 50~75미터 크기의 레닌 조각상이 해방된 노동자의 상징으로 우뚝 서 있다. 크기나 규모에서 짐작할 수 있듯, '소비에트 궁전' 건설 계획의 주목적은 사회주의 국가 소비에트 연방의 우월성을 대내외적으로 과시하는 데 있었다. 이는 '소비에트 궁전'이 엠파이어스테이트 빌딩보다 단 1미터라도 더 높아야 한다고 주장한 스탈린의 말에서 잘 확인된다.[12] 이런 내용의 설계안에 따라 '소비에트 궁전'은 스탈린의 특별 지시로 '구세주사원'이 파괴되고 빈터로 남아 있던 자리에 건설될 예정이었다. 하지만 궁전 건설은 기술적 난제와 2차 세계대전 발발로 스탈린 사망 직전까지도 실현되지 못하고 20여 년 동안 탁상공론에 그친 채 '종이건축'으로만 남게 되었다.[13]

'소비에트 궁전'은 영원히 미완으로 남게 되었지만, 그 안에 표현된 스탈린식 건축 양식과 상징적 의미는 1940년대까지 계속된 모스크바 재건에서 이른바 '스탈린 타워'로 불리는 8개의 '고층건물'(высотные здания) 건설 계획을 통해 그대로 반복, 재현된다. 최초 건설 계획에서 8개였지만 최종 단계에서 7개만 완공된 '스탈린 타워'는 원래 모스크바 중심부의 '소비에트 궁전'을 위성처럼 둘러싸고 뒷받침해주는 보조적 역할과 기능을 전제로 하여 건설될 예정이었다. 하지만 '소비에트 궁전' 건설이 무산되고 '상상의 탑'으로만 남게 되자 '스탈린 타워'는 실제적 측면에서뿐만 아니라 상징적 측면에서도 '소비에트 궁전'의 대체 이미지로 바뀌면서 1935년 시작된 스탈린식 모스크바 재건의 결정판으로 굳어진다.

---

12 '소비에트 궁전'의 구상과 설계, 그 전후 맥락과 상징적 의미에 대한 자세한 논의는 다음을 참고하기 바람. Peter Lizon, *The Palace of the Soviets: The Paradigm of Architecture in the USSR* (Colorado Springs, CO: Three Continents Press, 1992); Sona Stephen Hoisington, ""Ever Higher": The Evolution of the Project for the Palace of the Soviet," *Slavic Review*, Vol. 62, No. 1 (2003), pp. 41-68.

13 이후 '소비에트 궁전' 건설부지, 즉 '구세주사원'이 파괴되고 남아 있던 공터는 흐루시초프 시대에 들어와 세계에서 가장 큰 규모의 노천 수영장으로 탈바꿈했다.

〈그림 1〉 '소비에트 궁전' 청사진[14]

다시 말하자면, 2차 세계대전이 끝난 직후 스탈린은 모스크바의 간선도로와 순환도로가 교차하는 주요 지점에 8개의 고층건물 건축을 지시하는데, 그중 7개만 스탈린 사후 1950년대 말에 완공되었다. 모스크바대학교, 외무부, 호텔 우크라이나와 레닌그라드 등 7개의 대규모 건축물로 구성되어 있어 일명 '7자매'로도 불리는 '스탈린 타워'는 모스크바 어디에서도 한눈에 들어올 정도로 모스크바 지평선을 완전히 장악하면서 도시 공간 풍경 전체를 압도한다.[15]

이런 식으로 1935년 스탈린의 '일반계획'에 따라 1940년대를 거쳐 50년대까지 이어진 모스크바 재건은 무엇보다도 사회주의 국가 소비에트 연방의 수도로서 모스크바의 새로운 이미지 창조에 초점을 맞췄다. 이러한 모스크바 재건은 주로 과거의 낡은 건물을 파괴하고 도시 공간의 질서를 재편하면서 주요 지점에 웅장한 규모의 현대식 고층건물을 건설

14 http://www.inosmi.ru/photo/20111129/178749768.html
15 '스탈린 타워'의 다양한 의미에 대해서는 다음을 참고하기 바람. Schlögel, op. cit., pp. 22-34.

하는 방식으로 진행됐다. 여기서 알 수 있듯이, 1930년대부터 50년대까지 이어진 스탈린식 모스크바 재건 과정에서 가장 중요한 특징은 공간 문화의 수직 지향성이다. 이것은 미완에 그친 높이 400미터 규모의 '소비에트 궁전' 건설 시도에서 가장 분명하게 드러난다. 또한, 이것은 1930년대 중반 모스크바 도심 곳곳에 광범위하게 건설된 무수한 기념비적 고층건물뿐만 아니라 1940년대 후반에 시작되어 50년대 후반 완공된 7개의 '스탈린 타워'에서도 뚜렷하게 찾아볼 수 있다. 게다가 이러한 수직 지향성은 스탈린주의 문화로 정의되는 1930~40년대 러시아 문화의 성격을 수직적 위계질서와 상하관계가 지배하는 '문화 2' 현상으로 규정하는 데서 중요한 척도가 된다.[16]

2.2. 루시코프의 모스크바 재건

1990년대 포스트소비에트 시대 러시아의 수도 모스크바에서 진행된 도시 재건 과정은 1992년부터 2010년 9월까지 모스크바 시장으로 재임한 유리 루시코프가 주도했다. 특히, 루시코프의 모스크바 재건 사업은 분명한 문제의식과 목표 아래 추진됐다는 점에서만 아니라 그의 미학적 취향과 정치적 야심이 강하게 투영됐다는 점에서도 중대한 의미가 있다.[17] 이런 점에서, 『모스크바여, 우리는 그대의 아이들』(Мы дети твои, Москва)이란 제목으로 1996년 출판된 루시코프의 자서전은 특히 주목할 만하다. 모스크바 재건 선언문으로도 읽힐 수 있는 자서전 서문에서 루시코프는 10년 전 그가 헬리콥터를 타고 상공에서 바라본 모스크바의

---

16 1930~40년대 러시아 문화는 스탈린주의 문화로 규정할 수 있다. 스탈린주의 문화의 본질은, 건축이나 공간 문화의 수직 지향성에서 알 수 있듯이, 수직적 위계질서와 상하관계에 대한 강조에서 찾을 수 있다. 이는 사회주의 리얼리즘으로 정의되는 스탈린주의 예술문화에서 특히 두드러지는데, 여기서는 국가가 하나의 '대가족'(Great Family)으로 비유되고 '부모-자식' 관계, 다시 말해 수직적 위계질서만이 강조되고 부모, 특히 아버지의 위치는 항상 스탈린이 차지한다. Katerina Clark, "The Stalinist Myth of the "Great Family"," *The Soviet Novel: History as Ritual*, 3rd ed. (Bloomington: Indiana University Press, 2000), pp. 114-135.

17 John Lloyd, "View from Moscow," *New Statesman* (Sept. 12, 1997), p. 10.

인상을 묘사하면서, "볼셰비키의 계획이 모스크바의 모든 것을 헤집어 놓았다"[18]고 주장하고 모스크바 재건의 핵심 사업 가운데 하나가 과거 소비에트 정권에 의해 파괴된 교회나 사원 등 기념비적 건축물의 복원 작업임을 다시 한 번 강조하고 있기 때문이다. 실제로 과거 소비에트 정권, 특히 스탈린 정권에 의해 무분별하게 파괴된 교회나 사원의 역사적 복원은 루시코프가 주도한 1990년대 모스크바 재건에서 가장 중요한 사업 가운데 하나로 평가된다. 1931년 스탈린 정권에 의해 파괴된 '구세주 사원'의 복원이 단적인 예이다.

다른 한편, 루시코프의 모스크바 재건은 포스트소비에트 시대 러시아의 명실상부한 수도로서 모스크바의 위상과 역할을 새롭게 정립하는 차원에서도 활발하게 진행됐다. 특히, 소비에트 체제 붕괴 이후 자본주의 시장경제체제에 진입한 러시아 수도의 새로운 이미지에 걸맞게 낙후된 "사회주의 모스크바를 문명화된 세계 자본의 도시"[19]로 탈바꿈시키고자 했다는 점에서 루시코프의 모스크바 재건은 모스크바를 사회주의의 이상 도시로 바꾸고자 했던 스탈린의 모스크바 재건과 정반대 방향에서 진행됐다고 할 수 있다. 이 점은 특히 모스크바 시내 한복판에 있는 마네시 광장을 산뜻하게 재정비하여 지하에 거대한 고급 쇼핑몰을 조성한 사실에서 분명하게 드러난다.[20] 바꾸어 말하자면, 1995년 5월 착공하여 1997년 10월 모스크바 창건 850주년에 맞춰 완공한 마네시 광장 지하 쇼핑몰은 자본주의 시장경제를 지향하는 모스크바의 도심에서 사회주의의 구태를 벗겨 내는 동시에 "포스트소비에트의 새로운 생활 세계 중심에 소비문화를 조성하려는 욕망"[21]을 드러낸 가장 극명한 예에 해당한다.

18 Юрий Лужков, *Мы дети твои, Москва* (Москва: Вагриус, 1996), с. 6.

19 V. Korchagina, "Civilized World Capital: Goal of City's Constructivist Mayor," *Moscow Times* (December 31, 1996).

20 마네시 광장 재정비와 쇼핑몰 건설의 정치·경제적 의미에 대해서는 다음 연구를 참고하기 바람. Thanos Pagonis and Andy Thornley, "Urban Development Projects in Moscow: Market/State Relations in the New Russia," *European Planning Studies*, Vol. 8, No. 6 (2000), pp. 753-757.

이처럼 모스크바 도시 공간을 세계화 시대에 걸맞게 시장경제체제의 첨단 도시이자 미래 자본주의의 대표 도시로 탈바꿈시키고자 한 루시코프의 모스크바 재건은 1999년 수립된 모스크바 '신도시계획'에서 좀 더 확실한 형태로 전개된다.[22] 여기서 가장 주목할 만한 것은 크레믈린 서쪽 4km 지점 모스크바 강 크라스노프레스넨스카야 제방에 건설되는 모스크바 국제비즈니스센터 '모스크바-시티' 건설 프로젝트이다. 1990년대 모스크바 재건의 결정판으로 평가할 수 있는 '모스크바-시티' 프로젝트는 1991년에 처음 구상되었다. 이후 1995년 루시코프는 1997년 모스크바 창건 850주년에 맞춰 부분적으로나마 가시적 성과를 보여주기 위해 프로젝트 실행에 박차를 가했다. 그 결과 바그라티온 대교가 개통되고 일부 상점과 카페, 레스토랑이 새롭게 문을 열었다. 그러나 외국자본뿐만 아니라 러시아 은행들조차 투자를 기피한 나머지 프로젝트는 답보상태에 빠질 수밖에 없었다. 게다가 1998년 발생한 금융위기로 프로젝트는 전면 중단 위기에 놓였다. 하지만 1999년 러시아 경제가 회복 기미를 보이고 루시코프의 '신도시계획'이 과감하게 추진되는 과정에서 '모스크바-시티' 프로젝트도 재추진되면서 '신도시계획'의 중점 사업으로 떠올랐다.

'모스크바-시티'는 총면적 110헥타르, 투자액 12억 달러 규모의 최첨단 주상복합건물 단지로서 모스크바를 미래 세계의 첨단 도시로 탈바꿈시키는 것을 목표로 하는 "모스크바 역사상 가장 원대한 프로젝트 가운데 하나"[23]로 평가된다. 특히, 340미터 85층 규모로 유럽에서 가장 높은 빌딩으로 건설될 '연방타워'와 바로 옆에 260미터 57층 규모로 세워질

---

21 Jonathan Flatley, "Moscow and Melancholia," *Social Text*, Vol. 66, No. 19 (2001), p. 80.

22 모스크바 도심을 둘러싸는 '제3순환대로'와 '모스크바-시티' 건설을 핵심으로 하는 '신도시계획'의 세부 내용과 주요 특징에 관해서는 다음을 참고하기 바람. Catherine Cooke, "Moscow as a Global City," *Rossica*, Vol. 4 (2001), pp. 51-55.

23 *City: Moscow International Business Center*, publicity pamphlet (Moscow: MIBC, 1996). Pagonis and Thornley, op. cit., p. 761에서 재인용.

〈그림 2〉 '모스크바-시티'의 현재 모습[24]

쌍둥이 빌딩은 '모스크바-시티'의 중심부를 형성한다. 또한, 최고급 호텔, 레스토랑, 아파트, 사무실 등으로 사용될 두 빌딩 사이에는 크고 작은 보조 빌딩들이 추가로 건설된다. 그러나 '모스크바-시티'의 핵심 상징은 최초 설계에서 세계 최고 높이의 648미터였지만, 최종 설계에서 398미터로 축소된 '러시아 타워'가 차지할 전망이다. 2009년 완공 예정인 '러시아 타워'를 중심으로 한 '모스크바-시티'는 특히 모스크바 도시 공간의 면모를 완전히 일신하면서, 21기형 글로벌 도시를 지향하는 수도 모스크바의 위상과 역할을 한층 더 높여줄 것으로 전망된다.[25]

이러한 '모스크바-시티' 건설을 정점으로 하는 루시코프의 모스크바

---

24 http://englishrussia.com/tag/moscow-city/

25 이와 관련하여 안나 소콜리나는 '모스크바-시티'와 고층빌딩 건설이 모스크바의 국제적 위상을 복원하려는 차원에서 일어났다고 주장한다. Anna Sokolina, op. cit., p. 217. '모스크바-시티'의 구체적인 내용과 청사진, 경제적 효과와 정치적 배경 등을 자세히 분석한 자료와 연구는 다음을 참고하기 바람. Thanos Pagonis and Andy Thornley, op. cit., pp. 760-764; Natalya Davydova, "Moskva-City Business Center with a Foreign Accent," *Moscow News* 6 (Jun. 7, 2002), p. 5; Natalya Davydova, "New-Look Moskva-City Project," *Moscow News* 23 (Jun. 18, 2003), p. 8; Paul Abelsky, "City Within a City: Moscow Plans Massive Financial District," *Russian Profile* (Jul. 1, 2005).

재건에서 가장 현저한 특징 가운데 하나는 '구세주사원'과 같은 종교적 건축물이든 '러시아 타워'와 같은 최첨단 복합 건축물이든 각 건축물의 설계와 건축 과정에서 루시코프가 시종일관 최대 규모 최고 높이를 추구하고 있었다는 점이다. 이것은 파클론나야 언덕에 재건된 '승리공원'(1995), 모스크바 강 크림스카야 제방에 건립된 '표트르 대제 기념상'(1996), 세계 최대 규모의 정교회 사원인 '구세주사원'(1997) 등에서도 발견된다. 또한, 이것은 유럽에서 가장 높고 세계에서 두 번째로 높은 '트라이엄프-펠리스'(Триумф-Палас, 2003) 아파트에서도 분명하게 찾아볼 수 있다.[26] 여기서 더욱 흥미로운 사실은 루시코프의 모스크바 재건에서 나타나는 소위 말하는 '루시코프 양식'이 1930년대 모스크바 재건 과정에서 지배적으로 등장한 '스탈린 양식'을 그대로 답습하고 있다는 점이다. 특히, '제3순환대로'를 따라 모스크바 도심을 원형으로 둘러싸고 2012년 완공 예정으로 건설되고 있는 60개의 고층주택은 '사도보예 순환대로'를 따라 포진한 스탈린의 고층건물들을 직접 모방하고 있다는 점에서 일명 루시코프 판 '스탈린 타워'로 불린다.[27] 하지만 '러시아 타워'에서 알 수 있듯이, 최고를 향한 루시코프의 열망은 궁극적으로 '바벨탑' 건설에 비유되는 스탈린의 '소비에트 궁전' 건설 염원에서 기원한다.

이런 의미에서 루시코프의 높은 수직 지향성은 1930~40년대 러시아

---

26 모스크바 국제공항에서 도심으로 들어오는 레닌그라드 대로의 '트라이엄프-펠리스'는 2001년 착공되어 2003년 말 완공된 61층 264미터의 초호화 아파트 빌딩으로 고딕식 첨탑 형태의 모스크바대학교나 외무부 건물처럼 스탈린식 건축양식에 따라 건설되었다. 이와 관련하여 수잔 글레서는 '트라이엄프-펠리스'를 가리켜 스탈린 시대에 대한 향수를 자극하는 전형적인 건축 사례로 지적하면서, 스탈린식 고층주택이 '사회주의 리얼리즘의 표현'이라고 한다면, '트라이엄프-펠리스'로 대표되는 루시코프식 고층주택은 '자본주의 리얼리즘의 전형'이라고 주장한다. Susan Glasser. "Buildings Evoking Stalin Era Are All the Rage in Moscow," *Washington Post* (Dec. 24, 2003), p. 18.

27 다음과 같은 루시코프 인터뷰 기사는 루시코프식 고층건물이 스탈린식 고층건물의 판박이임을 분명하게 입증한다. "우리의 고층건물은 로켓처럼 하늘로 솟구치듯 끝이 뾰족하다는 점에서 끝이 밋밋한 탁자 모양을 한 미국식 고층건물과 다르다." Natalya Davydova, "Sprouting High Rises Blemish Moscow Skyline," *Moscow News* 15 (Aug. 15, 2002), p. 7.

문화를 강하게 특징짓는 '문화 2' 현상, 다시 말해 수직적 위계질서를 강조하는 스탈린주의 문화 현상의 재부상을 뒷받침해주는 동시에, 더 나아가 러시아 문화의 순환적 특성까지도 드러내 보인다고 할 수 있다.[28] 이러한 수직 지향성은 자본주의 시장경제체제 아래에서 더욱 심화하고 있는 경제적 분배의 불균형 현상, 다시 말해 러시아 국민 사이의 심각한 빈부격차 현상을 상징적으로 반증하는 것이기도 하다. '러시아 타워'나 '트리이엄프-펠리스'와 같은 초고층 초호화 빌딩에서 살 수 있는 사람들은 '노브이 루스키'(новый русский, 새로운 러시아인)으로 통칭되는 신흥부호나 사회 특권층 등 극소수 사람들뿐이기 때문이다. 요컨대, 모스크바 도시 공간 재건에서 나타난 높은 수직 지향성은 포스트소비에트 시대 러시아에서 일어나는 경제 권력의 수직적 양극화 현상뿐만 아니라, 정치권력을 포함한 러시아 사회 전반의 수직적 위계 질서화 현상까지도 가늠해볼 수 있는 중요한 척도가 된다.

3. 모스크바 재건과 민족 정체성의 재정립

1991년 소비에트 연방 해체와 더불어 탄생한 '신생' 러시아는 출범 직후 러시아 역사에서 소비에트 과거와 유산을 지우거나 바로잡는 역사 '다시쓰기' 작업을 단행한다. 이러한 역사 '다시쓰기' 작업은 국호와 국가(國歌), 국기와 문장(紋章) 등 '신생' 러시아 국가의 이념이나 체제를 공식적으로 대표하거나 뒷받침하는 상징체계의 대대적 재정비에서 가장 뚜렷하게 드러난다.[29] 러시아의 역사 '다시쓰기' 작업은 '신생' 러시

28 Sergei Medvedev, "A General Theory of Russian Space: A Gay Science and a Rigorous Science," Jeremy Smith (ed), *Beyond the Limits: The Concept of Space in Russian History and Culture* (Helsinki: Finnish Historical Society, 1999), p. 38.

29 이에 관한 자세한 설명은 다음을 참고하기 바람. Robert Service, "Symbols for Russia," *Russia: Experiment with a People* (Cambridge: Harvard University Press, 2002), pp. 197-

아의 민족 정체성 재정립 차원에서, 다시 말해 러시아라는 "공통적인 환경과 역사적 경험을 통해 정서적으로 하나가 되는 유대감"이나 러시아 "민족 공동체 모두에게 적용될 수 있는 내면화된 정신구조"[30]를 새롭게 정립하는 차원에서도 진행되었다. 바꾸어 말하자면, 러시아의 역사 '다시쓰기' 작업은 소비에트 시대 이후 러시아 역사에서 '러시아적인 것,' '러시아다운 것'을 전반에 걸쳐 재고하여 새롭게 정립하고자 한 시도와 밀접하게 맞물려 진행되었다.

실제로 소비에트 연방 해체 이후 '러시아연방'으로 새롭게 출범한 러시아는 초창기, 특히 옐친 집권 전반기에 역사 '다시쓰기'와 민족 정체성 재정립 차원에서 소비에트 과거와 유산을 전면적으로 부정하거나 거부하는 양상을 보였다. 그러나 러시아 역사에서 소비에트 과거와 유산을 무조건 부정하고 지우거나 외면하는 것만이 능사는 아니었다.[31] 포스트소비에트 시대에도 소비에트의 과거와 유산은 많은 러시아인의 삶 속에 깊이 뿌리박혀 있어서 그것을 전면 청산하는 것도 어려웠을 뿐더러 그중 일부는 긍정적 측면도 적잖이 포함하고 있었기 때문이다. 그리하여 옐친 시대를 거쳐 푸틴 시대로 이어지는 과정에서 러시아의 역사 '다시쓰기' 작업은 소비에트 과거 유산을 완전히 지우거나 바로잡는 형태로 전개되기도 했다. 하지만 그 가운데 긍정적 측면을 담고 있는 부분은 '러시아의 것'으로 새롭게 변용시키는 형태로 진행되기도 했다. 대표적인 예로 루시코프의 모스크바 재건 과정을 들 수 있다. 특히 1995년 '승

213.

30 이지명, 『넘쳐나는 민족 사라지는 주체: 민족 담론의 공존을 위해』 (서울: 책세상, 2004), p. 115.

31 소비에트 과거 지우기 작업의 대표적인 예로 모스크바 시내 주요 지점에 있던 소비에트 역사의 상징들, 특히 레닌, 스탈린, 제르진스키 등 상징적 인물들의 기념 동상을 무차별 파괴하고 철거했던 일을 들 수 있다. 이 과정의 전후 맥락을 민족 정체성 문제와 결부시켜 분석한 예로는 다음을 참고하기 바람. Benjamin Forest, Juliet Johnson & Karen Till, "Post-totalitarian Nation Identity: Public Memory in Germany and Russia," *Social & Cultural Geography*, Vol. 5, No. 3 (2004), pp. 358-380.

리공원' 재건은 러시아의 역사 '다시쓰기'와 민족 정체성 재정립 차원에서 소비에트 과거 유산의 긍정적 측면을 '러시아의 것'으로 최대한 변용시킨 재건 사업 가운데 하나로 손꼽힌다.[32]

2차 세계대전 승리 50주년에 맞춰 1995년 모스크바 시내 파클론나야 언덕에 재건된 '승리공원'의 역사는 멀리 흐루시초프 시대까지 거슬러 올라간다. 공원은 원래 흐루시초프 집권기인 1957년에 처음 착안되었으며, 부지로는 파클론나야 언덕이 선정되었다. 그러나 공원 건설 계획은 브레즈네프 시대에 들어와 본격적으로 수립되기 시작했고, 완공까지는 최초 구상 시점에서 40년 가까운 시간이 더 소요되었다. 이 과정에서 설계의 수정 보완 작업이 계속되었다. 특히 공원 중앙의 상징 조형물을 둘러싸고 정치 지도자, 문화 예술인, 참전용사들 사이에서 논란이 끊이지 않았다.[33] 그러나 1992년 6월 가브릴 포포프의 뒤를 이어 모스크바 시장에 취임한 유리 루시코프가 그동안 지지부진했던 '승리공원' 재건 사업에 특별한 관심을 표명하며 공사 재개에 들어가면서 의견 충돌은 일소되기 시작한다. 실제로 시장 취임 이듬해인 1993년 루시코프는 최종 설계안 작성에 직접 관여하며 공원 재건을 강력히 추진하면서 중앙의 상징 조형물을 둘러싸고 벌어졌던 논쟁에 종지부를 찍었다. 그가 공원 중

32 이와 비근한 예로 1990년대 초반부터 2000년까지 러시아 연방의 공식 국가(國歌) 채택을 둘러싸고 전개된 일련의 과정을 들 수 있다. 현재 러시아 공식 국가는 1943년 처음 만들어진 것에 기초한다. 전 세계에서 프랑스 국가 '마르세예즈'와 함께 외국인들에게도 감동을 자아내는 선율로 유명한 1943년 판 소비에트 국가는 일명 스탈린 판 국가로 불리는데, 가사 내용의 중심에는 스탈린이 자리 잡고 있었기 때문이다. 스탈린 사후 1977년 소비에트 국가는 가사 내용에서 스탈린이 관련된 대목을 삭제하는 수정 작업을 거친다. 이후 1990년대 포스트소비에트 시대에 들어와 러시아 국민 사이에서 공식 국가 채택을 둘러싸고 열띤 토론이 전개된다. 2000년 푸틴의 집권과 함께 마침내 러시아는 과거 소비에트 연방의 국가에서 선율은 그대로 유지하되 가사 내용은 러시아 민족 전통과 정체성에 맞게 부분 수정하면서 러시아 연방의 공식 국가를 채택한다. 러시아의 역사 '다시쓰기'와 민족 정체성 차원에서 파악할 수 있는 포스트소비에트 시대 러시아의 공식 국가 채택 과정과 그 세부적 내용에 대해서는 다음을 참고하기 바람. Martin Daughtry, "Russia's New Anthem and the Negotiation of National Identity," *Ethnomusicology*, Vol. 47, No. 1 (2003), pp. 42-67.

33 이 과정에 관한 자세한 설명은 다음을 참고하기 바람. Kathleen Smith, "Remaking the Capital's Landscape," *Mythmaking in the New Russia: Politics and Memory During the Yeltsin Era* (Ithaca: Cornell University Press, 2002), pp. 106-113.

앙의 상징 조형물 최종 설계를 자신의 친구이자 측근인 건축가 주라브 체레텔리(Зураб Церетели)에게 일임하면서 공원 토대 공사와 박물관 건립 일정을 직접 확정 지었던 것이다.

이상에서 알 수 있듯이, '승리공원' 재건 과정에서 일어난 논쟁의 핵심은 공원의 중심부를 장식할 상징 조형물로 무엇을 어떻게 설치할 것인가에 있었다. 공원 전체의 의미를 함축적으로 대변한다는 점에서 중앙의 상징 조형물은 다른 어떤 조형물이나 건축물보다 중요하기 때문이었다. 한편, 중앙의 상징 조형물은 '신생' 러시아가 소비에트 과거의 긍정적 측면을 '러시아의 것'으로 적극 변용하고 이를 통해 민족 정체성을 새롭게 정립하고자 하는 차원에서도 중대한 의미가 있었다. 앞서 지적했듯이, 체레텔리의 최종 설계안에 따라 조성된 공원 중앙의 상징 조형물은 기념박물관 앞에 하늘을 찌를 듯이 서 있는 오벨리스크 방첨탑과 그 하단에 자리 잡고 있는 성 게오르기(Святой Георгий) 동상으로 구성돼 있다. 먼저 오벨리스크 방첨탑은 웅장한 규모와 하늘을 찌를 듯한 위용을 뽐내며 모스크바 도시 공간의 풍경과 상징 질서에 새로운 변화를 가져왔다는 점에서 중요하게 평가할 수 있다. 특히 방첨탑의 높은 수직 지향성은 앞서 살펴보았듯이 포스트소비에트 시대 모스크바 재건 과정에서 공통으로 드러나는 수직 지향적 공간 문화, 즉 수직적 위계질서를 강조하는 '문화 2' 현상의 일단을 보여준다는 점에서도 중요하다고 할 수 있다.

그러나 여기서 더욱더 중요한 의미는 방첨탑 하단의 성 게오르기 동상에서 나온다. 이 동상과 관련된 흥미로운 사실 한 가지는 종교를 포함하여 러시아 민족 문화와 역사에 고유한 상징이나 상징적 인물들이 소비에트 시절의 공원 설계안에는 전혀 들어 있지 않았다는 점이다.[34] 이

34 Benjamin Forest and Juliet Johnson, "Unraveling the Threads of History: Soviet-Era Monuments and Post-Soviet National Identity in Moscow," *Annals of the Association of American Geography*, Vol. 92, No. 3 (2002), p. 532.

〈그림 3〉 '승리공원'의 성 게오르기 동상[35]

점은 소비에트 연방 붕괴 직후에도 전혀 달라지지 않았다. 그런데 루시코프가 1993년 공원 건설을 재개하며 최종 설계안을 확정 짓는 과정에서 오벨리스크 방첨탑과 하단의 성 게오르기 동상이 공원 중앙의 상징 조형물로 선정되었고, 이듬해인 1994년에는 성 게오르기 기념 성당의 추가 건립이 결정되었다. 여기서 알 수 있듯이, 루시코프는 러시아 역사와 민족 문화에서 큰 의미가 있는 성 게오르기[36]의 동상을 '승리공원' 중앙의 상징 조형물로 채택함으로써, 소비에트 군의 승리로 기록되는 2차 세계대전의 승리, 즉 소비에트 과거의 영예를 '러시아의 것'으로, 러시

---

35 한국외국어대학교 김현택 교수 촬영.

36 러시아 문화에서 성 게오르기는 흔히 모스크바의 상징적 수호자이자 신성한 전사로서 백마를 타고 창으로 용을 찔러 죽이는 모습으로 등장한다. 성 게오르기는 러시아 민속 문화에서 게오르기 포베도노세츠, 즉 '승리의 전사'로도 불렸으며, 현대에 와서는 무예의 표상으로 러시아군의 수호자로 숭배된다. 이런 점에서 성 게오르기는 제정 러시아 시대에 러시아군의 무공훈장을 장식하는 상징 인물이 되었다. 끝으로, 성 게오르기는 1497년 이래 쌍두 독수리와 함께 러시아 국가 문장의 한 면을 장식했고, 러시아 정교 신앙에서는 지금도 악을 물리치는 선의 수호자로 추앙된다. Elena Hellberg-Hirn, *Soil and Soul: The Symbolic World of Russianness* (Brookfield: Ashgate, 1998), pp. 17-18.

아 민족에 고유한 불굴의 저항정신과 영광스런 승리의 역사로 바꿔놓고자 했다.[37] 요컨대, 루시코프는 러시아 민족 문화에 고유한 상징 인물을 '승리공원' 중추 부분에 배치해둠으로써, 한편으로는 러시아 민족의 자긍심과 유대감을 고취시키고, 다른 한편으로는 정의의 수호자로서 러시아 국가의 국제적 위상을 다시 한 번 제고하고자 했다.

1995년 '승리공원' 재건을 성대하게 마무리한 루시코프는 이듬해인 1996년 또 다른 기념비적 건축물 건설에 착수한다. 그는 1996년 러시아 해군 창설 300주년을 기념하여 모스크바 강 크림스카야 제방에 '표트르 대제 기념상'을 건립한다. 높이 60미터에 달하는 이 건축물 중심부에는 범선 한 척이 놓여 있고, 범선 위에는 한 손에 두루마리 서류를 쥐고 다른 한 손에는 범선의 조종키를 잡고 있는 표트르 대제 동상이 우뚝 서 있다. 무엇보다도 먼저 웅장한 규모와 높이를 자랑한다는 점에서 이 건축물은 '승리공원' 중앙의 오벨리스크 방첨탑과 마찬가지로 모스크바 도시 공간의 풍경과 상징 질서에서 특별한 위치를 차지할 뿐만 아니라, 수직 지향적 문화 현상까지도 대표한다. 한편, 표트르 대제 동상은 일반에 처음 공개되었을 당시 '승리공원'의 성 게오르기 동상이 그랬던 것처럼 기하학적 불균형과 그로테스크한 형상 때문에 '터미네이터'라고 불릴 정도로 심한 조롱과 야유를 받았다.[38] 또한, 이 동상을 포함한 건축물 전체는 설계 공모나 건립 공청회가 거의 이뤄지지 않은 채 루시코프의 궁정예술가로 불리는 체레텔리의 설계에 따라 일방적으로 건립되었다

37 이와 같은 맥락에서 역사적 의미가 큰 공공장소를 재정비하면서 소비에트 과거를 지우거나 소비에트 상징 대신 러시아의 상징을 가미함으로써 민족 정체성 재정립 차원에서 '러시아적인 것'을 크게 부각시킨 것은 '승리공원' 옆 쿠투조프 대로에 설치된 "러시아 땅의 수호자들"이란 조각상들에서도 확인할 수 있다. 조각상의 세 전사는 러시아 역사, 즉 고대, 차르 시대, 현대의 러시아 역사에서 나온 것이다. Forest and Johnson, op. cit., p. 532-533.

38 1995년 '승리공원' 완공과 함께 모습을 드러낸 성 게오르기 동상은 백마를 타고 창으로 뱀을 찌르는 형상을 취하고 있다. 이러한 형상의 성 게오르기 동상은 일반에 공개되었을 당시 악의 상징인 용을 찌르고 있는 것이 아니라 소시지를 자르고 있는 것 같다고 조롱과 야유를 받았다. Smith, op. cit., pp. 113-115.

는 이유로 끊임없는 논란과 추문을 낳았다. 하지만 여기서 문제의 본질은 건축물의 외적 양식이나 건립 과정에서 빚어진 논란에 있는 것이 아니라 그것이 담고 있는 내용과 상징적 의미에 있다.

체레텔리의 설명에 따르면, 표트르 대제 조각상이 오른손에 쥐고 있는 두루마리 서류는 '새로운' 러시아 국가의 미래를 담고 있는 청사진이고, 그가 조종키를 잡고 있는 범선은 러시아 국가의 새로운 진로를 상징한다.[39] 여기서 알 수 있듯이, 표트르 대제가 페테르부르크를 창건하여 러시아 수도를 모스크바에서 페테르부르크로 옮겨놓은 당사자였고 그의 개혁이 '모스크바의 부정'을 목표로 했을지라도, 러시아 국가의 현대화와 진보를 상징하는 인물인 그의 기념 동상을 모스크바에 건립함으로써 역설적으로 루시코프는 모스크바 재건 사업과 함께 '신생' 러시아를 위한 제2의 현대화 계획을 상징적으로 선포하고자 했다고 할 수 있다. 이뿐만 아니라, 루시코프는 서구와의 접촉과 서구 문물의 수입을 통해 러시아의 현대화를 앞당긴 표트르 대제를 자신의 모스크바 재건 사업에 상징적으로 끌어들임으로써 모스크바를 또 다른 의미의 '서구를 향한 창'으로 바꿔놓고자 했는지도 모른다. 이후 루시코프는 그로부터 3년 뒤 1999년부터 서방의 자본과 기술, 문화를 적극 끌어들여 추진하기 시작한 '신도시계획'과 '모스크바-시티' 계획을 통해 자신의 의지를 서서히 가시화한다. 끝으로 루시코프의 '표트르 대제 기념상'은 러시아의 역사 '다시쓰기'와 민족 정체성 재정립 차원에서도 중요한 의미가 있다. 이러한 기념 건축물 건설을 통해 루시코프는 러시아 역사에 새 장을 열었던 인물을 내세워 상징적 차원에서 '신생' 러시아 국가의 연속성과 정통성 확립을 도모하고자 했다고 볼 수 있기 때문이다.

루시코프의 모스크바 재건은 성 게오르기 동상이나 표트르 대제 조각

---

39 Зураб Церетели, "Новому обществу нужны новые образы," *Независимая газета* (1996. 08.28), с. 2.

〈그림 4〉 '표트르 대제 기념상'[40]

상의 예에서 알 수 있듯이 러시아 역사와 민족 문화를 대표하는 상징이나 영웅을 전면에 내세우는 기념 건축물의 재건을 통해서만 아니라 역사문화적으로 큰 의미가 있는 교회나 사원 등 종교 건축물의 복원 작업을 통해서도 진행되었다. 대표적인 예가 1931년 스탈린에 의해 파괴된 '구세주사원' 복원 작업이다. 이에 앞서 1994년 루시코프는 붉은 광장 북쪽에 '카잔의 성모 사원'(Храм Казанской богоматери)을 17세기 원형대로 복원한 바 있다. 이 밖에도 그는 소비에트 시대에 파괴된 많은 교회나 사원의 대대적인 복원에도 착수했다. 하지만 규모와 의의 면에서 복원 작업의 압권은 루시코프가 1996년 모스크바 민선 시장 선거에 당선된 직후 공사에 착수해 이듬해인 1997년 모스크바 창건 850주년에 맞춰 2년이라는 짧은 시간 안에 완공한 '구세주사원'이 차지한다.[41]

---

40 라승도 촬영

41 '구세주사원'은 1812년 나폴레옹 전쟁 승리를 기념하기 위해 차르 알렉산드르 1세에 의해

〈그림 5〉 '그리스도 구세주사원'[42]

'구세주사원'은 원래 러시아가 신의 은총과 가호에 힘입어 나폴레옹 군대를 물리칠 수 있었던 데 대한 감사의 표현이었을 뿐만 아니라 러시아 민족에게 특별한 역사적 소명이 있다는 선민의식의 발로이기도 했다. 다시 말하자면, 웅장한 규모와 숭고한 위엄을 자랑하는 사원은 러시

처음 구상되었다. 설계는 스웨덴 출신의 건축가 알렉산더 비트베르그가 담당했다. 그러나 로마의 성 베드로 성당보다 더 큰 규모의 성당을 생각했던 그의 설계안은 실현되지 못하고 '종이 건축'으로 남게 되었다. 그가 러시아 재무성의 사원 건립 기금 횡령죄로 갑자기 체포되어 시베리아 유형에 처해졌기 때문이다. 이후 1839년 알렉산드르 1세의 권좌를 이어받은 니콜라이 1세가 사원 건립에 다시 착수했다. 이때 설계는 비트베르그와 마찬가지로 스웨덴 출신인 콘스탄틴 톤이 담당했다. 그러나 사원은 니콜라이 1세 당시에 완공되지 못하고 그로부터 44년 후인 1883년에 가서야 현재의 자리에 102미터 높이로 장엄한 위용을 드러낸다. '구세주사원'의 건설, 파괴, 재건을 둘러싼 일련의 과정과 상황에 관한 자세한 설명은 다음을 참고하기 바람. Pagonis and Thornley, op. cit., pp. 757-760; Dmitri Sidorov, "National Monumentalization and the Politics of Scale: The Resurrections of the Cathedral of Christ the Savior," *Annals of the Association of American Geography*, Vol. 90, No. 3 (2000), pp. 548-572; Svetlana Boym, "Moscow, the Russian Home," *The Future of Nostalgia* (New York: Basic Books, 2002), pp. 100-108.

42 라승도 촬영

아 국민에게는 일종의 구세주의적 사명을 부여해주고 외국 사람들에게는 세계사에서 러시아가 차지하는 위상을 상기시켜줄 수 있는 중요한 상징물이었다. 따라서 러시아 역사와 문화에서 커다란 상징적 의미가 담겨 있었던 사원의 복원은 소비에트 체제 붕괴 이후 진행된 러시아의 역사 '다시쓰기'와 민족 정체성 재정립 차원에서도 중요한 역할을 담당했다고 할 수 있다.

103미터 높이로 세계에서 가장 큰 정교회 사원으로 재건된 '구세주사원'은 모스크바 도심의 풍경과 상징 질서에 가장 커다란 변화를 가져온 동시에, "러시아 민족의 통합과 참회의 상징"[43]으로서 러시아의 역사적 소명의식을 다시 한 번 강조한다. 이것은 모스크바 창건 850주년과 '구세주사원' 재건을 경축하는 기념 음악의 가사에 "예언자"이자 "메시아"로서 러시아의 구세주의적 사명이 다시 한 번 강조되었다는 사실에서도 잘 뒷받침된다.[44] 요컨대, '모스크바-제3로마'[45] 이론과도 일맥상통하고 러시아의 민족 정체성 재정립과도 깊게 관련된 '구세주사원'의 재건은 그 자리에 남아 있던 소비에트 잔재를 지우고(노천수영장 철거), 그럼으로써 과거 소비에트 시절 자행된 잘못을 바로잡고 러시아 민족 문화와 역사의 영광스런 한 페이지를 새롭게 다시 써넣은 것으로 평가할 수 있다.

---

43 Ibid, p. 105.

44 Anatoly Khazanov, "Whose City is Moscow?," *Anthropology of East Europe Review*, Vol. 16, No. 1 (1998), p. 30.

45 프스코프의 사제 필로페이(Филофей)는 16세기 초 바실리 3세와 모스크바 대공에 보내는 서한에서 소위 말하는 '모스크바-제3로마'를 주장하는데, 그가 말한 바에 따르면 로마와 비잔틴 제국은 정통 신앙에서 벗어났기 때문에 파멸했다고 한다. 따라서 그는 진실한 신앙의 유일한 보존자인 러시아가 세상의 종말까지 정통 기독교의 본산이 되어야 한다고 말한다. 이 주장은 당시 모스크바 공국이나 그 이후 러시아 제국의 공식 국가이념으로 수용되지는 않았지만, 그때부터 오랫동안 러시아 지성사를 지배하는 중요한 사상 가운데 하나로 남아 있다. James Billington, *The Icon and the Axe: An Interpretative History of Russian Culture* (New York: Vintage Press, 1970), p. 58.

4. 나가는 말

러시아 사람들은 흔히 '모스크바는 하루아침에 건설되지 않았다'고 말하곤 한다. 이 말은 약 865년의 장구한 역사를 자랑하는 모스크바가 끊임없는 생성과 변형 과정을 거쳤다는 것을 뜻한다. 이런 점에서 격동의 20세기에 모스크바 역사상 가장 커다란 물리적 변형 과정을 보여줬던 1930년대 스탈린과 1990년대 루시코프의 모스크바 재건은 특별한 의미가 있다. 그중에서도 1990년대 루시코프의 모스크바 재건은 러시아가 소비에트 시대라는 지나간 역사의 한 페이지를 접고 포스트소비에트 시대라는 새로운 역사의 한 페이지를 여는 시점에서만 아니라 질곡의 20세기를 마감하고 희망의 21세기를 맞이하는 시점에서도 동시에 일어났다는 사실로써 역사·문화적으로 뜻하는 바가 매우 크다고 할 수 있다. 실제로 1990년대 초 소비에트 연방 해체 직후 시작되어 새로운 역사의 궤도에 진입한 21세기 현시점까지도 계속되고 있는 '모스크바 재건'은 러시아 국가의 수도이자 러시아 문화의 중심인 모스크바 도시 공간의 물리적 풍경을 새롭게 바꾸어 놓았을뿐더러, 상징적 차원에서 포스트소비에트 시대 러시아의 역사 '다시쓰기' 시도와 민족 정체성 재정립 노력에도 크게 이바지했다.

이런 측면에서 1990년대 루시코프의 모스크바 재건은 러시아 국민 사이에서 높은 찬사와 평가를 받았지만, 동시에 많은 논란과 비판의 소지가 있기도 했다. 루시코프의 모스크바 재건이 안고 있는 비판적 측면은 기본적으로 그것이 1990년대 못지않게 대규모로 진행된 1930년대 스탈린의 모스크바 재건 과정을 많이 답습하고 있다는 사실에서 기인한다. 앞서 살펴보았듯이, 포스트소비에트 시대 루시코프의 모스크바 재건은 모스크바를 자본주의 첨단 도시로 탈바꿈시키고자 했다는 점에서 모스크바를 사회주의 이상 도시로 변모시키고자 했던 소비에트 시대 스탈린의 모스크바 재건과 그 방향에서 많이 다르다. 하지만 다른 한편으로 그의 모스크바 재건은 건설 규모, 양식, 기법, 실행 과정의 측면에서만 아니라 건설 계획 수립과 실행의 일방적, 독단적 측면 등에서도 스탈린의 모스크바 재건 과정과 많이 닮았다. 이 점은 높은 수직 지향성과 수직적 위계질서를 대표하며 모스크바 도시 공간의 물리적 풍경과 상징적 질서를 동시에 지배하고 있거나 지배할 것으로 예상되는 대규모 건축물의 건설 과정에서 극명하게 드러난다. '구세주사원,' '표트르 대제 기념상,' '승리공원' 등 소위 말하는 기념비적 건축물과 '트라이엄프-펠리스,' 60개의 고급 아파트, '연방 타워'나 '러시아 타워' 등 초고층 초호화 건물들이 대표적인 예이다.

루시코프의 모스크바 재건 과정에서 드러나는 높은 수직 지향성과 수직적 위계질서의 강조는 궁극적으로 현대 러시아 문화에서 '문화 2' 현상으로 대변되는 스탈린주의 문화 현상의 재부상을 뒷받침해주는 동시에, 정치·경제 권력을 포함한 현 단계 러시아 사회와 문화 전반의 수직적 분화 또는 서열화 현상까지도 반영한다. 한편, 공간과 정체성의 관계에서 루시코프의 모스크바 재건은 포스트소비에트 러시아의 민족 정체성 정립에 크게 일조했다고 할 수 있다. 특정한 역사적 시간 속에서 발생하고 일정한 지리적 공간과 관계가 있으며, 시공간의 관계 속에서 '우리'와 '그들'의 개념을 발생시키면서 연속과 불연속, 정체와 변화의 속성을 함께 담고 있는 정체성은 어떤 목적을 띠고 위로부터 계획적으로 수행되는 것이기도 하지만, 동시에 아래로부터 자연스럽게 발생하는 것이기도 하다. 이런 점에서 루시코프의 모스크바 재건은 위로부터 수행되는 민족 정체성 형성 과정만을 대변한다고 할 수 있다. '승리공원' 등의 재건 과정에서 알 수 있듯이, 모스크바 재건에서 루시코프는 수직적 위계질서 내에서 위로부터 일방적으로 의사를 결정하고 계획을 수립하고 실행했기 때문이다. 모스크바 재건 사업에 존재했고 존재하는 한계와 해결 과제도 이런 데서 찾을 수 있다.

참고문헌

이무용. 『공간의 문화정치학: 공간, 그곳에서 생각하고 놀고, 싸우고, 만들기』. 서울: 논형, 2005.

이지명. 『넘쳐나는 민족 사라지는 주체: 민족 담론의 공존을 위해』. 서울: 책세상, 2004.

Лужков, Юрий. *Мы дети твои, Москва*. Москва: Вагриус, 1996.

Медведев, Рой. *Московская модель Юрия Лужкова*. Москва: Время, 2005.

Паперный, Владимир. *Культура Два*. Москва: Новое литературное обозрение, 1998.

Церетели, Зураб. "Новому обществу нужны новые образы." *Независимая газета* (1996.08.28).

Abelsky, Paul. "City Within a City: Moscow Plans Massive Financial District." *Russian Profile* (Jul. 1, 2005).

Billington, James. *The Icon and the Axe: An Interpretative History of Russian Culture.* New York: Vintage Press, 1970.

Bittner, Stephen V. "Green Cities and Orderly Streets: Space and Culture in Moscow, 1928-1933." *Journal of Urban History*, Vol. 25, No. 1 (1998).

Boym, Svetlana. *The Future of Nostalgia*. New York: Basic Books, 2002.

Clark, Katerina. *The Soviet Novel: History as Ritual*, 3rd ed. Bloomington: Indiana University Press, 2000.

Colton, Timothy. *Moscow: Governing the Socialist Metropolis*. Cambridge, MA: Harvard University Press, 1995.

Daughtry, Martin; "Russia's New Anthem and the Negotiation of National Identity." *Ethnomusicology*, Vol. 47, No. 1 (2003).

Davydova, Natalya. "Moskva-City Business Center with a Foreign Accent." *Moscow News* 6 (Jun. 7, 2002).

______. "Sprouting High Rises Blemish Moscow Skyline." *Moscow News* 15 (Aug. 15, 2002).

______. "New-Look Moskva-City Project." *Moscow News* 23 (Jun. 18, 2003).

Flatley, Jonathan. "Moscow and Melancholia." *Social Text*, Vol. 19, No. 1 (2001).

Forest, Benjamin & Johnson, Juliet. "Unraveling the Threads of History: Soviet-Era Monuments and Post-Soviet National Identity in Moscow." *Annals of the Association of American Geographers*, Vol. 92, No. 3 (2002).

Forest, Benjamin., et al. "Post-totalitarian Nation Identity: Public Memory in Germany and Russia." *Social & Cultural Geography*, Vol. 5, No. 3 (2004).

Gentleman, Amelia. "Moscow Aims for Stalin's Heights." *Guardian* (Apr. 13, 2000).

Glasser, Susan. "Buildings Evoking Stalin Era Are All the Rage in Moscow." *Washington Post* (Dec. 24, 2003).

Gristi, Olga and van der Wusten, Herman. "Moscow and St. Petersburg, a Sequence of Capitals, a Tale of Two Cities," *Geojournal*, Vol. 51 (2000).

Hellberg-Hirn, Elena. *Soil and Soul: The Symbolic World of Russianness*. Brookfield, VT: Ashgate, 1998.

Hoisington, Sona Stephen. ""Ever Higher": The Evolution of the Project for the Palace of the Soviet." *Slavic Review*, Vol. 62, No. 1 (2003).

Kelly, Catriona and Shepherd, David. *Constructing Russian Culture in the Age of Revolution, 1881-1940*. Oxford: Oxford University Press, 1998.

Khazanov, Anatoly. "Whose City Is Moscow Today?" *Anthropology of East Europe Review*, Vol 16, No. 1 (1998).

Livers, Keith. "'Empty Is My Native Land': The Problem of the Absent Center in Aleksandr Zeldovich's Moscow." *Russian Review*, Vol. 64, No. 3 (2005).

Lizon, Peter. *The Palace of the Soviets: The Paradigm of Architecture in the USSR*. Colorado Springs, CO: Three Continents Press, 1992.

Lloyd, John. "View from Moscow." *New Statesman* (Sept. 12, 1997).

Pagonis, Thanos and Thornley, Andy. "Urban Development Projects in Moscow: Market/State Relations in the New Russia." *European Planning Studies*, Vol. 8, No. 6 (2000).

Schlögel, Karl. *Moscow*. London: Reaktion Books, 2005.

Service, Robert. *Russia: Experiment with a People*. Cambridge, MA: Harvard University Press, 2003.

Sidorov, Dmitri. "National Monumentalization and the Politics of Scale: The Resurrections of the Cathedral of Christ the Savior." *Annals of the Association of American Geography*, Vol. 90, No. 3 (2000).

Smith, Jeremy (ed). *Beyond the Limits: The Concept of Space in Russian History and Culture*. Helsinki: Finnish Historical Society, 1999.

Smith, Kathleen. *Mythmaking in the New Russia: Politics and Memory During the Yeltsin Era*. Ithaca: Cornell University Press, 2002.

Sokolina, Anna. "Architecture and the State: Moscow Urban Concepts after Socialism," *Anthropology of East European Review*, Vol. 20, No. 2 (2002).

Tarkhanov, Alexei. "A Vision of Paradise: Architecture in Stalin's Moscow." *Rossica*, Vol. 4 (2001).

van der Wusten, Herman. "Dictators and Their Capital Cities: Moscow and Berlin in the 1930s." *GeoJournal*, Vol. 52 (2000).

제4장

포스트소비에트 러시아 지역 정체성 변화: 우랄 지역 모노고로드[1]를 중심으로

송준서

1. 서론

러시아 연구자들에게 정체성 문제는 지난 10여 년간 인기 있는 연구 주제였다. 소련 붕괴 이후 시장경제체제와 다당제가 도입되는 등 많은 제도적 변화와 함께 새로운 정치, 경제, 문화 가치체계가 형성되었는데, 그 결과 자연스럽게 구가치와 신가치가 충돌하면서 가치관과 정체성의 혼란 및 재정립 과정이 이어졌다. 이런 상황에서 러시아 국가 정체성, 포스트소비에트 문화 정체성 등에 관한 관심이 증가하였던 것이다. 그런데 러시아 정체성에 대한 연구는 사실상 이제까지 러시아를 하나의 균질적 단위로 간주하고 국가 단위로 분석하는 경우가 많았다.[2]

어찌 보면 이러한 국가 단위를 기본으로 한 접근법은 러시아의 역사적 전통을 살펴볼 때 당연한 것처럼 보일 수 있다. 러시아에서는 역사적

---

1 모노고로드(моногород)는 '단일 산업도시' 쯤으로 번역될 수 있다. 한 도시의 대표적 산업시설(예를 들면, 제철소, 트랙터 공장 등)이 도시민의 절대 다수를 고용하고 있어 그들의 생존은 물론 도시의 재정, 복지 등에도 큰 영향을 미치고 있는 도시를 가리킨다.

2 예를 들어, 강윤희 외, 『현대 러시아 문화연구: 시민의식과 문화정체성』 (서울: 한울, 2009); 스티븐 블랭크, "러시아의 정체성과 대외정책," 『유라시아 지역의 국가·민족 정체성』 (서울: 한울, 2010).

으로 16세기 이래 강력한 중앙집권제가 수립되어 20세기 초까지 지속되었고 소비에트 시기에도 1980년대 말 페레스트로이카가 정점에 이르기 전까지 중앙집권적 성격이 강한 권력구조가 지배적이었기 때문에 지방이 공개적으로 지방색을 강하게 드러낼 수 없는 상황이었다. 특히 소비에트 시절, 지방 도시들은 획일적인 소비에트 조형물이나 이름으로 뒤덮이는 경우가 많아 혁명 전 지방의 특성을 보여주는 상징이 많이 사라졌다. 예를 들어 혁명 이후 지방 각 도시의 중앙 광장에는 레닌 동상이 세워졌고 지방 도시의 가장 넓고 큰 거리에는 레닌이나 마르크스의 이름이 부여됐다. 이 과정에서 혁명 이전 지방 도시가 갖고 있던 고유한 지방색이 무시되거나 잊히고, 때로는 구시대의 것으로 업신여겨지면서 사라지게 되었다.[3] 이런 이유로 소비에트 시기에는 제정 러시아 및 소련의 지방 정체성에 관한 관심은 많지 않았으며 그에 대한 연구도 많이 이루어지지 않았었다.

하지만 소련 붕괴 이후 지방의 상황은 서서히 변해왔다. 그 변화의 예로 첫째, 급속한 세계화 물결 속에서 그동안 외부의 영향으로부터 상대적으로 고립되어 있었던 러시아의 지방도 여타 서방 국가에서처럼 글로벌화 된 세계의 일부로서의 특성을 점점 더 공유하게 되었다는 점, 둘째, 1990년대 중반부터 지방 나름대로 독자적 정체성 확립을 위한 노력을 기울이고 있다는 점을 들 수 있다. 최근 지방의 특색을 살린 관광 프로그램 개발에 관한 논의가 지방 곳곳에서 활발히 진행되고 있는데,[4] 이는 사회주의 시절 보안상 이유로 외지인의 지방 접근을 통제했던 것을 고려하면 큰 변화라 하겠다. 또한, 어떤 지방 도시는 혁명 이전의 도시 상징 조형물을 도시 한복판에 세우기도 하였다.[5] 소비에트 시절에는 이데

---

3 М. П. Крылов, *Региональная идентичность в европейской России* (М., Новый хронограф, 2010), с. 7. 본 연구에 긴요하게 사용된 이 책을 소개해 준 최우익 선생님께 감사드린다.

4 최근 러시아 지방에서 열리는 학술대회를 살펴보면 지방의 관광 자원개발 및 활용에 대한 주제가 자주 등장함을 볼 수 있다. "러시아 지방 학술대회 안내," *Russia & Russian Federation*, Vol. 1, No. 3 (2010. 9), p. 117; Ibid., Vol. 2, No. 2 (2010. 6), p. 89.

올로기적 색채를 지니지 않은 상징물을 도시 한가운데 세운다는 것은 결코 쉬운 일이 아니었음을 고려한다면 이 또한 큰 변화이다. 이 외에도 최근에는 지역 문학, 음악, 예술을 새롭게 창조하려는 노력도 활발히 전개되고 있다.[6]

지방의 이런 변화는 기존의 중앙 중심적이고 국가 단위를 기본으로 한 분석이 오늘날 변화하는 러시아 지방을 효과적으로 설명해 주는 데에는 한계가 있음을 암시해준다. 다행스럽게도 국내 학자들은 최근 중앙 중심적 접근법에서 탈피하여 러시아 지방에 대한 연구를 수행하기 시작했는데,[7] 러시아 지방에 대한 심도 있는 이해를 위해서 좀 더 관심을 기울여야 할 주제는 지방 연구의 근간이 될 지역 정체성에 관한 것이라 하겠다. 러시아 지역 정체성을 어떻게 규명하는가에 대한 접근법은 이제까지 학자들 간에 충분한 논의가 이루어지지 못했다. 최근의 몇몇 연구가 러시아 특정 지방의 지역 정체성에 대해 고찰하고는 있지만, 주로 그 지역의 '민족 정체성' 분석에 한정되는 경우가 많았다.[8] 사실 러시아의 지역 정체성 특성을 결정짓는 데 민족(ethnicity)이 중요한 요소이기는 해도 그 외에 중요한 결정 요소들이 있으므로 지역 정체성을 형성

5 2004년 첼랴빈스크 주의 주도 첼랴빈스크 시 정부는 도심 한가운데에 혁명 이전의 도시 상징이었던 낙타 조형물을 설치했다. 이 글의 4장을 참고하기 바람.

6 우랄 지역의 예로는 다음을 참고하기 바람. "Как внутренний урал сделать веншним," *Эксперт-Урал*, No. 22 (378) (8 июня 2009); И. Козлов, "Освоение уральского пространства," *Урал*, No. 7 (2007).

7 예로서 다음을 참고하기 바람. 권세은, "러시아 지방연구 방법론 모색을 위한 시론," 『슬라브硏究』, 제21권, 제2호 (2005); 강혜련, 『러시아지방의 정치적 특성과 유형화』 (서울: 오름, 2005); 한종만, 박태성, 이길주, 『러시아 극동 동시베리아 지역연구: 지역주의와 지역통합』 (대전: 배재대학교, 2007); 권세은 외, 『러시아 지방의 체계론적 이해』 (서울: 경희대학교, 2006); 홍완석 편저, 『러시아연방 인문공간의 이해 I: 21개 공화국 탐구』 (서울: 한국외국어대, 2010).

8 예를 들면, 다음을 참고하기 바람. 강정원, "사하인의 민족정체성과 러시아 민족정책," 『비교문화연구』, 제10집, 제1호 (2004), pp. 5-32; 성종환, "러시아 지역정체성 연구방법: 소수민족 언어정책을 중심으로," 『슬라브硏究』, 제19권, 제1호 (2003), pp. 23-46; 성종환, "러시아지방 정체성 연구: 남부연방지구 공화국 민족, 민족어를 중심으로," 『러시아 지방의 체계론적 이해』 (서울: 경희대학교출판부, 2006), pp. 235-285.

하는 좀 더 다양한 지표들을 살펴볼 필요가 있다.[9] 아울러 더 나아가 그러한 지표들을 이용해 지역 정체성을 규명하는 방법도 좀 더 정교하게 다듬어져야 할 것이다. 이러한 문제점을 보완하기 위한 첫걸음으로 이 글에서는 먼저 지역 정체성의 정의와 연구 경향을 살펴보고, 소비에트 시기와 포스트소비에트 시기에 지역 정체성이 어떻게 형성, 재정의 되고 있는지를 지방 주민들과 중앙정부의 수사(修辭) 및 담론 분석, 지방 도시의 문장(紋章)과 같은 상징 분석을 통해 알아볼 것이다.

지방 정체성을 분석하는 접근방법으로 유용하게 사용할 수 있는 개념 중 하나는 '장소 정체성'이다. 인간 존재에 대해 연구했던 독일 철학자

---

9 우랄 지역 단일산업도시의 지역 정체성에 대한 사례연구인 이 글에서는 민족적 요소를 다루지 않았다. 민족 문제가 긴장 상황을 자주 만들어내는 북카프카스 지역과 같은 러시아 남부 지역과 비교하면 우랄 산업도시에서는 민족적 요소가 아직은 지방 정체성의 주요한 이슈로 대두되지 않고 있기 때문이다. 물론 이러한 점은 상대적인 평가로 우랄 지역의 산업도시에서도 최근 카자크 자치지역 설치 요구 등 소련 붕괴 이후 민족과 관련한 이슈가 전무한 것은 아니다. 우랄 지역 역시 러시아 내 여타 지방처럼 다양한 민족(바시키르인, 유대인, 카자크인, 나가이바크인, 독일인, 타타르인, 우크라이나인, 러시아인 등)이 모여 사는 곳으로 최근에는 이 지역 소수민족 정체성에 관련한 연구가 점차 활발해 지고 있다. 일례로, 우랄 지역의 대표적 모노고로드인 마그니토고르스크 지역에서 카자크 자치 운동에 대해서는 다음을 참고하기 바람. И. Ф. Галигузов, В. П. Баканов, *Станица Магнитная* (Магнитогорск, 1994). 우랄 남부 지역의 다양한 소수민족의 생활, 풍습 등에 대해서는 다음을 참고하기 바람. И. Ф. Галигузов, Л. В. Неретина, *Культура народов южного урала. традиции, быт, образ жизни* (Магнитогорск: МЦНК, 2002).

지역 정체성의 포괄적 요소를 다룬 글로 국내에 소개된 예로는 다음을 참고하기 바람. А. Н. Лапшин, "Эволюция Сибирской Идентичности,"『한국시베리아연구』, 제7집 (2004), pp. 53-95. 한 선행연구는 '지역 정체성'이라는 표제 아래 러시아 각 지역을 다루고 있지만, 그 항목의 실제 내용은 단순히 해당 지역의 인구 변동, 민족 구성, 또는 교육기관의 종류와 수 등을 나열하고 있을 뿐이다. 이러한 자료는 해당 지역의 정체성을 도출해내는 중요한 기초 자료이지만, 데이터를 제시하는 것에서 한 단계 더 나아가 그 자료를 토대로 해당 지역의 정체성 또는 지역성의 특성을 제시하는 연구로 연결되지 않은 것이 아쉽다. 예를 들면, 권세은 외,『시베리아 연방지구』(서울: 경희대학교, 2006).

현재 각국 지방도 글로벌화에 직접적으로 노출되어 글로벌화를 다양하게 경험하고 있는 상황을 고려한다면, 인도 출신의 인류학자 아르준 아파두라이(Arjun Appadurai)가 오늘날 전 세계적 현상을 5가지 지표를 기준으로 분류한 것은 일국 내 지방 정체성을 설명하는 데도 적절하게 이용될 수 있다. 그가 사용한 지표는 민족, 미디어, 테크놀로지, 재정, 이데올로기로서, 이러한 요소들이 오늘날 각 지역에서 목격되는 상황을 "풍경(scape)"이라는 접미어를 붙여서 각각 ethnoscapes, mediascapes, technoscapes, financescapes, ideoscapes라고 분류하고 있다. Arjun Appadurai, *Modernity at Large: Cultural Dimensions of Globalization* (Minneapolis: University of Minnesota Press, 1996).

마르틴 하이데거는 인간이 "어떤 종류의 존재와 어디에서, 어떻게 관련을 맺든지 정체성은 반드시 생겨나게 된다"고 주장한 바 있다. 이는 곧 사람의 정체성뿐만 아니라 식물, 국가, 또는 장소의 정체성까지도 인식할 수 있다는 의미이다.[10] 이를 토대로 케빈 린치(Kevin Lynch)는 장소의 정체성에 대해 "장소에 개별성을 부여하거나, 다른 장소와의 차별성을 제공하며 [그 장소가] 독립된 하나의 실체로 인식"하게끔 하는 역할을 한다고 보았다.[11] 예를 들어 특정 도시의 정체성은 그 도시 경관의 물리적 외관에만 있는 것이 아니라 그것을 바라보는 사람들의 경험, 마음, 의식 속에 존재한다. 따라서 장소 정체성이라고 하면 그 장소 자체가 가지고 있는 특성을 보여주는 "장소*의* 정체성"뿐만 아니라 그 "장소*에 대한* 정체성"도 고려해야 한다.[12] 이는 곧 어떤 장소에 거하는 개인들이 의식적, 무의식적으로 그 장소에 주관적인 정체성을 부여하고 그러한 정체성이 결합되어 공통의 정체성을 형성하게 된다는 것을 의미한다.[13] 이것이 바로 장소 정체성이다. 이 정체성의 구성 요소로는 1) 그 장소의 물리적 환경, 2) 거기에서 이루어지는 인간의 활동, 3) 이 두 가지가 결합해 생겨나는 의미를 들 수 있는데, '장소감'(sense of place), '장소의 분위기'(*genius loci*), 또는 '장소 정신'(spirit of place) 등이 바로 그러한 의미를 나타내는 개념이라 할 수 있을 것이다.[14] 여기서는 '장소'를 '지역'으로 대체하여 러시아 우랄 지역 정체성의 형성과 특성을 고찰할 것이다.

장소/지역 정체성을 효과적으로 설명하기 위해 이 글에서 사용한 개념은 포스트모던 지리학자이자 도시 계획가인 에드워드 소자(Edward Soja)가 언급한 '제3공간'(Thirdspace) 개념이다. 소자는 특정 공간을 연

---

10 에드워드 렐프, 『장소와 장소상실』, 김덕현 외 역 (서울: 논형학술, 2001), p. 108.

11 Kevin Lynch, *The Image of the City* (Cambridge, Mass: MIT Press, 1960); Ibid., p. 109에서 재인용.

12 렐프, op. cit., p. 110. 이탤릭체 강조는 원문을 따른 것임.

13 Ibid., p. 109.

14 Ibid., pp. 112, 115.

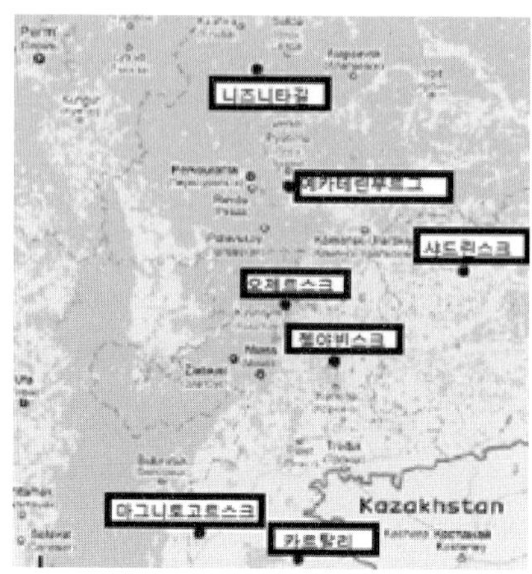

〈지도 1〉 우랄 지역의 대표적 모노고로드[15]

구할 때 그 공간의 '실제적인' 물질적 요소를 관찰하는 것을 '제1공간 관점'이라 규정하고, 이러한 실제(reality)를 공간의 상상된 대표성으로 재해석하는 것을 '제2공간 관점'이라 본다. 소자는 이 두 가지 관점을 결합한 '실제와 상상의 공간'(real-and-imagined space) 관점을 이용하여 특정 공간(그의 경우 로스앤젤레스)의 정체성을 재해석하고 있다.[16] 이 글에서는 그러한 개념을 이용하여 우랄 지역의 도시를 대상으로 소비에트 정부가 어떻게 해당 도시의 정치적, 이데올로기적 의미를 도시민들의 의식 속에 각인시키려 노력했고, 또 도시민들은 어떻게 그 의미를 내재화했는지를 살펴보겠다. 그리고 더 나아가 오늘날 지역 정부가 나름의 조형물이나 도시 문장 등의 상징을 새롭게 만들어내어 어떻게 도시민의 지역 정체성을 구현하려고 노력하는지 살펴보겠다.

이 연구를 위해 주로 우랄 지역 도시들을 사례 연구로 삼은 이유는 다음과 같다. 첫째, 철강과 방위산업이 밀집되어 있는 우랄 지역은 소련 산업화 시기, 대조국전쟁 시기에 정부로부터 상당한 주목을 받으며 전략적 산업의 중심지로 부상하였다. 이러한 외부로부터 형성된 지역 이미지가 해당 지역 주민의 정체성 형성에 어떤 영향을 미쳤는가를 고찰하기 위함이다. 둘째, 이들 지역은 보안상의 이유로 소비에트 시절 외부

15 지도출처. http://maps.google.co.kr/maps?hl=ko&tab=wl (검색일: 2010.10.20).

16 Edward W. Soja, *Thirdspace: Journey to Los Angeles and Other Real-and-Imagined Places* (Malden, MA: Blackwell Publishing, 1996), p. 6.

인의 출입이 제한된 '닫힌 도시'로 남게 되었는데, 이들 지역이 포스트 소비에트 시기에 어떻게 변화하고 있는지 알아보기 위함이다.

우랄 지역의 이런 특수성으로 말미암아 이 글에서 논의할 사례는 비산업지구인 농촌 지역은 물론 상대적으로 외부와 접촉이 잦았던 대도시의 상황과는 다를 것이다. 그러나 한편으로는 글로벌화 과정에서의 변화와 지역 전통 부활 등 포스트소비에트 시기 우랄 지방의 모습은 정도의 차이는 있어도 러시아 내 여타 지역과 유사성을 띨 것이다. 특히 여기서 살펴볼 몇몇 도시의 예는 소위 모노고로드(моногород)의 전형적인 모습으로 시베리아 지역이나 유럽 러시아 지역에 산재한 약 1,500여 개의 모노고로드와 많은 유사점을 지닐 것이다. 주제를 본격적으로 논의하기에 앞서 이 글에서 필자는 러시아 지역 정체성에 대한 체계적이고 종합적인 분석을 목표로 하지는 않았다는 점을 밝혀둔다. 그보다는 지역 정체성 형성 과정과 변화, 특성에 대한 몇 가지 사례를 밝히고 지역 정체성 분석을 위한 접근법의 몇 가지 예를 제시하는 데 주안점을 두었다.

2. 지역 정체성의 정의와 연구 경향

2.1. 정의

지역 정체성의 개념에 대해 설명하기 전에 먼저 '지역'이라는 용어의 범주를 명확히 할 필요가 있다. '지역'이라는 용어는 어떠한 지리적 관점에서 보느냐에 따라 그 규모와 범주가 달라질 수 있다. 즉 세계 지리적 관점에서 사용되는 '지역'은 구미 지역, 남미 지역, 중동 지역 등과 같은 특정 국가군을 의미할 수 도 있고, 이슬람 문명, 정교 문명, 서구 문명, 중화 문명 등 문명권을 중심으로 나뉜 지리적 영역을 의미할 수도 있다. 이때 '지역'이라 함은 국가 단위 이상의 지역을 말한다.[17] 하지만 본고에서는 국가 단위 이상에서의 지역이 아니라 '한 국가 내'에서의 지역을 논의의 대상으로 삼는다.

지역 정체성이라는 개념은 물리적 공간과 그 지역에 형성되어 있는 공동체(community) 개념의 결합에 기초하는 것으로, 지역과 연관된 '우리' 의식이라 정의할 수 있다.[18] 이러한 정체성은 해당 지역의 역사적, 문화적 전통이나 공동체 성원 간의 관계 속에서 형성되거나 정치적 담론 등에 의해 형성되는 집합적 정체성이라 하겠다. 그러므로 지역 정체성은 해당 지역의 경제, 문화, 또는 자연의 특성을 내포하는 동시에 그 지역 주민뿐 아니라 타 지역 거주자의 의식 속에 각인된 이미지를 지칭하기도 한다. 따라서 정체성이 "나(우리)는 누구인가"라는 질문에 대한 답이라면 지역성은 "나(우리)는 어디에 있는가"에 대한 대답이라 할 수 있다.[19] 즉 지역 정체성은 지리적 요소가 가미된 정체성 개념으로 이해할 수 있다.[20]

지역 정체성은 개인 정체성의 한 부분으로 일 개인이 속한 지역 사회에 조응하면서 지속적으로 그 사회로부터 영향을 받아 형성되며, 지속해서 재창조되는(rebuilt) 것이다.[21] 지역 정체성의 성격을 결정짓는 데 중요한 요소들로는 해당 지역의 경제적 기반(석탄 산지, 제철 도시, 자동차 생산지 등), 방언, 지리적 조건(섬이나 큰 강을 끼고 있다든지 산악지대라든지), 지역 음식이나 토속주 등이 특정 지역의 정체성을 이루는

17 임재해, 『민속문화를 읽는 열쇠말. 문화이해를 위한 12가지 키워드』 (서울: 민속원, 2004), p. 167.

18 이강형, 문종대, "지역민들의 '지역 정체성'이 지역뉴스 시청 및 평가에 미치는 영향에 관한 연구," 『언론과학연구』, 제6권, 제3호 (2008), p. 348.

19 조항제, "지역방송의 지역성 변화. 개념적 접근," 『한국언론정보학보』, 제34권 (2006), p. 279.

20 용어상으로는 '지역 정체성'을 '지역성'과 혼용하기도 한다. Ibid.

21 J. Phol, "Regional Identity," N. Smelser & P. Balters (eds), *International Encyclopedia of the Social and Behavioral Science* (NY.: Elsevier, 2001), p. 12917.

데 큰 영향을 미친다.[22] 물론, 지역 정체성은 이러한 유형적 요소에 의해서만 아니라 공통의 역사 등과 같은 무형적 요소에 의해서도 형성된다. 즉 어떤 한 가지 요소에 의해서만 형성되는 것이 아니라 여러 가지 요소가 혼합 작용하여 형성되는 것이다. 이 과정에서 중요한 것은 공통의 역사에 대한 믿음과 그것을 믿는 집단이 존재한다는 것을 '믿는 것'이다.[23]

2.2. 연구 경향

서구에서는 1980년대 포스트모더니즘의 전반적 유행과 함께 '정체성'이라는 개념이 화두로 등장하고 1980년대 중·후반부터 지역 개념에 정체성 개념이 접목되면서 지역 정체성에 대한 연구가 진행되기 시작했다.[24] 한국에서는 1990년대 중반 이후 2000년대부터 지방자치제의 시행으로 지방에 대한 관심 증대와 맞물려 지역 정체성에 대한 연구가 활기를 띠기 시작했다.[25] 이와는 반대로 행정명령체제와 중앙집권적 시스템

---

22 Ibid.

23 Ibid., p. 12918.

24 주로 인문지리학에서 지역 정체성에 대한 연구가 활발히 진행되었다. 지역 정체성에 대한 초창기 연구로는 다음을 참고하기 바람. Anssi Passi, "The Institutionalization of Regions: A Theoretical Framework for the Understanding of the Emergence of Regions and the Constitutions of Regional Identity," *Fennia* (1986), pp. 105-146. 파시는 지역 정체성을 본격적으로 시작한 대표적 인물로 그의 연구로는 다음을 참조 바람. Anssi Paasi, "Place and Region: Regional Worlds and Words," *Progress in Human Geography*, Vol. 26, No. 6 (2002), pp. 802-811; Idem, "Region and Place: Regional Identity in Question," *Progress in Human Geography*, Vol. 27, No. 4 (2003), pp. 475-485. 파시 외에 지역 정체성에 대한 이론적 접근의 예로는 다음을 참고하기 바람. Garri Raagmaa, "Regional Identity in Regional Development and Planning," *European Planning Studies*, Vol. 10, No. 1 (2002), pp. 55-76. 사례연구의 예로는 다음을 참고하기 바람. Anssi Paasi, *Territories, Boundaries and Consciousness: The Changing Geographies of the Finnish-Russian Border* (Chichester: John Wiley & Sons, 1996); V.A. Kolosov, T.A. Galkina, & A.D. Krindach, "Territorial Identity and Interethnic Relations: Based on the Example of the Eastern Regions of Stavropol Krai," *Russian Social Science Review*, Vol. 44, No. 2 (March-April 2003), pp. 41-66.

25 예를 들면, 다음을 참고하기 바람. 정근식 외, 『지역전통과 정체성의 문화정치: 장성 황룡연구』 (서울: 경인문화사, 2004); 김한규 외, 『세계화 시대의 지역학: 대구·경북의 정체성 규명과 미래가능성 모색』 (대구: 계명대학교, 2007); 이강형, 문종대, "지역민들의 '지역 정체성'이 지역뉴스 시청 및 평가에 미치는 영향에 관한 연구," 『언론과학연구』, 제6권, 제3호

이 강하게 유지되었던 20세기 소비에트 정치·경제의 특성상 러시아 연구에서 지역 정체성에 대한 논의는 이제까지 그다지 활발하지 않았다. 다만, 소련 붕괴 이후 최근에 와서야 비로소 러시아의 지역 정체성에 대한 논의가 서서히 진행되고 있는 상황이다.

사실 많은 러시아 학자들은 다음과 같은 러시아의 역사적, 지리적 특수성 때문에 러시아에서 지역 정체성이 뚜렷하게 발전하지 못했다고 본다.[26] 첫째, 러시아의 중앙집권적 전통 때문이다. 러시아에서는 중앙집권적 정치 체제가 확고히 수립됨으로써 오랜 기간에 걸쳐 지방색이 많이 파괴되었다. 16세기 이반 뇌제는 모스크바 공국 북쪽에 위치한 자치적 성격이 강했던 노브고로드(Новгород), 트베리(Тверь)와 같은 도시를 공략하여 탈 중앙적 지방 세력을 섬멸했고, 18세기 표트르 대제는 러시아 변방의 카자크가 지배하던 도시 바투린(Батурин)이나 노보호페르스크(Новохоперск)를 초토화하여 지방 세력을 제압하였다. 20세기 들어서 내전 시기에는 적군(赤軍)이 유독 반 볼셰비키 세력이 많았던 야로슬라블(Ярославль)을 무력 진압했고, 1930년대에 스탈린은 모스크바 지도부의 인기를 능가하는 레닌그라드의 지방 엘리트 세력을 제거했다.[27]

둘째, 소비에트 유산 때문이다. 소비에트 시기에는 획일적인 소비에트 문화의 주입과 확산으로 고유의 지방색이 많이 사라지게 되었다. 예를 들면, 소비에트 시절 지방 도시에서 지방 고유의 오래된 건축물들이 사라지고 소비에트 양식의 건축물이 들어서는 일이 많았다. 모스크바에서 남동쪽으로 500km 떨어진 곳에 있는 리페츠크(Липецк)라는 소도시의 경우가 전형적인 예이다. 13세기에 처음으로 러시아 연대기에 등장

(2008), pp. 342-377; 조항제, "지역방송의 지역성 변화: 개념적 접근," 『한국언론정보학보』 (2006), pp. 275-306; 남기택, "글로컬리즘 시대의 지역문학: 동해·삼척·태백지역의 방법론과 예시," 『비교한국학』, 제16권, 제2호, pp. 273-296; 임병조, 『지역정체성과 제도화-지역지리학의 새로운 모색: 내포(內浦)지역 연구』 (서울: 한울, 2010); 부산대학교 한국민족문화연구소 편, 『로컬의 문화지형』 (서울: 혜안, 2010).

26 Крылов, Указ. соч., с. 13.

27 Там же. с. 7.

하는 고도(古都)인 이 도시에 소비에트 시절 제철소와 공군기지가 조성되면서 소비에트 건축물과 조형물이 많이 건설되었고, 그로 말미암아 옛 건물의 수가 제2차 세계대전 당시 처참히 파괴되었던 보로네시(Воронеж)보다도 훨씬 적게 남아 있게 되었다.[28] 거리 이름의 경우도 마찬가지이다. 서구에서 지방의 거리 명칭, 또는 신문의 이름은 해당 지역의 특성과 깊이 관련되어 있지만, 소련의 경우는 그렇지 않았다. 오늘날 러시아 지방 도시에 가면 아직도 소련 시절의 잔재가 남아 있음을 볼 수 있는데, 지방 도시에서 가장 큰 거리 이름이 레닌대로인 경우를 자주 볼 수 있고, 그 외에도 '마르크스,' '엥겔스,' '소비에트 군대' 등 지방색이 결여되고 이데올로기를 상징하는 거리 이름이 그대로 쓰이고 있는 경우를 볼 수 있다.[29] 소비에트 시기 중앙 정부가 소비에트 사회주의 이데올로기를 소련 전 지역에 획일적으로 주입함으로써 많은 면에서 지방 색채가 사라지게 되었다.

셋째, 강력한 국가 정체성 때문이다. 러시아 지역 정체성의 특수성을 규명할 때 고려해야 할 또 한 가지는 유럽 국가와 비교할 때 러시아에서는 지역 정체성보다는 국가 정체성이 더 강했다는 것이다. 프랑스와 같은 서유럽의 역사적 경험을 살펴보면 지방 정체성의 발전이 민족(이나 국가) 정체성을 약화시키는 결과를 낳았지만, 러시아에서는 그 반대였다. 즉 러시아에서는 지역 정체성이 유럽 국가들과 비교할 때 강하지 않았고, 일상생활에 깊이 내재화되지 않았다.[30] 서유럽이나 미국의 경우 지방은 행정 구역의 기능과는 별개로 지방의 고유한 특성(вернакулярность регионов)을 지니고 있지만, 러시아 지방은 서구와 비교하면 고유성이 많이 결여되어 있다.[31]

---

28 Там же.

29 예를 들면, 우랄의 제철도시 마그니토고르스크를 들 수 있다.

30 Крылов, Указ. соч., с. 18.

31 Л. В. Смирнягин, "Территориальная морфология российского общества как отражение регионального чувства в русской культуре," *Региональное самосознание как фактор*

넷째, 러시아 공간의 광활함, 영토의 광활함 때문이다. 유럽과 비교할 때, 러시아는 영토의 광활함으로 인간에게 완전히 '정복'되지 않았고 그로 말미암아 각 지역은 인간이 만들어낸 인위적인 다양성보다는 자연 그대로의 상태로 공통점을 더 많이 지니고 있다.[32]

이와 같은 다양한 이유로 많은 러시아 학자들은 러시아가 "로시야적인," 즉 전(全) 러시아적인 (실제로는 러시아 내 다수를 이루는 특정 민족인 러시아 민족적인) 정체성이 강하다고 주장하면서 역사적으로 지역보다는 러시아적인 정체성이 강하게 형성되었던 반면, 지역적 차이는 뚜렷하게 드러나지 않았다고 본다. 대신 최근까지도 전통적으로 러시아 문화를 기반으로 한 일종의 "동종성"(однородность)이 러시아 영토 전역에 퍼져 있다고 보는 견해가 지배적이었음을 지적한다.[33] 이에 대한 근거로 크릴로프는 지속적인 식민화 경향이 있는 유목민으로서의 러시아 민족의 특성을 강조하면서 러시아 지방에서 "비(非)지방적인(нерегиональный)—즉 러시아적인—정체성"의 형성을 강조한다.[34] 사실 이런 점에서 최근까지 많은 러시아 학자는 러시아 내의 지역 정체성을 부인하거나 의심하고 있는 것이 사실이다.[35]

하지만 지방의 특수성 내지는 지역 정체성에 관해 관심을 기울인 학자가 전혀 없었던 것은 아니다. 사실 러시아 지역 정체성에 대한 균형 잡힌 분석을 위해서는 비록 소수 견해라 할지라도 지방의 특수성을 강조하는 견해에 주목할 필요가 있다. 특수성에 주목하는 학자들은 러시

формирования политической культуры в России (М.: МОНФ, 1999), с. 108-115.

32 Крылов, Указ. соч., с. 23.

33 Там же, с. 13. 예를 들어 밀류코프의 다음 저작을 참고하기 바람. П. Н. Милюков, *Государственное хозяйство в России в первой четверти XVIII столетия и реформы Петра Великого* (СПб., 1905).

34 Крылов, Указ. соч., с. 14.

35 В. Я. Гельман, "Политические элиты и стратегии региональной идентичность," *Журнал социологии и социальной антропологии*, Том 6, No. 2 (2003), с. 91-105; В. Л. Глазычев, "Выслобождение городов," *Российская провинция*, No. 1 (1993), с. 51-59; В. Л. Глазычев, "Капитализация пространства," *Эксперт*, No. 1 (2004), с. 100-104.

아인들은 자신들이 살고 있는 지역에 대해 강한 애착심과 소속감을 가지고 있다고 주장하면서, 그러한 지역 정체성이 지방의 폐쇄성과 좁은 세계관, 공간 이동과 합리적 경제 활동의 제약, 그리고 자유에 대한 제약으로 말미암아 나타나게 되었다고 본다.[36]

3. 소비에트 시기 지역 정체성 형성

많은 러시아 학자가 보듯이, 소비에트 시기 중앙이 이데올로기적 상징을 획일적이고도 일방적으로 지방에 부여함으로써 지방색 발전을 방해한 것은 사실이다. 그러나 한 가지 지적해야 할 사항은 소련 시기 지방에서도 나름대로 소비에트 이데올로기에 기초한 지방색이 조성되었고, 그에 따른 지역 정체성도 형성되었다는 점이다. 다시 말하자면 지속적인 선전을 통해 소련 인민이 특정 지방의 특색을 서서히 각인하게 되고, 해당 지역민은 그 선전된 이미지로 자신의 정체성을 규정하게 되는 경우가 있었다. 물론 이 경우 소비에트 시기 '모든' 지방 주민이 정부에서 각인시키려고 노력했던 공식적인 선전을 자기 정체화(self-identification)했다고 보기는 어려울 것이다.[37] 하지만 사례연구를 통한 지방 도시의 경험을 살펴보면 소비에트 시기 중앙정부로부터 많은 관심과 혜택을 받았던 지역의 도시민이 국가에서 선전한 공식 이데올로기를 자기 정체화해서 지역 정체성의 근간을 이루는 경우가 존재했음을 알 수 있다. 이에

36 В. И. Мильдон, "Русский ренессанс, или фальшь Серебряного века," *Вопросы философии*, No. 1 (2005), с. 40-51; Л. Д. Гудков, "Особенности модернизации в России и характер русской этнонациональной идентичности," *Демографическая ситуация, частная жизнь и идентичность в России* (М., 2002), с. 62-63.

37 소비에트 시기 지역 주민이 공식 이데올로기를 자기 정체화한 정도는 앞으로 더 면밀한 연구가 진행되어야 할 것이다. 특히 지역별 비교를 통해 어떤 유형을 발견해내는 연구와 그 유형을 결정짓는 기준(경제적, 산업적, 지리적, 정치적, 문화적 등)을 찾아내는 것도 소비에트 시기 지역 정체성 형성을 규명할 수 있는 중요한 연구 주제가 될 것이다.

대한 예로 소비에트 시기 대표적 제철도시였고 정부에 의해 사회주의 건설의 상징으로 널리 선전되었던 우랄 지역의 마그니토고르스크 주민의 지역 정체성 형성 과정을 살펴보도록 하겠다.

3.1. 정부의 선전

마그니토고르스크의 도시 기원 특징 중 한 가지는 이 도시가 바로 스탈린의 제1차 경제개발 5개년계획 기간인 1929년부터 세워지기 시작했다는 점이다. 1928/29년부터 시작된 제1차 5개년계획은 그야말로 진정한 혁명이었다. 러시아 혁명이 1917년에 발발하긴 했지만, 사실 새로 탄생한 소련의 산업구조는 혁명 이전과 큰 변화가 없었다. 소련이 세계 유수의 산업국가로 탈바꿈하게 되는 계기는 바로 1920년대 말부터 시작된 스탈린의 급속한 산업화 정책 때문이었다. 당시 볼셰비키는 산업화를 국가의 전통적 후진성 극복 방법으로 보았는데, 스탈린이 1931년 연설에서 몽골시대부터 내전 시기까지 외국 군대에 침략 당했던 러시아의 역사를 상기시키면서 그 원인을 국가의 후진성에서 찾으며 외국세력에 절대로 당하고만 있을 수 없다고 강조한 것은 산업화를 통해 소련을 새로운 국가로 탈바꿈시켜려는 의지의 표현이었다. 이 과정에서 철강생산 설비와 같은 중공업의 육성은 볼셰비키 정권의 가장 중요한 목표가 되었으며, 제철소와 제철도시의 건설은 사회주의 도시의 건설에 비유되기도 했다.[38]

제철소 건설 이후 이 도시는 스탈린식 사회주의 건설의 상징으로 소련 전역에 열렬히 선전되었고, 소련 시민은 신문, 홍보영화, 심지어는 소설을 통해 우랄 지역 오지의 마그니토고르스크에 세계 최대의 제철소가 건설되어 소련 강철 산업의 메카가 되었다는 것을 귀가 따갑게 들었다.

---

38 Stephen Kotkin, *Magnetic Mountain: Stalinism as a Civilization* (Berkeley: University of California Press, 1995), p. 33.

가령, 작가 발렌틴 카타예프(Валентин Катаев)는 마그니토고르스크에서 직접 일한 자신의 경험을 토대로 1932년에 소설 『시간, 앞으로!』(Время, вперед!)를 집필하여 발표했는데, 이 작품에는 기록적으로 짧은 시간에 마그니토고르스크에 세계 최대의 제철소를 건설하려는 소비에트 청년들의 노력이 묘사되어 있다. 제2차 세계대전 이후에 마그니토고르스크는 전쟁 기간에 무기를 위한 강철 생산의 메카로, 전후에는 전후 복구와 건설을 위한 강철 생산지로 소련 출판물에 묘사되었다.[39]

3.2. 정부 선전의 자기 정체화

그렇다면 과연 마그니토고르스크 주민은 소련 정부가 사회주의 건설 상징으로 1930~40년대 한창 선전했던 도시의 이미지를 어느 정도로 수용하여 자기 정체화하였는가? 이 문제를 밝히는 것은 당시 도시민을 일일이 인터뷰하지 않는 한 용이하지는 않다. 하지만 사료에 나타난 주민의 수사를 분석해 보면 당시 마그니토고르스크 주민이 정부가 선전한 도시의 역할과 이미지를 내재화하고 그것을 바탕으로 지역 정체성을 갖게 되었음을 알 수 있다.[40] 도시 주민의 지역 정체성은 특히 주민이 대조국전쟁 시기에 무기용 강철 생산을 위해 힘들게 일하고, 마침내 전쟁을 승리로 이끈 이후 더욱 강해졌다. 이는 도시 주민 사이에 정부에서 선전했던 도시 이미지와 역할을 토대로 도시 주민의 의식 속에 베네딕트 앤더슨(Benedict Anderson)이 주장한 "상상의 공동체"(imagined community)가 형성되어 일종의 동질감이 내재화되면서 지역 정체성이 형성되었음을 의미한다.[41]

---

39 마그니토고르스크와 첼랴빈스크 등 우랄 지방 중공업 지역에서의 전후 제4차 5개년개발계획(1946-1950) 진행 상황도 저명한 소비에트 여성 작가 마리에타 샤기냔의 방문기 형식으로 1947년 출판되었다. M. C. Шагинян, *По дорогом пятилетки* (M., 1947).

40 이렇게 도시 이미지가 내재화된 것을 렐프가 언급한 "장소감"이나 린치가 언급한 "장소 정체성," 혹은 소자가 설명한 제2공간 즉, "상상된 공간(장소)"으로 이해할 수 있다.

41 Benedict Anderson, *Imagined Communities: Reflections on the Origin and Spread of*

이러한 지역 정체성은 전쟁 이후 도시 주민 사이에 전쟁 중 갖은 희생을 감내하며 수행한 노동에 대한 보상을 바라는 태도에서 잘 나타나고 있다. 2차 세계대전 당시와 전후에 많은 도시 노동자가 정부로부터 전시 노동에 대한 훈장을 받았는데, 그 덕분에 자신들이 "영웅적 노동"을 했던 제철도시에 대한 자부심이 더욱 강해졌고 전략적으로 아주 중요한 역할을 한 도시의 주민으로서 적절한 보상을 받아야 한다는 심리도 팽배해졌다.[42] 이러한 보상 심리는 도시 주민이 전쟁 승리에 크게 이바지한 마그니토고르스크 시의 일원이라는 강한 자부심을 바탕으로 한 지역 정체성과 밀접히 연관되어 있다. 예를 들어 도시의 제철소 노동자들은 1953년 지역 당 대회에서 도시에 식량수급이 잘 안 되고 있는 점을 지적하면서 "[소련의] 중요한 산업 중심지인 마그니토고르스크의 노동자들에게 물자공급부서는 감자, 채소, 과일 등 모든 것을 조달해야 한다"고 문제를 제기했다. 또한, 바비첸코라는 마그니토고르스크 제철소 노동자는 "세계 최대 제철소의 노동자인 우리는 원하는 물품과 함께 양복점에서 의복을 주문할 수 있어야 한다"고 주장하기도 했다.[43] 또한, 2차 세계대전 직후인 1948년 도시의 물자와 식량 부족 상황에서 한 지역 신문사의 편집인은 스탈린에게 전후의 열악한 생활환경 문제를 탄원하는 편지를 작성했다. 편지가 스탈린에게 전달되지 못하고 중간에 비밀경찰에게 발각되긴 했지만, 편지에 사용된 수사어구도 지역 주민의 지역 정체성을 잘 보여주고 있다. 그 편집인은 자신이 작성한 편지에서 "러시아의 남부, 중부 지역 및 모스크바의 상점에는 물자가 넘쳐 나지만, 마그니토고르스크에는 설탕도 곡물도 밀가루도 찾아보기 어렵다"고 하소연하면서 "마그니토고르스크가 전쟁 기간에 조국을 위해 헌신적으로 일했고,

---

Nationalism (Verso, 1993).

42 송준서, "The Impact of World War II on the Formation of the Home-Front Identities," 『슬라브硏究』, 제23권, 제2호 (2007), pp. 76-77.

43 Ibid., p. 77.

우리 마그니토고르스크 주민은 그 때문에 [전국적으로] 유명해졌다"고 강조하고 있다.[44] 그는 "우리[주민] 가운데는 양질의 물자를 공급받을 만한 자격을 가진 사람이 많다"고 주장하면서 도시 주민을 위한 물자수급 개선을 요구한다고 적고 있다.[45] 이러한 전후 물자수급의 개선을 요구한 도시 주민이 사용한 수사를 분석해 보면 그들은 정부에 의해 공식적으로 선전된 도시의 역할과 이미지를 의식적이거나 무의식적으로 내재화하여 나름대로 지역 정체성을 갖게 되었음을 알 수 있다.

이처럼 전쟁이라는 힘든 시기를 거쳐서 주민의 의식 속에 내재화된 지역 정체성은 쉽게 사라지지 않았다. 앞서 언급한 1930년대 마그니토고르스크 제철소 건설을 소재로 한 카타예프의 『시간, 앞으로!』는 1965년에 영화로도 만들어져 소련 인민에게 다시금 사회주의의 신화로 선전되었다. 이와 동시에 제철소 건설 35주년이 되던 1966년에 소련 공산당 기관지 <프라브다>(Правда)는 카타예프가 마그니토고르스크를 재방문하여 쓴 인상기를 특집기사로 게재하기도 했다.[46] 이 기사에서 카타예프는 마그니토고르스크가 자기 세대의 소련 국민에게 마치 "첫사랑"과 같이 잊힐 수 없는 곳이라고 언급하고 있는데, 그의 인상기는 제철소가 건설된 지 이미 30여 년이 지났음에도 "세계 최대의 제철소," "마그니토고르스크 노동자들의 열정," "공산주의 건설을 위한 에너지," "노동자 계급" 등과 같은 수사로 가득 차 있다.[47]

이렇듯 1930년대 이래 공식 언론과 선전을 통해 형성된 마그니토고르스크의 상징적 위상은 1980년대 말, 과거 최고의 생산성을 자랑하던 제철소 기능이 쇠퇴하고 더 이상 도시 주민을 경제적으로 먹여 살리고, 복지까지 책임지는 역할을 제대로 수행하지 못하고 있었을 때에도 지역

44 Ibid., p. 78.
45 Ibid.
46 *Правда* (21 Февраля 1966).
47 Там же.

주민의 의식 속에 계속 남아 있었다.[48] 1980년대 말 이 도시를 방문한 미국의 사학자 스테판 코트킨의 말에 의하면, 이러한 상황에서도 주민들은 "마그니토고르스크 제철소가 문을 닫는다는 것이 우리에게는 상상도 못할 일"이라고 입을 모았다고 한다.[49] 코트킨은 도시 주민들에게 그 제철소는 바로 후진적 농촌사회였던 러시아를 막강한 중공업과 군사력을 갖춘 초강대국으로 변환시킨 상징이었으며, 그런 의미에서 소비에트 사회주의 체제 승리의 상징이었음을 깨달았다. 주민들은 마그니토고르스크 제철소의 문을 닫는다는 것은 곧 소비에트 정권의 정당성, 사회주의 혁명으로 이루어낸 성과를 부인하는 것과 같은 것으로 생각하고 있었다.[50] 제철소가 문을 닫는 것은 곧 모노고로드 주민이 내재화한 국가에서 만들어낸 지역 정체성의 중요한 근거가 무너지는 것을 의미했다.

4. 포스트소비에트 시기 '새로운' 지역 정체성 형성

4.1. 글로벌 정체성

소련 붕괴 이후 러시아 지방 주민의 정체성에 새롭게 가미된 것이 있다면 아마도 그것은 글로벌 정체성일 것이다. 이 정체성은 기존에 외부 문화에 개방적이었던 대도시 등지와 비교해볼 때 과거에 자의든 타의든 외부로부터 접근이 차단되었거나 고립되었던 지역에서는 상대적으로 새롭게 등장한 정체성이라 할 수 있다. 특히 우랄 지역처럼 내륙 깊숙한

48 1980년대 말에 이르러서는 제철의 주요 원료인 철광석을 제공해왔던 도시 근교 해발 616m의 나지막한 마그니트나야(Магнитная) 산 철광석은 이미 고갈된 지 오래되어 시베리아 탄광에서 제철 원료를 값비싼 수송료를 지급하면서 운반해 와야 했고, 제철소 설비와 제철기술은 낡아 생산성이 낮은 상태였으며, 그에 따른 수익 감소로 6만 명의 제철소 직원에 대한 사회보장 서비스도 제대로 제공하지 못하는 상황에 직면했다. Kotkin, op. cit., p. 35

49 Ibid.

50 Ibid.

곳인데다 방위산업 단지가 많이 조성되어 있어 2차 대전 이래로 1990년대 초까지 군사적, 안보적 이유로 외부인(외국인은 물론 내국인까지)의 접근이 엄격히 제한되었던 소위 말하는 "닫힌 도시"의 지역 주민에게 글로벌 정체성은 소련 붕괴 이후 새롭게 등장한 정체성이라 하겠다.[51]

첼랴빈스크의 한 대학 영어교수 타마라 하투모바(Тамара Хатумова)의 경험담은 '닫힌 도시'였던 첼랴빈스크가 글로벌화 과정에 편입되면서 지역 주민이 어떠한 변화를 경험하고 있고, 어떻게 글로벌 시민이 되어 가고 있는지, 그리고 어떻게 글로벌 정체성을 갖게 되는지를 잘 보여준다. 하투모바 교수는 소련 붕괴 이후 첫 10년간을 떠올리면서 1990년대 당시 자신이 읽었던 서방의 영어소설에 '마가리타'라는 술이 자주 등장했다고 한다. 하지만 당시까지만 해도 그녀는 마가리타라는 술을 첼랴빈스크에서 본 적도 들은 적도 없었고, 따라서 그 술에 대해 호기심을 많이 갖게 되었고 꼭 한 번 맛보고 싶었다고 한다. 그런데 "[2008년인 현재 첼랴빈스크의] 모든 술집에서 마가리타를 팔고 있다. 세상이 변했다"라고 말하면서 첼랴빈스크는 이제 엄연히 "세계의 한 부분이 되었다"고 강조했다.[52]

---

51 우랄 지역의 대표적인 폐쇄 도시의 예로서 2차 대전 기간과 종전 이후 무기용 강철을 생산한 마그니토고르스크를 포함하여, 1949년 원자폭탄 제조, 1953년 세계최초의 수소폭탄 제조, 그 이후에는 미사일 생산기지였던 첼랴빈스크, 탱크 생산시설과 무기 시험장이 위치한 니즈니 타길, 핵무기 제조를 위한 플루토늄 생산시설이 있었던 오제르스크(Озерск), 냉전 시대 서방세계에 "사탄"(Satan)으로 불렸던 대륙간탄도미사일(ICBM) SS-20이 배치되었던 카르탈리(Карталы) 등을 들 수 있다. 첼랴빈스크에 대해서는 다음을 참고하기 바람. *Челябинск: история моего города* (Челябинск, 1999); *Челябинск-энциклопедия* (Челябинск, 2001), c. 940; 니즈니 타길은 다음을 참고하기 바람. Ivan Zhelyazkov, "Dispatches from the Ural," *Military Technology* (Sept. 2004), p. 54. 오제르스크의 핵시설 관련 사고와 그로 말미암은 방사선 누출 등 환경 재앙에 대해서는 다음을 참고하기 바람. Vladislav Larin, "Mayak's Walking Wounded," *Bulletin of the Atomic Scientists* (Sept/Oct, 1999), pp. 20-28; Mike Moore, "First, Puzzlement; then Action," *Bulletin of the Atomic Scientists* (March, 1993), pp. 24-29. 카르탈리에 대해서는 다음을 참고 하기 바람. "«Сатана» в утиль." *Итоги* 74 (Челябинская область), No. 3 (28 Апрель, 2003). 2000년대에 들어서도 이 도시 부근에 있는 대륙간탄도미사일 기지에서는 SS-20미사일의 핵탄두 제거 작업이 계속되었다.

52 Anne Garrels, "Economic Growing Pains for Russian Industrial City," part 1. *NPR* (Dec.

국외여행과 이주의 증가도 지방 도시민의 글로벌 정체성 형성에 이바지했다. 첼랴빈스크에서는 2008년 글로벌 경제 위기가 닥치기 전까지 치솟는 철강 가격과 원자재 가격 덕분에 도시 경기가 최고에 달했고, 완전고용이 이루어졌다.[53] 덕분에 많은 지방 주민이 늘어난 수입으로 외국 관광 기회를 가질 수 있었다. 2008년 한 해 동안 첼랴빈스크 시 주민 7천여 명이 미국을 방문했는데,[54] 첼랴빈스크 시의 총인구가 약 100만 명인 것을 고려할 때, 이는 도시 인구 7%가 미국을 방문했음을 의미한다.[55] 국외여행 증가뿐만 아니라 국외이주의 증가도 지역 주민의 의식과 일상생활 속 대화나 담론에서 외국 문화와 생활 등이 소재로 더 자주 등장하게 되었음을 보여준다.[56] 우랄 지역 도시민에게 '바깥세상'에 대한 얘기는 일상생활의 담론 가운데 한 부분으로 자리 잡고 있었는데, 이는 과거의 '닫힌 도시' 주민 간에 글로벌 정체성이 더욱더 선명하게 대두함을 뜻하는 것이다.

물론, 외국에 나가지 않고도 우랄 지역 도시민은 자신들의 도시가 점차 글로벌화와 시장경제에 편입되고 있다는 것을 피부로 느끼고 있었다. 첼랴빈스크의 한 제철 기업(Cheliabinsk Forge and Press Plant) 직원은

15, 2008). http://www.npr.org/templates/story/story.php?storyId=98480062 (검색일: 2010.10.10).

53 Ibid.

54 Ibid.

55 물론 미국 이외에 다른 나라로의 여행까지 고려한다면 첼랴빈스크의 상당수 주민이 국외여행 경험을 갖게 됨을 의미한다.

56 예를 들어 필자가 미국 유학 중이었던 2000년대 초반 첼랴빈스크와 마그니토고르스크를 방문했을 때 만난 지방 사람들은 어김없이 미국에 이민 갔거나 유학하고 있는 친척, 친구 등에게서 들은 미국 생활과 문화에 대한 일화를 필자에게 말해주었다. 미국 외에도 이스라엘로 이주한 유대인 부모의 삶에 대해, 또 자신들의 독일, 스페인, 터키 여행 경험 등에 대해서도 말해주었다. 필자가 마그니토고르스크의 한 고등학교에서 미국 교육제도에 대해 강연을 한 후에는 학생들로부터 미국에서 취업하기 위해 어떤 절차를 밟아야 하는지 질문을 받기도 했다. 글로벌화한 세계에서 러시아 지방 도시민의 이주와 여행 등을 통해 지방 주민이 외국의 이질적 생활과 문화 등에 대해 상상하게 되는 현상은 글로벌화 때문에 나타난 것으로 바로 아파두라이가 지적한 "민족 풍경(ethnoscape)"의 한 단면으로 볼 수 있다. Appadurai, op. cit., pp. 33-34.

자신의 회사가 미국 컨설팅 회사(Kaizen Consulting) 직원을 고용하여 기업경영에 자문까지 받고 있었다고 밝혔고,[57] 지역 소비자들은 세계 각지에서 오는 물자 유입을 지역 상점에서 확인할 수 있었다. 이 외에도 우랄 지역 주민 사이에서 글로벌 정체성이 강화된 또 하나의 계기는 바로 최근의 글로벌 경제 위기이다. 주민들은 지역 경제와 글로벌 경제 상태가 직접 연관되어 있다는 것을 절실히 깨닫게 되었다.

2007년부터 시작된 미국발 금융위기로 국제경기가 침체하자 국제 철강, 원자재 가격이 반값으로 급격히 하락했고, 그 여파로 2008년 가을 경까지는 완전 고용을 창출했던 첼랴빈스크 경기가 그해 말 마치 1990년대 말 IMF 위기 당시로 돌아간 것 같은 분위기와 흡사하게 되었다. 첼랴빈스크의 한 제철 공장은 직원들의 근무 일수를 줄이고 임금을 20% 삭감하다 못해 임금까지 체납했다. 첼랴빈스크 시의 부동산 회사들도 문을 닫기 시작했는데, 2009년 12월 당시 집값은 2007년과 비교할 때 3배 이상 폭락했다.[58] 마그니토고르스크의 상황도 예외는 아니었다. 2008년 여름부터 마그니토고르스크 제철소의 거대한 용광로 8개 중에서 4개가 가동 중지되면서 이 도시 주민이 실업의 위험을 실감하고 있었다.[59] 지역 주민은 마그니토고르스크도 이제 글로벌 경제의 여파에서 빗겨나갈 수 없다는 것을 절실히 깨닫고 있었다. 이러한 자각은 지역 주민의 정체성 속에서 글로벌적 요소가 새롭게 가미되어 한 부분을 이루고 있음을 암시한다.[60]

---

57 Anne Garrels, "Economic Crisis Hampers Chelyabinsk's Growth," part 2. *NPR* (Dec. 16, 2008). http://www.npr.org/templates/story/story.php?storyId=98341088 (검색일: 2010.10.10).

58 Ibid.

59 "Fear Comes to the Russian Heartland," *Newsweek* (Feb. 14, 2009). http://www.newsweek.com/2009/02/13/fear-comes-to-the-russian-heartland.html (검색일: 2010.10.10).

60 글로벌화로 말미암은 자본의 국제적 흐름과 영향, 이에 대한 지역 주민들의 자각은 아파두라이가 언급한 글로벌화의 한 현상으로 지구촌 곳곳에서 관찰되는 "금융자본 풍경(financescape)"으로 설명될 수 있다. Appadurai, op. cit., pp. 34-35.

4.2. 전통적 상징의 재등장

4.2.1. 제정 및 소비에트 시기 도시 문장과 상징

글로벌 정체성 이외에 소비에트 체제 붕괴 이후 러시아 지역 정체성에 '새롭게' 등장한 요소가 있다면 그것은 소비에트 시기 이전의 전통적 요소일 것이다. 지역 정체성 형성에서 몇 가지 유의해야 할 점은 이 정체성이 고정불변의 것이 아니라는 것이다.[61] 다시 말해 정치·경제·사회적 조건들이 시간의 흐름과 함께 변함에 따라 지역 정체성의 성격도 변화한다. 이 절에서는 전자, 즉 소련 붕괴 이후 포스트소비에트 시기에 러시아 지방 정부가 러시아 혁명 이전의 전통을 복원하여 지역 정체성을 재정립하려는 시도에 대해 살펴볼 것이다. 러시아 지방 정부들의 지역 정체성 재정의 노력과 새로운 요소의 도입을 적절히 보여주는 한 예로 지방 도시 문장(紋章)의 변화, 즉 문장에서 소비에트 시대 상징의 퇴조와 전통적 상징의 부활을 살펴볼 것이다.

첼랴빈스크 주의 주도인 첼랴빈스크 시 문장의 변화를 제정 러시아, 소비에트, 포스트소비에트 시기로 삼분하여 살펴보면 최근 지방 정부가 전통적 요소를 포스트소비에트 시기에 새로운 도시 정체성 수립을 위해 '재도입'했음을 알 수 있다. 도시 문장에 전통적 요소가 재등장한 배경을 이해하기 위해서는 첼랴빈스크 시의 역사를 살펴봐야 한다. 첼랴빈스크는 1736년 당시 러시아 제국의 변방이었던 남부 우랄의 '첼랴바'라고 불리는 바시키르 촌락에 러시아인들이 요새를 구축하면서 형성되기 시작했다.[62] <그림 1>에서 보듯이 예카테리나 여제가 통치하던 시절인

---

61 "Regional Identity in the Information Society," *BISER Domain Report*, No. 4 (June 2004). p. 8.

62 이후 1743년에 첼랴빈스크는 이세티(Исеть) 주의 중심지로 부상했는데, 이세티 주(Исетская провинция)라는 명칭은 1737-81년까지 존재하다가 이후 예카테린부르크 주의 군청소재지(уездный город)가 되었다. 그 이후 행정구역이 페름, 우파 주로 변경되었다가 1796년부터는 오렌부르크 현(губерния)소속으로 변경되었다. "ИСЕТСКАЯ ПРОВИНЦИЯ," *Энциклопедия "Челябинск."* http://www.book-chel.ru/ind.php?what=card&id=437; "Челябинск," *Большая советская энциклопедия.* http://slovari.yandex.ru/dict/bse/article/00089/03000.htm?text (검색

1782년에 최초로 첼랴빈스크 시의 문장이 만들어졌는데, 이 문장에는 담비와 낙타가 상징으로 등장한다. 문장 윗부분의 담비는 당시 첼랴빈스크가 우파(Уфа) 주의 일원이 됨으로써 우파 주의 상징인 담비를 따온 것이고, 아랫부분의 낙타는 당시 실크로드가 지나는 길목인 중앙아시아 부근의 이 도시에 빈번히 드나들던 주요 운송수단을 상징하는 것이었다.[63]

1830년에 편찬된 러시아 제국 법전(Полное собрание законов Российской империи)은 "[첼랴빈스크] 문장 속에 묘사된 짐을 가득 실은 낙타는 바로 이 도시에 많은 물품이 들어오는 것"을 의미한다고 기술함으로써[64] 첼랴빈스크의 주요 경제활동이 상업임을 보여주고 있다. 사실 당시 첼랴빈스크는 교역의 중심지였다. 그래서 러시아 정부는 남동부의 변방에 위치한 첼랴빈스크를 우랄 산맥 너머의 시베리아 지역에서 러시아의 경제적 이해관계를 보호하고 상업과 경제적 기반을 발전시킬 수 있는 교두보 역할을 담당하는 도시로 만들고자 했다.[65] 문장 속의 낙타는 러시아 정부의 바로 이런 의도가 표출된 것이며, 이후 시베리아 철도가 이곳을 지나가게 되면서 도시는 19세기 말 명실공히 교통과 상업의 중심지로 부상하게 되었다.[66]

그러나 소비에트 정권이 들어선 이후 도시 문장도 바뀌게 되었다. 정권이 추구했던 경제적 목표와 그에 따른 도시의 경제적 역할 변화가 도

일: 2010.10.10).

63 Герб города Челябинска. http://www.suvenirograd.ru/sights.php?id=1457&lang=1&pid=5855 (검색일: 2010.06.10). 담비 모피는 사실 16세기 러시아인들이 우랄 산맥을 넘어 시베리아로 들어가게 되는 계기를 제공했다. 모피는 16세기 이래 영국을 비롯한 유럽에 엄청난 양이 팔리게 되면서 러시아의 주요 수출품 중 하나가 되었고 러시아 국고 수입의 상당 부분을 차지했다. 안나 레이드, 『샤먼의 코트』, 윤철희 역 (서울: 미다스북스, 2003), pp. 50-51.

64 Дмитрий Смирнов, "Почему на гербе города изображен верблюд?" *Уральский курьер* (6 Августа 2002). http://www.flexites.com/06-08-2002/4/a670.html에서 인용. (검색일: 2010. 10.10).

65 Герб города Челябинска.

66 "Челябинск," *Большая советская энциклопедия*.

시의 상징인 문장을 바꿔놓은 것이다. 첼랴빈스크는 1930년대 초반 급속한 산업화 정책 수행 시기에 상업 중심지에서 중공업 중심 도시로 탈바꿈한다. 1933년 스탈린 정권은 첼랴빈스크에 트랙터 공장(ЧТЗ: Челябинский тракторский завод)을 건설하면서 도시의 성격을 제정시기의 상업도시에서 산업도시로 결정적으로 변화시켰다. 이후 1940년대 중반 2차 대전 중에 레닌그라드에서 키로프 공장 등이 후방의 첼랴빈스크로 소개(疏槪)되어 오면서 농업용 트랙터를 생산하던 체테제(ЧТЗ) 공장은 T-34, ИС(Иосиф Сталин) 탱크 등을 생산하는 후방의 핵심 방위산업기지로 탈바꿈하였고, 그 덕분에 "탱크 도시"(Танкоград)"라는 별칭까지 얻게 되었다.[67] 결국, 전쟁 이후 새롭게 만들어진 첼랴빈스크 시 문장에는 낙타 대신 윗부분에 트랙터 공장 건물 이미지와 아랫부분에는 그 공장에서 생산된 트랙터와 산업설비 등의 그림이 등장했다.[68] 도시의 산업 구조가 변한 것은 물론, 도시가 강조하고자 하는 산업화된 도시의 이미지를 선전하고 보는 이로 하여금 그런 도시 이미지를 각인하도록 문장도 변화한 것이다. 이러한 문장 변화는 소비에트 시기에 첼랴빈스크

〈그림 1〉 첼랴빈스크 시 문장

---

67 *ЧТЗ. Моя биография* (Челябинск, 1983), с. 60-61. 제2차 세계대전 중 첼랴빈스크에서 생산된 탱크는 전체 탱크의 20%를 차지했다. Там же, с. 22-23.

68 소비에트 시기에는 시의 문장이 공식적으로 규정된 것은 없었다. 때로는 몇 개의 서로 다른 비공식 문장이 만들어지기도 했는데, 어떤 문장에서는 제정 시대의 상징인 낙타와 담비를 그대로 사용하고 있다. 그러나 중요한 점은 도시의 철강과 기계 산업을 상징하는 용광로 쇳물을 담는 거대한 들통(bucket)과 톱니바퀴가 강조되어 문장의 중심 이미지로 묘사되어 있다는 사실이다. (예를 들어 <그림 1> 소비에트 시기 문장 중 왼쪽 것). Герб города Челябинска를 참조하기 바람.

의 지역 정체성이 중공업 육성 우선 정책이라는 국가의 산업적, 경제적 목표에 따라 '재정의' 되었음을 의미한다.

4.2.2. 포스트소비에트 시기 도시 문장과 상징

첼랴빈스크 도시 문장은 소련 붕괴 이후에 다시 바뀌게 된다. 도시 문장에서는 소련 시절 트랙터 생산 거점, 철강 산업 중심지를 의미하는 상징이 없어지고 제정러시아 시대의 상징인 낙타가 다시 등장하게 된 것이다. 1994년 9월 새롭게 공표된 첼랴빈스크 문장에는 청렴, 검소, 방어를 상징하는 은색 방패 바탕에 변방의 요새로 시작된 도시의 기원을 의미하는 성벽이 그려 넣어졌고 그 앞에 짐을 가득 실은 낙타가 등장했다. 짐을 가득 실은 낙타는 성공적인 교역을 상징하며 낙타가 서 있는 초록 잔디는 희망과 풍요를 의미한다고 밝히고 있다.[69] 방패 뒤로는 황금색 망치 두 개가 교차하고 붉은색 '알렉산드르 리본'(Александровская лента)이 방패를 두르고 있다. 이것은 제정 시대의 전통으로, 주나 도읍의 문장에 적용되어 고도로 발달한 산업도시를 상징한다.[70]

하지만 2000년에 도시의 문장은 다시 한 번 바뀐다. <그림 1>에서 보듯이 이번에는 산업도시임을 나타내는 두 개의 망치가 아예 없어지고 낙타만 남아 있다. 사실 첼랴빈스크를 대표하는 트랙터 공장은 1997년 파산하여 1999년 초 경매에 붙여졌지만, 구매자를 구할 수 없어 부분적으로 분해되어 팔려나갈 위기까지 이르렀다.[71] 소비에트 시기는 물론 포스트소비에트 시기에도 러시아 최대의 트랙터 생산을 담당했던 지역 산

69 Там же.

70 Государственная символика. http://www.statesymbol.ru/dictionaries/20070116/39672456.html (검색일: 2010.10.10). 도시의 특징에 따라 다른 종류의 알렉산드르 리본 문장이 그려지는데, 예를 들어 농업과 식량 교역으로 유명한 도시에는 두 개의 황금 이삭을 배경으로 한 리본이 그려지고, 연안 도시에는 두 개의 황금 닻을 지닌 리본이, 그리고 포도주 양조업이 유명한 도시에는 두 개의 황금 포도 줄기를 지닌 리본이 그려진다. Там же.

71 "Chelyabinsk: A Birthday Present for Tractor Factory?" *Radio Free Europe/Radio Liberty* (24 March, 1999). http://www.rferl.org/content/article/1344561.html (검색일: 2010.10.10).

업도시로서 첼랴빈스크의 정체성이 위기를 맞이하게 된 것이다. 이런 배경에서 볼 때, 2000년에 새로 만들어진 도시문장(망치가 제거됨)은 아마도 당시 경제위기를 맞은 시 정부가 중공업 중심의 '실패한' 사회주의 산업도시 정체성을 버리고, 혁명 이전의 상업과 교통의 중심지라는 첼랴빈스크의 전통적인 도시 특성을 살려 교역 중심지로 거듭나고자 했던 의도를 반영한 듯하다.

전통적 상징의 복원 노력은 여기서 한 걸음 더 나아갔다. 2000년 시 당국은 첼랴빈스크 시 한복판에 도시의 상징인 낙타 상을 설치하는 방안을 논의했다.[72] 이후 2004년에 가서 청동 낙타 동상이 100여 년 전 상점들이 즐비했고 상인들로 붐볐던 키로프(Киров) 거리에 마침내 설치되었다. 낙타 동상은 소비에트 시절 근처 광장 입구에 세워진 탱크 병사의 조형물처럼 거대하고 사람들이 만질 수 없는 높은 위치에 설치된 것이 아니라, '첼랴빈스크 아르바트 거리'라고 불리는 보도 거리 옆에 사람 키 높이 정도의 크기로 만들어져 행인들이 친근하게 만질 수도 있고 사진도 찍을 수 있다.[73] <사진 1> 여기서 우리는 소자의 '제3공간' 개념을 적용하여 첼랴빈스크 시 정부의 낙타 상 건립 배경을 설명해볼 수 있다. 낙타 상이 있는 키로프 거리는 도시의 외양, 즉 실제적, 물질적 공간인 '제1공간'이다. 하지만 이 공간에서 시민들이 낙타 상 주변에서 자유롭게 휴식을 취하며 놀고, 사진도 찍으면서 자연스럽게 낙타 이미지를 도시 상징으로 각인하여 내재화하는 과정이 형성된다. 이 과정에서 '제2공간'인 상상된 공간이 생성되면서 '제1공간'과 '제2공간'이 동시에 존재하는 실제와 상상의 '제3공간'으로 변화한다.[74]

첼랴빈스크 외에 우랄 지역 다른 도시들의 문장에서도 제정 러시아 시대의 상징들이 소비에트 시대에 사라지거나 약하게 묘사되었다가 소

---

72 "На улице Кирова будет верблюд," *Челяинский рабочий* (22 Ноябрь 2000).

73 "Кто памятник воздвиг," *МК (Московский комсомолец) Урал* (17 Февраль 2010).

74 Soja, op. cit., p. 11.

〈사진 1〉 키로프 거리의 낙타 상[75]

련 붕괴 이후 새롭게 재등장하는 예를 자주 볼 수 있다. 일례로 예카테린부르크에서 동쪽으로 약 200km 떨어진 곳에 위치한 인구 76,000명의 소도시 샤드린스크(Шадринск)를 들 수 있다. <그림 2>에서 보듯이 1983년에 제작된 이 도시 문장에는 농업 중심 소도시의 농기구 제작과 관련한 공장의 상징인 톱니바퀴가 등장한다. 하지만 1999년에 새롭게 제정된 도시 문장에서는 톱니바퀴가 1783년에 만들어진 최초의 도시 문장에 등장한 담비로 대체되었다.[76] 예카테린부르크 시 문장의 경우, 1783년 6월 도시 최초 설립 때 제작된 문장에 등장하는 탄광, 용광로가 1995년에

〈그림 2〉 샤드린스크 시 문장

75 사진출처: http://www.prochelyabinsk.ru/gallery/chelyabinsk/23-verblud.html;http://top10best.ucoz.ru/news/2009-03-14-12 (검색일: 2010.10.11).

76 г. Шадринск, Шадринский район (Курганская область). http://www.hrono.ru/heraldicum/russia/index. htm (검색일: 2010.10.10).

1783　　1800년대 후반　　1973　　1995

〈그림 3〉 예카테린부르크 시 문장

만들어진 문장에 다시 등장한다.<그림 3>[77]

물론, 모든 도시가 소련 붕괴 이후 혁명 이전의 상징을 부활시킬 수 있었던 것은 아니었다. 첼랴빈스크와는 달리 소비에트 시절 세워진 마그니토고르스크 같은 도시는 혁명 이전의 전통으로 돌아갈 것이 없었다. 특히 소비에트 시대에 사회주의 건설의 대표적 상징 도시로 선전되었던 마그니토고르스크는 앞서 소개한 지역 엘리트가 지적했듯이 소비에트적 정체성이 아직 여타 지역보다 강하게 남아 있다. <그림 4>에서 소비에트 시기인 1969년에 만들어진 도시 문장을 보면, 마그니토고르스크에서 생산된 철강을 의미하는 U자형 회색이 그려져 있고 가운데는 제철소 용광로가 묘사되어 있다. 그 아래 삼각형의 갓 모양은 1930년 마그니토고르스크에 처음 도착한 건설 노동자와 콤소몰 대원들이 아무것도 없는 허허벌판에 기거하기 위해서 설치했던 텐트를 묘사한 것이다. 이것은 불편한 텐트 생활을 감수하면서 제철소와 도시를 건설했던 사람들의 희생과 노고를 의미한다. 가장 윗부분에 있는 검은색 산 모양은 풍부한 철광석이 매장되어 있던 마그니토고르스크 근교의 마그니트나야 산을 가리킨다.[78]

---

77 г. Екатеринбург. http://www.hrono.ru/heraldicum/russia/index.htm (검색일: 2010.10.10).

78 Герб города Магнитогорска, http://www.suvenirograd.ru/sights.php?id=1484?lang=1; "Магнитная гора," *Большая советская энциклопедия*. http://slovari.yandex.ru/dict/bse/article/00044/38900.htm (검색일: 2010.10.10).

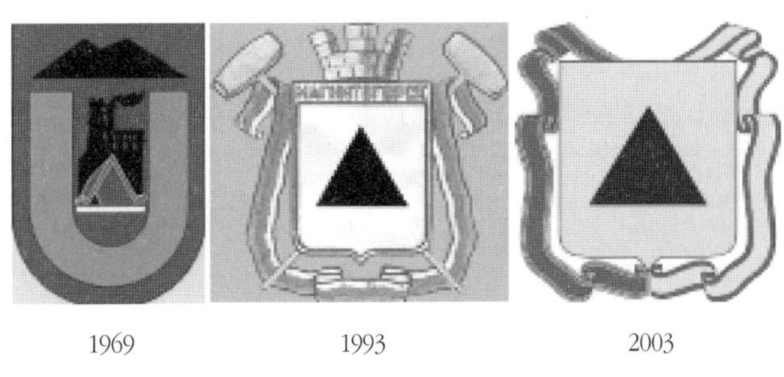

1969 1993 2003

〈그림 4〉 마그니토고르스크 시 문장[79]

소련 붕괴 이후 1993년 6월 새롭게 만들어진 마그니토고르스크 문장에는 첼랴빈스크의 예에서처럼 혁명 이전의 상징이 등장함을 볼 수 있다. 즉 소련 붕괴 직후 제정 시대의 상징을 사용하는 것이 유행으로 번지면서 소비에트 산업화의 상징, 마그니토고르스크 시의 문장에도 제정 시대의 산업도시 상징—두 개의 황금 망치와 알렉산드르 리본—이 등장했다. 하지만 이 새로운 문양에서도 소비에트 시기의 유산은 사라지지 않고 은유적으로 묘사되어 있음에 주목할 필요가 있다. 문장 도안의 설명에 의하면, 중앙의 검은 삼각형은 마그니트나야 산과 그곳에서 채굴된 철광석, 1930년 마그니토고르스크 건설 노동자와 콤소몰 단원들이 허허벌판에 설치했던 텐트를 의미한다고 한다. 이후 2000년대 들어서 도시 문장은 한 차례 더 바뀌게 되는데, 2003년 1월 개정된 도시 문장에는 이전에 등장했던 어정쩡한 모습의 제정 시기의 상징이 없어지고 그 대신 이 도시가 소비에트 시절 정부에서 받은 두 개의 훈장—레닌 훈장과 붉은 노동훈장—을 상징하는 띠가 둘려져 있다.[80] 첼랴빈스크와는 달리 마그니토고르스크는 러시아 혁명 이전의 역사가 존재하지 않는 도시이다. 또한, 스탈린 시기 건설된 마그니토고르스크 제철소가 아직도 도시민의 생계에서 커다란 역할을 담당하는 '단일산업도시'이다. 이러한

79 Там же.
80 Там же.

도시의 문장은 포스트소비에트 시기에도 소비에트 시대의 유산이 도시 정체성의 중요한 부분을 차지하고 있음을 뚜렷이 보여주고 있다.

이상에서 살펴본 포스트소비에트 시기 도시 문장을 통해 알 수 있는 또 한 가지 중요한 점은 도시 문장에서 산업화를 상징적으로 나타내는 기계의 톱니바퀴나 공장의 이미지, 산업도시를 상징하는 황금망치 등이 삭제되었다는 것이다. 예를 들어 예카테린부르크 시의 1973년 문장, 샤드린스크 시의 1983년 문장 그리고 첼랴빈스크 시의 소비에트 시기 문장에서는 톱니바퀴나 공장의 이미지를 볼 수 있으나 소련 붕괴 이후에 만들어진 문장에는 이것이 삭제되었다. 마그니토고르스크 시 문장의 경우, 1993년에 만들어진 문장에는 황금망치가 등장하지만, 2003년 문장에는 제거되었다. 이 같은 변화는 무엇을 의미하는 것인가?

소비에트 시기 문장에 공통적으로 들어간 톱니바퀴는 소비에트 정부가 1930년대 초 급진적 산업화를 통해 소련 경제의 체질을 바꾸려 했던 이래 산업화를 소비에트 사회주의 건설에서 가장 중요한 전략으로 인식했음을 의미한다. 하지만 이러한 소비에트 시대 산업화의 상징이 소련 붕괴이후 도시 문장에서 삭제된 것은 탈소비에트 러시아에서 소비에트 시기의 산업화, 공업화 지상주의가 확연히 사라졌음을 의미한다. 톱니바퀴 대신 등장한 러시아 혁명 이전의 지방 도시의 상징은 이제 지방 도시들이 소비에트 시기, 위로부터 일방적으로 부여된 획일적인 정체성에서 벗어나 지방 고유의 특색을 지닌 지역 정체성을 살려나가려는 의지와 노력을 암시한다.

5. 결론

러시아 연구에서 지역 정체성은 포스트소비에트 시기에 새롭게 주목

받고 있는 주제이다. 역사적으로 볼 때 러시아는 16세기 이래 1990년대 초 소련 붕괴 때까지 강력한 중앙집권주의 체제를 발전시키고 지방의 독자적 행보를 억압하는 정책을 수행해 왔다. 따라서 러시아의 지역 정체성은 지방 자치의 오랜 역사가 있는 서구와 비교할 때 뚜렷하게 나타나는 경우가 많지 않았고, 이런 이유로 학자들은 이제까지 러시아 지역 정체성에 관해 관심을 많이 기울이지 않았다. 그러나 서구와 비교할 때 약하게 나타나는 경우가 많긴 했지만, 러시아 각 지방의 고유한 정체성 자체가 존재하지 않던 것은 아니다. 본 연구는 심지어 획일적이고 전일적인 사회주의 문화와 가치가 중앙으로부터 강요되었던 스탈린 치하에서도 지방 주민 간에 정부의 선전을 내재화하여 나름대로 지역 정체성을 발전시키고 있었음을 보여준다.

최근 들어서는 푸틴 대통령이 2000년대 초반 강력한 중앙통제 정책을 시행하면서 소련 붕괴 직후 나타났던 지방의 자율성 찾기 목소리가 많이 잦아들었지만, 그때부터 서서히 나타난 지방 도시들의 자기 색깔 찾기 노력(또는 자기 정체성 개발 노력)은 계속되고 있다. 이런 점에서 오늘날 러시아의 지방을 좀 더 심도 있게 이해하기 위해서는 지역 정체성에 대한 고찰이 필수적이라 하겠다.

오늘날 러시아 지방의 지역 정체성 재정립 노력을 살펴보는 방법의 하나는 최근 러시아 지방에서 등장하는 여러 가지 상징의 정치적, 사회적, 경제적 의미를 분석해보는 것이다. 이 글에서는 다양한 상징 중, 지방 도시 문장의 변화를 추적하여 포스트소비에트 시기 지방 정체성의 재정의 과정을 살펴보았다. 우랄 지역의 모노고로드는 소비에트 이전 제정 시기에 만들어진 도시 상징을 문장에 다시 포함하거나 가시적으로 거리에 설치함으로써 도시민이 자연스럽게 도시의 옛 전통에 친숙해지도록 하여 지역 정체성을 재구성하려는 노력을 기울이고 있다.

전통의 재도입 외에 오늘날 러시아의 지역 정체성에서 일어난 변화라면 바로 글로벌 정체성의 형성이다. 소련 시절 우랄 지역에 위치했던 '닫힌 도시'의 주민에게 책에서만 접하던 외국의 술을 직접 맛볼 기회, 외국회사의 진출, 국외여행 기회는 물론, 자기가 사는 지역에서 세계경제 위기를 피부로 직접 느끼게 되면서 지역 주민의 의식 속에 글로벌화에 대한 인식(또는 '상상')이 등장하고 그들의 인식 범위가 글로벌 차원으로 더욱 확장되고 있는 것은 포스트소비에트 시기 러시아 지방 주민의 정체성에 나타난 새로운 변화라고 볼 수 있다.

우리는 소자(Soja)의 '제3공간'—즉, '실제적이자 상상적인 공간'(real-and-imagined space)—개념을 이용해 러시아 지역 정체성의 변화를 더 심층적으로 이해할 수 있다. 즉, 위에서 살펴본 도시 공간은 도시민이 가시적으로 변화된 모습(예를 들어 도시문장, 상징, 외국산 술, 외국회사 등)을 목격하고 경험할 수 있는 '실제 공간'인 반면, 동시에 그러한 실제적 유형물에 의해 지역민들이 지역감(sense of region) 또는 지역 의식(consciousness of region)을 갖게 되고, 그로부터 고유한 지역 정체성이 만들어지는 '상상의 공간'이다. 이러한 현상은 물론 우랄 지역의 모노고로드에서만 나타나는 것은 아니다. 큰 틀에서 보면 러시아는 물론, 동유럽의 구 사회주의권 도시에서 사회주의 정권 붕괴 이후 거리 이름을 바꾸거나 새로운 상징물을 세우는 등의 모습 속에 공통으로 나타나는 '포스트사회주의 공간의 재구성'의 한 예로 볼 수 있다.[81]

다만 한 가지 주의해야 할 점은 이 글에서 살펴본 우랄 지역 모노고로드의 지역 정체성의 특성은 러시아연방 내 다른 지역, 심지어는 우랄 지역 내 다른 지역(예를 들어 농업 지구)과는 다른 양상을 띨 수 있다는 점이다. 전통적으로 제철과 기계 산업 중심지로서, 특히 산업화 시기와

81 구 사회주의권에서 일어난 이런 변화에 대한 연구로는 다음을 참고하기 바람. John Czapolicka, Nida Gelazies, and Blair A. Ruble (eds), *Cities after the Fall of Communism: Reshaping Cultural Landscapes and European Identity* (Washington, D.C.: Woodrow Wilson Center Press, 2009).

전쟁 시기 중앙 정부로부터 지대한 주목을 받아왔던 이 지역 모노고로드의 정체성은 분명히 비산업 지역과 구분될 것이다. 이런 점에서 우랄 지방 전체의 지역 정체성 특성에 대한 논의, 우랄 지방 정체성과 러시아 연방 내 타지방의 정체성 비교는 이 글의 논의 범위를 넘는 별도의 정교한 연구가 필요한 주제이다. 마찬가지로 최근 지방 정부의 지역 정체성 구현 노력을 지역 주민이 어떻게 이해하고, 어느 정도로 자기 정체화하고 있는지는 앞으로 더 관찰하여야 할 것이다.

하지만 이 글에서 고찰한 우랄 지역 모노고로드의 지역 정체성은 러시아 내 유사한 역사적 경험과 사회·경제·문화적 환경을 지닌 1,500여 개의 크고 작은 단일산업도시의 정체성과 무척 유사한 특성을 지닌다고 볼 수 있다. 이런 점에서 우리는 지역 정체성 고찰에 있어 '단일산업도시'를 러시아 공간을 재구성 또는 유형화하는 지표로 삼을 수 있을 것이다.

참고문헌

강윤희 외. 『현대 러시아 문화연구: 시민의식과 문화정체성』. 서울: 한울, 2009.

강정원. “사하인의 민족정체성과 러시아 민족정책.” 『비교문화연구』, 제10집, 제1호. 2004.

강혜련. 『러시아지방의 정치적 특성과 유형화』. 서울: 오름, 2005.

권세은. “러시아 지방연구 방법론 모색을 위한 시론.” 『슬라브研究』, 제21권, 제2호. 서울: 한국외국어대학교 러시아연구소, 2005.

권세은 외. 『러시아 지방의 체계론적 이해』. 서울: 경희대학교, 2006.

______. 『시베리아 연방지구』. 서울: 경희대학교, 2006.

김성진. “러시아 중앙-지방관계의 갈등요인의 변화와 지속성 (1990-2000): 경제적 요인을 중심으로.” 『국제정치논총』, 제43집, 제1호. 서울: 한국국제정치학회, 2003.

김한규 외. 『세계화 시대의 지역학: 대구·경북의 정체성 규명과 미래가능성 모색』. 대구: 계명대학교, 2007.

남기택. “글로컬리즘 시대의 지역문학: 동해·삼척·태백지역의 방법론과 예시.” 『비교한국학』, 제16권, 제2호. 서울: 국제비교한국학회, 2008.

“러시아지방 학술대회 안내.” *Russia & Russian Federation*, Vol. 1, No. 2. 서울: 한국외국어대학교 러시아연구소, 2010.

레이드, 안나. 『샤먼의 코트』. 윤철희 역. 서울: 미다스북스, 2003.

렐프, 에드워드. 『장소와 장소상실』. 김덕현 외 역. 서울: 논형학술, 2001.

부산대학교 한국민족문화연구소 편, 『로컬의 문화지형』. 서울: 혜안, 2010.

블랭크, 스티븐. “러시아의 정체성과 대외정책.” 『유라시아 지역의 국가·민족 정체성』. 서울: 한울, 2010.

성종환. “러시아지방 정체성 연구: 남부연방지구 공화국 민족, 민족어를 중심으로.” 『러시아 지방의 체계론적 이해』. 서울. 경희대학교, 2006.

______. “러시아 지역정체성 연구방법: 소수민족 언어정책을 중심으로.” 『슬라브研究』, 제 19권, 제1호. 서울: 한국외국어대학교 러시아연구소, 2003.

이강형, 문종대. "지역민들의 '지역 정체성'이 지역뉴스 시청 및 평가에 미치는 영향에 관한 연구." 『언론과학연구』, 제6권, 제3호. 서울: 한국지역언론학연합회, 2008.

임병조. 『지역정체성과 제도화-지역지리학의 새로운 모색: 내포(內浦)지역 연구』. 서울: 한울, 2010.

정근식 외. 『지역전통과 정체성의 문화정치: 장성 황룡연구』. 서울: 경인문화사, 2004.

조항제. "지역방송의 지역성 변화." 『한국언론정보학보』, 제34권. 서울: 한국언론정보학회, 2006.

한종만, 박태성, 이길주. 『러시아 극동·동시베리아 지역연구: 지역주의와 지역통합』. 대전: 배재대학교, 2007.

홍완석 편저. 『러시아연방 인문공간의 이해 I: 21개 공화국 탐구』. 서울: 한국외국어대학교, 2010.

г. Шадринск, Шадринский район (Курганская область). http://www.hrono.ru/heraldicum/russia/index.htm (검색일: 2010.10.10).

г. Екатеринбург. http://www.hrono.ru/heraldicum/russia/index.htm (검색일: 2010.10.10).

Галигузов, И. Ф. Неретина, Л. В. *Культура народов южного урала. традиции, быт, образ жизни*. Магнитогорск: МЦНК, 2002.

Галигузов, И. Ф. Баканов, В. П. *Станица Магнитная*. Магнитогорск, 1994.

Герб города Магнитогорска. http://www.suvenirograd.ru/sights.php?id=1484?lang=1 (검색일: 2010.10.10).

Герб города Челябинска. http://www.suvenirograd.ru/sights.php?id=1457&lang=1&pid=5855 (검색일: 2010.10.10).

Государственная символика. http://www.statesymbol.ru/dictionaries/20070116/39672456.html (검색일: 2010.10.10).

"ИСЕТСКАЯ ПРОВИНЦИЯ." *Энциклопедия "Челябинск."* http://www.book-chel.ru/ind.php?what=card&id=437 (검색일: 2010.10.10).

"Как внутренний урал сделать веншним." *Эксперт-Урал*, No. 22 (378) (8 июня 2009).

Козлов, И. "Освоение уральского пространства." *Урал*, No. 7 (2007).

Крылов, М. П. *Региональная идентичность в европейской России*. М., Новый хронограф, 2010.

“Кто памятник воздвиг.” *МК (Московский комсомолец) Урал* (17 Февраль 2010).

Лапшин, А. Н. “Эволюция Сибирской Идентичности.” 『한국시베리아연구』, 제7집. 대전: 대재대학교 한국-시베리아센터, 2004.

“Магнитная гора.” *Большая советская энциклопедия*. http://slovari.yandex.ru/dict/b se/article/00044/38900.htm (검색일: 2010.10.10).

“Магнитогорские казаки восстановят часовню на кладбище предков.” 4 июня 2008. http://uralpress.ru/tribuna/art132821.htm (검색일: 2010.10.10).

“На улице Кирова будет верблюд.” *Челяинский рабочий* (22 Ноябрь 2000).

Правда. 21 Февраль 1966.

“«Сатана» в утиль.” *Итоги 74* (Челябинская область), No. 3 (28 апрель 2003).

Смирнов, Дмитрий. “Почему на гербе города изображен верблюд.” *Уральский курьер* (6 августа 2002). http://www.flexites.com/06-08-2002/4/a670.html (검색일: 2010.10.10).

“Челябинск.” *Большая советская энциклопедия*. http://slovari.yandex.ru/dict/bse/article/00089/03000.htm?text (검색일: 2010.10.10).

Челябинск: история моего города. Челябинск, 1999.

Челябинск-энциклопедия. Челябинск, 2001.

ЧТЗ. моя биография. Челябинск, 1983.

Шагинян, М. С. *По дорогом пятилетки*. М., 1947.

Anderson, Benedict. *Imagined Communities: Reflections on the Origin and Spread of Nationalism*. Verso, 1993.

Appadurai, Arjun. *Modernity at Large: Cultural Dimensions of Globalization. Minneapolis and London: University of Minnesota Press*, 1996.

“Chelyabinsk: A Birthday Present for Tractor Factory?” *Radio Free Europe/Radio Liberty* (24 March, 1999). http://www.rferl.org/content/article/1344561.html (검색일: 2010.10.10).

Czapolicka, John, Nida Gelazies, and Blair A. Ruble (eds). *Cities after the Fall of Communism: Reshaping Cultural Landscapes and European Identity*. Washington, D.C.: Woodrow Wilson Center Press, 2009.

Davies, R. W. *The Development of the Soviet Budgetary System*. Cambridge, 1958.

"Fear Comes to the Russian Heartland." *Newsweek* (Feb. 14, 2009). http://www.newsweek.com/2009/02/13/fear-comes-to-the-russian-heartland.html (검색일: 2010.10.10).

Garrels, Anne. "Economic Growing Pains for Russian Industrial City." part 1. *NPR* (Dec. 15, 2008). http://www.npr.org/templates/story/story.php?storyId=98480062 (검색일: 2010.10.10).

Kotkin, Stephen. *Magnetic Mountain: Stalinism as a Civilization*. Berkeley: University of California Press, 1995.

______. *Steeltown USSR: Soviet Society in the Gorbachev Era*. Berkeley: University of California Press, 1992.

Larin, Vladislav. "Mayak's Walking Wounded." *Bulletin of the Atomic Scientists* (Sept/Oct., 1999).

Lynch, Kevin. *The Image of the City*. Cambridge, Mass: MIT Press, 1960.

Moore, Mike. "First, Puzzlement; then Action." *Bulletin of the Atomic Scientists*. (March, 1993).

Paasi, Anssi. "Place and Region: Regional Worlds and Words." *Progress in Human Geography*, Vol. 26 (2002).

______. "Region and Place: Regional Identity in Question." *Progress in Human Geography*, Vol. 27 (2003).

______. *Territories, Boundaries and Consciousness: The Changing Geographies of the Finnish-Russian Border*. Chichester: John Wiley & Sons, 1996.

Pohl, J. "Regional Identity." Smelser, N. & P. Balters (eds). *International Encyclopedia of the Social and Behavioral Science*. N.Y.: Elsevier, 2001.

Raagmaa, Garri. "Regional Identity in Regional Development and Planning." *European Planning Studies*, Vol. 10 (2002).

"Regional Identity in the Information Society." *BISER Domain Report*, No. 4 (June 2004).

"Russian Federation Report." *Radio Free Europe/Radio Liberty* (March 3, 1999).

Soja, Edward W. *Thirdspace: Journey to Los Angeles and Other Real-and-Imagined Places.* Malden, MA: Blackwell Publishing, 1996.

Weber, Eugen. *Peasants into Frenchmen: The Modernization of Rural France, 1870-1914.* Stanford, CA: Stanford University Press, 1976.

Zhelyazkov, Ivan. "Dispatches from the Ural." *Military Technology* (Sept. 2004). http://maps.google.co.kr/maps?hl=ko&tab=wl (검색일: 2010.10.20).

3

러시아 영화의 문화 공간

제5장

타자의 얼굴: 현대 러시아 영화의 카프카스 이미지

라승도

"이제 나는 당신이 무섭지 않아요."
이반 피리예프, 『돼지치기 처녀와 양치기 총각』

1. 들어가는 말

1823년 세묜 브로네프스키(Семён Броневский)가 모스크바에서 『카프카스 최신 지리 및 역사 정보』(Новейшая географическая и историческая известия о Кавказе)를 출판하기 전까지 카프카스는 러시아 사람들에게 여전히 신비의 베일에 싸인 낯선 땅이었다. 8백여 쪽에 달하는 방대한 분량의 두 권짜리 책에서 브로네프스키는 카프카스 주요 지역과 민족, 지리와 역사, 종교와 언어, 도덕과 풍습, 동물과 식물 등을 총망라한 백과사전식 정보를 최초로 제공했는데, 그 이전까지 카프카스는 러시아 사람들의 의식세계 밖에 존재하고 있었다. 하지만 동식물군에서 종교생활에 이르기까지 유무형의 카프카스 문화 전반을 집대성한 브로네프스키의 저작이 출판됨으로써 카프카스는 마침내 근대 러시아의 의식세계 안으로 진입했다. 이런 점에서 브로네프스키의 저작은 카프카스에 대한 일반적 관심에서는 물론이고 학문적 접근에서도 선구적 업적으로 평가되었다. 당시 베스투줴프-마를린스키(А. Бестужев-Марлинский)가 "브로네프스키의 『카프카스 최신 지리 및 역사 정보』는 유럽인들도 관심을 가질 만하고 러시아인들도 특별한 사의를 표명할 만하다"[1] 고 지적한 데서 알 수 있듯이, 이 책은 분명히 유럽과 러시아 사람들에게 미지의 땅 카프카스에 대한 새로운 인식의 지평을 열어주었다.

이처럼 세묜 브로네프스키가 『카프카스 최신 지리 및 역사 정보』를 통해 사실적 측면에서 카프카스의 현실적 면모를 러시아 사람들에게 상세하게 보여주었다고 한다면, 그보다 1년 전 알렉산드르 푸시킨(Александр Пушкин)은 낭만적 서사시 『카프카스의 포로』(Кавказский пленник)를 통해 허구적 차원에서 카프카스의 신비적 매력을 러시아 독자들에게 생생하게 묘사해주었다. 이러한 신비적 매력의 이국적 타자로서 카프카스가 러시아 예술문화의 상상세계를 사로잡기 시작한 것도 이때부터였다. 실제로 신비적 타자의 공간으로서 카프카스는 푸시킨의 『카프카스의 포로』와 미하일 레르몬토프(Михаил Лермонтов)의 『우리 시대의 영웅』(Герой нашего времени) 등으로 대표되는 19세기 초 낭만주의 문학을 통해 많은 러시아 사람들의 상상세계를 지배했다. 이후 카프카스는 레프 톨스토이(Лев Толстой)의 『카프카스의 포로』(Кавказский пленник), 『카자크 사람들』(Казаки), 『하지 무라트』(Хаджи Мурат), 니콜라이 레스코프(Николай Лесков)의 『매혹된 방랑자』(Очарованный странник) 등을 통해 19세기 중후반 러시아 문학에서뿐만 아니라, 이반 부닌(Иван Бунин)이나 이삭 바벨(Исаак Бабель) 등으로부터 오시프 만델쉬탐(Осип Мандельштам), 안드레이 비토프(Андрей Битов)를 거쳐 가장 최근의 블라디미르 마카닌(Владимир Маканин)에 이르기까지 20세기 러시아 문

1 Charles King, *The Ghost of Freedom: A History of the Caucasus* (Oxford: Oxford University Press, 2008), p. 108에서 재인용.

학 전체에 걸쳐서도 여전히 중요한 타자의 공간으로 계속 존재했다.[2]

그러나 이국적 신비의 영원한 타자로서 카프카스가 시나 소설의 문학 장르에서만 러시아의 집단적 상상력을 사로잡은 것은 아니었다. 타자의 공간으로서 카프카스는 탄생 직후 초창기부터 가장 최근에 이르기까지 러시아 영화에서도 시각화의 매력적 대상이 되었기 때문이다. 현존 작품을 거의 찾아보기 힘든 까닭에 일반에게는 잘 알려져 있지는 않지만, 초창기 러시아 영화에서도 카프카스에 관한 작품은 적지 않았다. 특히 카프카스를 다룬 초창기 러시아 영화는 19세기 러시아 문학이 확립한 전통에 상당히 많이 의지했는데, 흥미롭게도 다큐멘터리 영화에서와는 다르게 극영화에서는 카프카스가 주로 정복과 포로의 주제 아래 묘사되었다.[3] 이탈리아 영화감독이자 카메라맨 지오반니 비트로티(Giovanni Vitrotti)가 러시아의 영화사 티만(Timan)과 라인가르트(Rheingardt)를 통해서 제작한 『카프카스의 포로』(Кавказский пленник, 1911), 체르니(Л. Черни)와 에사제(С. Эсадзе)가 제작한 『카프카스의 정복』(Покорение Кавказа, 1913)이 단적인 예라 할 수 있다. 이후 1917년 10월 혁명 이전까지 초창기 러시아 영화에서는 약 6년 동안 카프카스 붐이라고 말할 수 있을 정도로 20편 이상의 영화가 신비적 매력의 타자로서 카프카스를 시각화했다.[4]

---

2 제국주의나 식민주의, 오리엔탈리즘의 맥락에서 카프카스가 이국적 타자의 공간으로 19세기 러시아 문학 속에 표현된 양상과 그 문화적 의미를 심도 있게 탐구한 가장 대표적인 연구는 다음을 참고하기 바람. Monika Greenleaf, *Pushkin and Romantic Fashion: Fragment, Elegy, Orient, Irony* (Stanford: Stanford University Press, 1994); Susan Layton, *Russian Literature and Empire: Conquest of the Caucasus from Pushkin to Tolstoy* (Cambridge: Cambridge University Press, 1994); Ewa Thompson, *Imperial Knowledge: Russian Literature and Colonialism* (Westport, CT: Greenwood Press, 2000); Harsha Ram, *Imperial Sublime: A Russian Poetics of Empire* (Wisconsin: University of Wisconsin Press, 2006); Katya Hokanson, *Writing at Russian Border* (Toronto: University of Toronto Press, 2008); Bruce Grant, *The Captive and the Gift: Cultural Sovereignty in Russia and the Caucasus* (Ithaca: Cornell University Press, 2009).

3 Thomas M. Barrett. "Southern Living (in Captivity): The Caucasus in Russian Popular Culture," *Journal of Popular Culture*, Vol. 31, No. 4 (1998), p. 86.

4 Julia Propenko, "Giovanni Vitrotti and Other Exotic Aesthetes (or The Caucasus in Early

한편 10월 혁명 이후 1920년대까지 카프카스는 러시아 영화에 좀처럼 등장하지 않았다. 카프카스가 러시아 영화에 재등장한 것은 1930년 이바노프스키(А. Ивановский)의 『카프카스의 포로』(Кавказский пленник)와 칼라토조프(М. Калатозов)의 『스바네치야의 소금』(Соль Сванеции)에서였다. 그런 다음 카프카스는 아른쉬탐(Л. Арнштам)의 『친구들』(Друзья, 1938), 얀 프리드(А. Фрид)의 『애국자』(Патриот, 1939), 피리예프(И. Пырьев)의 『돼지치기 처녀와 양치기 총각』(Свинарка и пастух, 1941)을 통해, 다시 10여년의 공백기를 거친 다음 체이제(Р. Чхеидзе)의 『병사의 아버지』(Отец солдата, 1964), 가이다이(Л. Гайдай)의 『카프카스의 여자 포로, 혹은 슈리크의 새로운 모험』(Кавказская пленница, или новые приключения Шурика, 1967), 칼라토지시빌리(Г. Калатозишвили)의 『카프카스의 포로』(Кавказский пленник, 1975), 세르이(А. Серый)의 『행운의 신사들』(Джентльмены удачи, 1977), 다넬리야(Г. Данелия)의 『미미노』(Мимино, 1977) 등을 통해서 1970년대까지 소비에트 러시아 영화에서도 중요한 타자(의 공간으)로 계속 시각화되었다. 하지만 소비에트 시대 말기 1980년대와 포스트소비에트 시대 초기 1990년대 초반까지 러시아 영화에서는 카프카스가 다시 모습을 감추었다가 1996년부터 2011년 가장 최근까지 1년에 1편 이상에서 잇따라 재등장했다.[5]

Russian Cinema)," *Journal of Film Preservation*, Vol. 53 (1996), pp. 17-20.

5 1996년부터 2009년 현재까지 카프카스를 다루고 있는 러시아 영화는 다음과 같다: 보드로프(С. Бодров)의 『카프카스의 포로』(Кавказский пленник, 1996), 아브드라시토프(В. Абдрашитов)의 『댄서의 시간』(Время танцора, 1996), 로고시킨(А. Рогожкин)의 『검문소』(Блокпост, 1998), 네브제로프(А. Невзоров)의 『연옥』(Чистилище, 1998), 발라얀(Р. Балаян)의 『두 개의 달, 세 개의 해』(Две луны, три солнца, 1998), 솔로비요프(С. Соловьев)의 『섬약한 나이』(Нежный возраст, 2000), 스네시킨(С. Снежкин)의 『치명적 파워』(Убойная сила, 2001-2002), 말류코프(А. Малюков)의 『특수부대』(Спецназ, 2002), 포포프(Ф. Попов)의 『카프카스의 룰렛』(Кавказская рулетка, 2002), 발라바노프(А. Балабанов)의 『전쟁』(Война, 2002), 니콜라옌코(Г. Николаенко)의 『명예의 법전』(Кодекс чести, 2002), 스탐불라(Н. Стамбула)의 『약진』(Марш бросок, 2003), 라프신(Я. Лапшин)의 『이류』(Сель, 2003), 콘찰로프스키(А. Кончаловский)의 『바보들의 집』(Дом дураков, 2003), 피얀코바(Н. Пьянкова)의 『슬라브 처녀의 행진』(*Марш славянки*, 2003-4), 부투를린(В. Бутурлин)의 『영광입니다』(Честь имею, 2003-4), 라브렌티예프(Е. Лаврентьев)의 『카운트다운』(Личный номер,

이와 관련하여 반드시 지적해야 할 것은 무엇보다도 1994년 발발한 체첸전쟁이 1996년부터 2009년 현재까지 러시아 영화에서 카프카스가 중요한 타자의 공간으로 빈번하게 재등장하는 데 직접적인 기폭제로 작용했다는 사실이다. 실제로 포스트소비에트 시대 러시아 영화에서는 대부분 카프카스가 1994~96년 러시아의 체첸전쟁, 1999년 러시아의 체첸 재공격, 그 이후 일어난 크고 작은 전투나 테러, 2008년 러시아의 그루지야 전쟁 등으로 말미암아 첨예화된 긴장과 갈등의 공간, 더 나아가 적대와 유혈 충돌의 공간으로 설정되었다.[6] 다시 말해 포스트소비에트 시대 최초로 카프카스를 영원한 타자의 공간으로 진지하게 재호명한 1996년 보드로프의 영화 『카프카스의 포로』에서부터 2002년 발라바노프의 『전쟁』을 거쳐 2009년 볼로신의 영화 『올림피우스 인페르노』에 이르기

2004), 벨레딘스키(А. Белединский)의 『살아 있는 자』(Живой, 2006), 굼바토프(Ф. Гумбатов)의 『카프카스』(Кавказ, 2007), 미할코프(Н. Михалков)의 『12』(Двенадцать, 2007), 소쿠로프(А. Сокуров)의 『알렉산드라』(Александра, 2008), 우치텔(А. Учитель)의 『포로』(Пленный, 2008), 볼로신(И. Волшин)의 『올리피우스 인페르노』(Олимпиус Инферно, 2009).

6 포스트소비에트 시대 러시아 영화에 나타난 카프카스 이미지를 다루고 있는 논의로는 다음을 참고하기 바람. Harsha Ram, "Prisoners of the Caucasus: Literary Myths and Media Representations of the Chechen Conflict," *Berkeley Program in Soviet and Post-Soviet Studies Working Paper Series* (1999), pp. 1-29; Галина Зверева, "Чеченская война в дискурсах массовой культуры России: формы репрезентации врага," http://www.polit.ru/country/2002/12/07/479426.html; Галина Зверева, "«Работа для мужчин»?: чеченская война в массовом кино в России," *Неприкосновенный запас*, No. 6 (2002), c. 102-109; Оксана Саркисова, "Скажи мне, кто твой враг: Чеченская война в российском кино," *Неприкосновенный запас*, No. 6 (2002), c. 94-101; Елена Стишова, "Транзит: Висбаден - Питтсбург - Кавказ," *Искусство кино*, No. 1 (2002), c. 90-101; Нея Зоркая, "Кавказские пленники на рубеже тысячелетий," *Киноведческие записки*, No. 67 (2004), c. 162-174; Елена Фанайлова, "Образ Кавказа в современном кинопроцессе и медиа," http://www. svobodanews.ru/content/Transcript/410048.html; Mark Lipovetsky, "Post-Sots: Transformations of Socialist Realism in the Popular Culture of the Recent Period," *Slavic and East European Journal*, Vol. 48, No. 3 (2004), pp. 356-377; David Gillespie, "Defence of the Realm: The 'New' Russian Patriotism on Screen," *The Military and Society in Post-Soviet Russia*, No. 3 (2005), pp. 60-71; John Hope, "From Freedom Fortress to Jihadist Camp: The Interplay of High and Low Culture in Representing the Caucasus," *Ulbandus Review*, Vol. 11 (2008), pp. 46-72; Matthew Evangelista, "Chechnya: Virgins, Mothers, and Terrorists," *Gender, Nationalism, and War: Conflict on the Movie Screen* (Cambridge: Cambridge University Press, 2011), pp. 139-202.

까지 대략 15년 동안 많은 러시아 영화에서 카프카스는 주로 이 지역에서 벌어진 크고 작은 전쟁이나 전투 상황과 직간접으로 연관된 이야기 내용의 주된 배경으로 등장했다.[7] 요컨대, 이 시기 러시아 영화에서 전쟁이나 전투 상황에 대한 직접적 제시나 간접적 암시가 배제된 채 나타나는 카프카스 이미지는 지극히 드물었다.

더욱이 서사의 주요 무대가 카프카스일 뿐만 아니라 주요 행위도 대부분 카프카스에서 일어나는 이런 영화 작품들 가운데 상당수에서는 전시에 특히 현저하게 나타나는 타자의 악마화가 극단적으로 진행되었다.[8] 이와 달리 소비에트 시대 러시아 영화에서 러시아의 내적 타자로서 카프카스가 오리엔탈리즘의 시선 속에 '고상한 미개인'의 공간으로 제시되는 경우가 더러 있었어도 적의 이미지로 시각화되는 경우는 거의 없었다. 이반 피리예프의 영화 『돼지치기 처녀와 양치기 총각』에서 분명히 알 수 있는 것처럼, 특히 스탈린 시대 이후 카프카스는 '민족우호'

7 보드로프는 1994년 12월 러시아의 체첸 침공 전에 이미 『카프카스의 포로』를 구상하여 제작 작업에 들어갔다. 따라서 엄밀하게 말하면 톨스토이의 동명소설을 원작으로 하는 이 영화는 체첸전쟁과 직접 관련되어 있다고 할 수 없다. 이것은 영화 속에 모호하게 제시되는 시공간에서 잘 뒷받침된다. 하지만 대부분 비평가들은 1996년 체첸전쟁 종료와 함께 러시아 국내외에서 동시 출시된 이 영화의 의미를 무엇보다도 먼저 체첸전쟁의 맥락 속에서 파악하고 분석한다. 『카프카스의 포로』를 포함하여 다양한 관점에서 타자로서 카프카스를 분석한 주요 연구는 다음을 참고하기 바람. Birgit Beumers, "Myth-Making and Myth-Taking: Lost Ideals and the War in Contemporary Russian Cinema," *Canadian Slavonic Papers*, Vol. 17, No. 2 (2000), pp. 171-189; Olga Karpushina, "The Military Body: Film Representations of the Chechen and Vietnam Wars," *Studies in Slavic Cultures*, Vol. 3 (2002), pp. 33-53; Joe Andrew, "'I Love You, Dear Captive': Gender and Narrative in Versions of *The Prisoner of the Caucasus*," S.Hutchings and A.Vernitski (ed), *Russian and Soviet Film Adaptations of Literature, 1900-2001: Screening Word* (London: Routledge, 2005), pp. 181-193; Denise Youngblood, *Russian War Films: On the Cinema Front, 1914-2005* (Lawrence: University Press of Kansas, 2007); Paula Michaels, "The Prisoners of the Caucasus: From Colonial to Postcolonial Narrative," *Russian Studies in Literature*, Vol. 40, No. 2 (Spring 2007), pp. 52-77.

8 반면 보드로프의 『카프카스의 포로』, 로고시킨의 『검문소』, 포포프의 『카프카스의 룰렛』, 피얀코바의 『슬라브 처녀의 행진』, 콘찰로프스키의 『바보들의 집』은 러시아나 체첸(카프카스) 어느 한쪽에도 치우치지 않고 공평하고 "인도주의적인" 접근을 보여주는 영화로 거론된다. Oleg Sulkin, "Identifying the Enemy in Contemporary Russian Film," Stephen M. Norris and Zara M. Torlone, *Insiders and Outsiders in Russian Cinema* (Bloomington: Indiana University Press, 2008), p. 114-116.

(Дружба народов)의 기치 아래 낭만적 목가의 공간으로 이상화되면서 적극 포용되었다. 이러한 사실을 고려할 때, 포스트소비에트 시대 러시아 영화에서 지배적으로 나타난 카프카스의 악마적 시각화는 이 시기 새롭게 출현한 문화적 현상으로서 분명히 주목할 만하다. 이처럼 소비에트 시대에서와는 다르게 포스트소비에트 시대, 특히 블라디미르 푸틴의 대통령 집권기 러시아 영화에서 카프카스는 러시아의 내적 타자로서 '고상한 미개인'의 공간이 아닌 '사악한 야만인'의 공간으로 악마화되는 경우가 비일비재했다.[9] 이런 맥락에서 볼 때 전쟁 상황으로 말미암아 카프카스는 러시아 영화에서 기존의 인종적 타자 이미지 위에 '적으로서 타자'의 이미지까지 새로 덧씌워진 '이중적 타자'로 시각화되었다고 할 수 있다.

이처럼 포스트소비에트 시대 러시아 영화에서 악마화 경향과 함께 더욱더 심화된 카프카스의 부정적 이미지는 1991년 소비에트 체제 붕괴 이후 벌어진 러시아의 정치적, 경제적, 사회적 혼란이나 위기 상황과도 밀접하게 결부되어 있었다. 이러한 혼란과 위기 상황 속에서 특히 카프카스 지역의 인종적 타자들에 대한 러시아 사람들의 적대적 반감이나 증오가 생성되어 광범하게 확대 재생산되었기 때문이다. 소위 말하는 '안티-카프카스 신드롬'(антикавказский синдром)이라는 말에 집약되어 있듯이, 러시아 사람들이 '카프카스 민족의 얼굴'(Лицо кавказской

9 포스트소비에트 러시아 영화에서 타자로서 카프카스의 악마화를 가장 잘 보여주는 대표작은 네브제로프의 『연옥』(1998)과 발라바노프의 『전쟁』(2002)을 들 수 있다. 특히 『연옥』에서 네브제로프는 인종혐오주의자처럼 체첸 사람들을 잔악한 살인마이자 사이코패스 등으로 묘사한다. 이런 경향은 『알렉산드라』(2007), 『포로』(2008) 등 체첸전쟁을 배경으로 하는 영화에서 보듯이 최근 들어 점점 약화되고는 있었지만, 2008년 그루지야 전쟁 이후 출시된 영화 『올림피우스 인페르노』(2009)에서는 러시아의 타자로서 카프카스를 악마화하는 경향이 다시 고개를 들었다. 특히 체첸 지역을 중심으로 한 "남부의 타자"로서 카프카스의 악마화는 발라바노프의 『전쟁』에서 적나라하게 나타나고 있는데, 이에 관한 자세한 논의는 다음 연구를 참고하기 바람. Edith W. Clowes, "Demonizing the Post-Soviet Other," *Russia on the Edge: Imagined Geographies and Post-Soviet Identity* (Ithaca: Cornell University Press, 2011), 153-163.

национальности)들에 대해 갖게 된 적대적 태도나 부정적 이미지는 전쟁의 유혈 충돌이라는 극단적 상황 속에서만 첨예화된 것이 아니라 '일상적 행위'(бытовое поведение) 상황 속에서도 날로 고조되었다.[10]

특히 모스크바나 페테르부르크 등 러시아의 메트로폴리스에서 카프카스 지역 출신 사람들이 거리낌 없이 보여주는 일상적 행위, 예를 들면, 자신들의 토착 언어로 다른 사람들을 대놓고 조롱하는 거칠고 무례한 행위는 러시아 사람들에게 공분을 사기에 충분했다. 또한, 절도, 사기, 투기, 강간과 폭력 등 '카프카스 민족의 얼굴'들이 저지르는 각종 불법과 범죄 행위 역시 러시아 사람들 사이에서 카프카스에 대한 부정적 이미지를 심화하고 고착화하는 직접적인 계기로 작용했다. 끝으로, 마피아 조직 등을 운영하며 대도시의 크고 작은 상점, 시장, 카지노 등 상권을 장악하고 통제하는 등 카프카스 출신 사람들의 경제 행위도 그들에 대한 러시아 사람들의 곱지 않은 시선을 더욱더 자극했다. 이처럼 카프카스 사람들에 대한 부정적 이미지는 발라바노프의 영화 『형제』(Брат, 1997)에서 주인공 다닐라(Данила)가 버스를 타고도 요금을 내지 않고 버티는 카프카스 출신 건달들을 간단히 제압하는 장면에 잘 나타나 있다.[11]

그러나 다른 한편으로 포스트소비에트 시대 러시아 영화에서 카프카스는 지금까지 언급하고 소개한 영화 작품들에서처럼 그렇게 전쟁과 같은 극단적 충돌 상황을 직·간접적 배경으로 해서만 항상 등장한 것은 아니었다. 또한, 일상적 행위 상황과 관련된 영화에서도 카프카스의 이미지가 항상 부정적 측면에서 제시된 것은 아니었다. 이런 점에서 특별히

---

10 "일상적 행위"의 차원에서 형성되는 "카프카스 민족의 얼굴"들에 대한 러시아 사람들의 부정적인 태도에 대해서는 다음을 참고 바람. А. Сергеева, *Какие мы, русские?: Книга для чтения о русском национальном характере* (Москва: Русский язык, 2006), с. 303-305.

11 한편, 카프카스 지역 출신자들의 상행위와 관련한 러시아 사람들의 부정적, 적대적 태도는 발라바노프의 또 다른 영화 『전쟁』에서 페테르부르크에 사는 메드베데프(Медведев) 대위의 어머니가 "체첸 산 귤을 절대로 사지 않았다"라고 말하면서 체첸의 과일상과 채소상들을 보이콧했다는 주장에도 분명하게 나타난다.

주목해야 할 포스트소비에트 시대의 러시아 영화, 그중에서도 푸틴 시대에 나온 카프카스 관련 영화 작품은 야로폴크 라프신(Ярополк Лапшин)이 우랄 지역의 '스베르들로프 영화 스튜디오'(Свердловская киностудия)에서 제작한 『이류』(2003)이다. 이 작품에서는 한 등장인물의 아버지가 경찰로 카프카스에서 싸우다 죽었다는 사실이 짧게 언급되고 있기는 하지만, 카프카스 공간이 전쟁이나 전투와 같은 극단적 유혈 투쟁의 직접 배경으로는 전혀 나타나지 않을 뿐만 아니라, 영화 서사 전체에서도 물리적 존재가 최소화되어 있다. 바꾸어 말하자면, 이 영화에서는 카프카스의 타자성이 물리적 공간의 실체적 이미지로는 서사의 허두에서만 나타나고 그 이후부터 서사 내용에서 거의 사라진다. 이후 영화 서사에서 카프카스의 타자성은 카프카스 출신의 주인공이 모스크바와 다른 지역들에서 러시아 사람들과 겪게 되는 일련의 상황 속에서 드러난다.

이처럼 라프신의 『이류』는 직접적으로든 간접적으로든 카프카스의 타자성을 다루는 포스트소비에트 시대의 많은 러시아 영화에서 특별한 위치를 차지한다. 무엇보다도 먼저 『이류』는 이 시기 러시아 영화들에서 압도적으로 나타나는 카프카스라는 '타자의 얼굴'에 대한 부정적 인식을 긍정적으로 바꿔놓고 있다는 점에서 특별한 주목을 요한다. 이 영화는 특히 러시아의 타자로서 카프카스의 의미 공간을 중심에 두고 그와 관련한 소비에트 및 포스트소비에트 시대의 몇몇 영화들과 대화 관계를 형성하고 있다는 점에서도 영화사적으로 매우 중요한 의의를 지닌다. 그럼에도 이 영화에 대해서는 지금까지 러시아에서는 물론이고 서구에서도 비평적 고찰이나 본격적 연구가 전혀 나오지 않았다. 따라서 이 글에서는 라프신의 『이류』에서 카프카스가 어떻게 타자화되어 있는지를 먼저 살펴보고, 그런 다음 러시아의 타자로서 카프카스에 대한 일반적 인식이나 고정관념이 어떻게 극복 또는 전복되고 있는지에 대해서 본격적으로 분석할 것이다. 이 글은 현대 러시아 영화의 카프카스 이미지 연구에서 노정된 공백상태를 메우고 러시아의 타자로서 카프카스에 대한 새로운 인식의 지평을 열어준다는 점에서 일정한 학문적 의의를 지닌다.

2. '카프카스 민족의 얼굴': 악마화와 형제애 사이

이미 언급하고 강조했듯이 포스트소비에트 러시아 영화에서 카프카스는 전쟁이나 전투의 극단적 상황에서 부정적 이미지로 점철되어 나타나는 경우가 적지 않다. 하지만 바로 이 점에서 야로폴크 라프신의 영화 『이류』(2003)는 하나의 예외로 특별히 주목할 만하다.[12] 영화는 시작하

12 영화 제목으로 사용된 "이류"는 산사면이 폭우나 장마 때문에 물로 포화되어 흘러내리는 현상으로 토석류라고도 불린다. 산사태의 일종이기도 한 이류가 발생할 경우 인명과 재산 피해를 동반하곤 하는 커다란 재앙이 일어나곤 한다. 이와 관련하여 언급해야 할 중요한 사실은 이류가 영화 제목으로 사용되게 된 사연이다. 겐나디 보카레프(Геннадий Бокарев)의 시나리오 『안녕, 형제여!』(Здраствуй, брат!)를 바탕으로 2003년 스베르들로프 영화 스튜디오(Свердловская киностудия)에서 출시한 영화 『이류』는 초반에 등장하는 카프카스 현지 장면을 2002년 9월 북오세티야의 알라기르스코예 협곡(Алагирское ущелье)에서 촬영했다. 이 영화 편집인의 말에 따르면 이곳으로부터 멀지 않은 카르마돈스코예 협곡(Кармадонское ущелье)에서도 1996년 『카프카스의 포로』를 선보인 감독의 아들 세르게이 보드로프 주니어가 모스필름(Мосфильм) 촬영단과 함께 감독으로서 영화를 찍고 있었다. 그런데 이때 갑자기 이류가 발생하여 그곳에 있던 보드로프 주니어를 포함한 많은 사람을 한 순간에 덮쳐 생명을 앗아갔다. 바로 이 소식을 접하고 나서 『이류』의 감독 라프신은 시나리오 제목 "안녕, 형제여!"를 "이류"로 바꿨다. 이처럼 라프신이 영화 제목을 "이류"로 변경한 것은 『카프카스의 포로』, 『형제』, 『형제 2』(Брат 2, 2000) 등 여러 영화의 주인공을 맡아 국민적 숭배를 받은 배우로서도, 『자매들』(Сестры, 2001)을 연출하여 호평을 받았던 신예 감독으로서도 전도유망했던 보드로프 주니어에 대한 애도의 뜻을 담고 있는 것으로 볼 수 있다. 다른 한편으로 『이류』가 보드로프 주니어와 갖는 관계에서 아이러니한 점은 이 영화에서 라프신이 보드로프 주니어가 주인공 다닐라 역으로 순진무구한 이미지를 띠면서도 잘 훈련된 전사처럼 카프카스 출신 건달들을 제압하는 모습으로 나오는 알렉세이 발라바노프의 1998년 영화 『형제』에 나타난 러시아의 '배타적 형제애'에 맞서 다닐라처럼 순박하지만 육체적으로 강인한 카프카스 사람 아흐메트를 내세워 '보편적 형제애'로 보이지 않는 논쟁을 펼치고 있다는 것이다. 한편, 『이류』는 러시아 영화계의 상업적 흥행이나 비평적 고찰에서도 특별한 주목을 거의 받지 못했다. 특히, 카프카스와 관련해서 뿐만 아니라 영화 자체에 대한 평가에서도 지금까지 간단한 영화평도 나오지 않았다.

자마자 약 10분에 걸쳐 카프카스 풍경을 파노라마로 제시하는데, 여기에는 전쟁이나 전투 상황을 직접 연상시킬 만한 어떤 긴장이나 갈등 분위기도 존재하지 않는다. 『이류』가 1차 체첸전쟁이 막을 내렸던 1996년에서 그루지야 전쟁 발발 이후 2009년까지 카프카스를 직접 다루거나 간접 배경으로 삼고 있는 영화들과 분명하게 구별되는 것도 이 때문이다. 특히, 이 시기 카프카스를 다룬 영화의 압도적 다수에서 카프카스를 군사적 갈등과 충돌의 현장으로 설정하고 있고, 그중 일부 작품에서는 서사 초반부터 전쟁 관련 상황을 직접 보여준다는 사실을 상기한다면 차이점은 더욱 뚜렷해진다.

물론 『이류』는 서사의 시작과 함께 만년설을 이고 있는 카프카스의 아름다운 고산준령을 연이어 보여준다는 점에서 카프카스의 빼어난 풍광을 제시하는 여느 러시아 영화와 크게 다르지 않다. 그러나 카메라의 시선이 험준한 카프카스 산악 계곡의 급류를 따라 아래쪽으로 서서히 이동하다가 갑자기 고정되는 지점에서 무엇인가 예사롭지 않은 상황이 눈앞에 펼쳐진다. 바꾸어 말하면, 이 대목에서 관객은 신비적 자연미를 뽐내는 매혹적 자태의 경관도, 전쟁과 같은 극단적 상황에서 외부세력의 침입으로 빚어진 비극적 참상의 폐허도 아닌 전혀 다른 무엇인가와 맞닥뜨린다.

실제로 『이류』에서 카메라는 카프카스를 표상하는 대표적 시각 이미지 가운데 하나인 카프카스 산악의 만년설부터 보여주기 시작한다. 이런 점에서 이 영화는 알렉산드르 로고시킨의 영화 『검문소』의 시작 장면과 흡사하다. 그런데 곧이어 산악 계곡의 급류와 함께 점점 크게 들려오는 배경음악은 러시아 낭만주의 시학에서 두드러지는 카프카스의 숭고한 자연미를 환기하기보다는 오히려 정체를 알 수 없는 불길한 느낌을 고조시킨다. 이러한 예감은 카메라가 9번째 쇼트에서 급류에 휩쓸린 계곡 바위 위에 말없이 앉아 있는 주인공 아흐메트(Ахмет)의 얼굴을 클

〈그림 1〉 카프카스 파노라마

로즈업하고 곧바로 그의 시선을 통해 폐허가 된 마을 집들을 몽타주 형식으로 하나씩 빠르게 보여줄 때 마침내 가시화된다. 카메라는 영화의 제목에 드러나 있듯이 '이류'에 휩쓸려 삽시간에 폐허로 변한 산간 마을의 비극적 풍경에 초점을 맞춘다. 이처럼 자연재해를 전경화한다는 점에서 『이류』는 카프카스를 똑같은 공간적 배경으로 삼고는 있지만, 전쟁의 참상을 서사의 중심에 놓고 있는 다른 영화들과 근본적으로 다르다. 여기에는 전쟁 상황으로 생성된 카프카스의 악마적 이미지가 아니라 자연재해로 빚어진 카프카스의 비극적 이미지가 크게 도드라져 있기 때문이다.

다른 한편, 『이류』는 카프카스 공간이 1시간 30분 상영시간 중 약 10분에 걸쳐 최대한 짧게 제시되고 있다는 점에서, 달리 말하자면 카프카스 출신 주인공의 주요 행위가 대부분 카프카스 밖에서 일어나고 있다는 점에서 카프카스를 직접 배경으로 삼고 있는 동시대의 다른 많은 영화와 일정한 차이점을 드러낸다. 예기치 않은 자연재해로 집과 가족 모두를 잃고 실의에 빠진 아흐메트가 애면글면 기른 양 떼를 모두 처분하고 세상에서 유일한 혈육인 이복형제를 찾아 모스크바로 곧이어 떠날 때 물리적 타자의 공간으로서 카프카스는 화

〈그림 2〉 이류에 휩쓸린 마을 앞의 아흐메트

면에서 거의 사라진다. 이런 측면에서 『이류』는 전쟁 상황이 자주 언급되고 있기는 하지만, 직접 제시되고 있지는 않은 파리드 굼바토프의 영화 『카프카스』(2007)와 좋은 비교 대상이 된다.

굼바토프의 『카프카스』에서는 전쟁 중 실종된 남편을 잃은 여주인공이 시어머니와 함께 카프카스를 떠나 고향 모스크바로 향하는 기차여행 도중에 줄곧 카프카스에서 보낸 아름답고 행복했던 과거를 회상하는데, 카프카스의 공간은 이러한 플래시백 기법을 통해서 영화 서사의 현재 속으로 끊임없이 끼어든다. 하지만 『카프카스』에서와는 달리 『이류』에서 주인공 아흐메트의 모스크바 기차여행은 꿈의 무의식 세계를 통해서 순간적으로 나타났다 사라지는 거센 이류의 흐름과 죽은 아내의 모습을 제외하면 카프카스의 물리적 공간을 영화 서사의 현재 속으로 전혀 끌어들이지 않는다. 그 대신 영화는 아흐메트와 같은 기차를 타고 가는 카프카스 사람들의 모습이나 태도를 보여주면서 러시아의 타자로서 카프카스가 갖는 이미지를 실체적 공간의 부재 속에서 드러내기 시작한다.

이처럼 자연재해로 가족 모두를 순식간에 잃은 서른 살의 주인공 아흐메트가 이복형제를 찾아 기차를 타고 모스크바로 향할 때, 영화 서사에서 물리적, 공간적 타자로서 카프카스 이미지는 거의 사라지고 그 대신 인종적, 문화적 타자로서 카프카스 이미지가 등장한다. 이것은 아흐메트가 넓은 객차 칸에 홀로 우두커니 앉아 있는 모습을 보고 다른 카프카스 남자가 찾아와서 함께 보드카를 마시고 음식을 나눠 먹으며 가도 되느냐고 묻는 장면에서부터 찾아볼 수 있

〈그림 3〉 열차에서 술판을 벌이는 카프카스 사람들

다. 실제로, 곧이어 다섯 명의 남자가 아흐메트의 열차 칸에서 술판을 벌이며 여러 가지 이야기를 나누기 시작한다. 그리고 이때 러시아의 인종적, 문화적 타자로서 카프카스 이미지는 무엇보다도 전통적인 복장에서부터 전형적인 얼굴에 이르기까지 이들의 외관을 통해서 시각적으로 명시화된다.

다음으로, 인종적, 문화적 타자로서 카프카스 이미지는 그들 중 한 사람이 아흐메트에게 무슨 일로 모스크바에 가느냐고 묻는 말에 아흐메트가 '형제'를 찾기 위해 모스크바에 간다고 대답할 때 언어적으로 다시 한 번 표면화한다. 아흐메트의 맞은편 가운데에 앉아 있는 남자는 아흐메트에게 그의 형제가 이미 죽었거나 아메리카로 떠났을 것이기 때문에 모스크바에서는 아무도 그를 기다리지 않는다고 말한다. 또한, 이 남자는 "이곳[카프카스]에서는 사람(человек)이지만 그곳[모스크바]에서는 추치메크(чучмек)[13]"일 뿐인 "자네 얼굴"에 그곳 사람들이 "카프카스 민족의 얼굴!"이라는 말을 "써놓을 것일세"라고 아흐메트만이 아니라 동석한 사람도 모두 들으라는 듯 큰 소리로 말한다. 이어서 남자는 지금까지 고향을 한 번도 떠난 적 없었고, 따라서 모스크바에 한 번도 가본 적 없는 아흐메트에게 러시아의 수도 모스크바라는 '국가 속의 국가'에서 자신과 같은 카프카스 출신의 이방인이 자의 반, 타의 반으로 사회적, 경제적 공간의 주변부에 놓일 수밖에 없는 현실을 개탄한다.

여기서 알 수 있듯이 카프카스는 물리적, 공간적 타자의 이미지 대신 인종적, 문화적 타자의 이미지로 시종일관 제시된다. 그러나 주변의 다른 카프카스 사람들과 마찬가지로 주인공 아흐메트 역시 전형적인 '카프카스 민족의 얼굴'을 하고 있음에도 여기에서 그는 인종적, 문화적 타

13 '추치메크'는 러시아 젊은이들이 사용하는 새로운 속어로서 일차적으로는 '카프카스나 중앙아시아 출신 사람'을 의미하고, 이차적으로는 '단순하게 말하면서 현실을 미온적으로 인식하고, 둔하거나 엉뚱하게 대답하는 사람'을 가리킨다. 이 말 속에는 카프카스 출신을 조롱하고 비하하는 정서나 태도가 담겨 있다.

자의 이미지에 새겨진 부정적 의미의 이념체계로부터 벗어나 있는 것으로 암시된다. 이는 술자리에 동석한 사람 대다수가 보드카를 마시면서 아흐메트에게도 함께 마시자고 계속 권유해도 이를 완강하게 거부하는 그의 태도에서부터 드러나기 시작한다. 이처럼 한 모금의 술도 입에 대지 않는 아흐메트의 태도는 다음날 러시아의 또 다른 타자인 우크라이나 남자가 그에게 찾아와서 보드카를 함께 마시자고 권유해도 계속 거절하는 장면에서도 되풀이된다.[14] 또한, 이러한 음주 거부는 친절한 여차장이 식당 칸으로 아흐메트를 초대하여 정중히 권하는 코냑 술잔을 그가 단호히 사양하고 그 대신 차를 마시는 장면에서도 재차 강조된다. 이와 관련하여 주목해야 할 것은 여느 카프카스 사람과는 달리 술을 입에 대지 않는 아흐메트의 금욕적이고 원칙적인 자세가 '카프카스 민족의 얼굴'로 표상되는 부정적 이미지의 의미체계와 내면화로부터 그가 벗어나 있다는 사실을 암시적으로 뒷받침해준다는 점이다.[15]

더욱 흥미롭게도 아흐메트가 마침내 쿠르스크 역을 통해 모스크바에 도착한 직후 부근 경찰서 유치장에 곧바로 갇히게 되는 상황, 달리 표현하면 그가 모스크바에 도착하자마자 수상쩍은 '이주자'(приезжий)이자 '이방인'(чужак)으로 몰려 졸지에 모스크바의 '카프카스 포로'가 되는

14 우크라이나 남자가 아흐메트를 보고 어디로 가느냐고 묻고 그로부터 모스크바에 간다는 대답을 들었을 때, 또 열차가 러시아와 우크라이나 국경 도시 '하리코프(하리키프)'를 통과할 때 우크라이나 남자가 아흐메트에게 두 번에 걸쳐 대러시아인을 뜻하는 '모스칼'(Москаль)이라는 말을 반복한다. 이 말을 액면 그대로 해석하면 국적상 러시아 연방 시민인 아흐메트는 대러시아인이라는 뜻이고 자신을 '호홀'(Хохол)로 부르는 '우크라이나인'은 '소러시아인'이라는 뜻이다. 따라서 표면상 두 사람은 대러시아 사람과 소러시아 사람으로 구분되지만, 아흐메트 역시 본질상 대러시아인이 아님을 암시적으로 강조한다.

15 하지만 영화에서 아흐메트가 술을 전혀 마시지 않는 것으로 제시되지는 않는다. 우크라이나 남자와의 대화 장면 마지막에 가서 아흐메트는 마침내 술잔을 받는데, 이때 술잔의 의미는 그 이전과는 다른 맥락에서 파악해야 한다. 열차가 하리코프에 도착했을 때 아흐메트는 자기 할아버지가 2차 세계대전 중 이 영웅도시에서 벌어진 전투에 참전했다는 것을 기억하고 이를 기념하기 위한 마음으로 열차에서 잠시 내리려고 하지만 여자 승무원에게 제지당한다. 하리코프는 러시아 영토가 아니기 때문이다. 아흐메트는 다시 차칸으로 돌아가 우크라이나 남자에게 결연한 표정으로 술잔을 내미는데, 이는 평소 전혀 술을 마시지 않는 아흐메트에게는 분명 예외적인 것이지만, 아무 때나 경우를 가리지 않고 홍청망청 술을 마시는 여느 사람들의 음주와는 다른 의미를 갖는다.

상황에서 그의 또 다른 내적 성격이 드러난다. 여차장의 조언을 귀담아들은 아흐메트는 쿠르스크 역사를 나서자마자 발견한 경찰관에게 다가가 자신을 경찰서로 안내해 달라고 요청한다. 아흐메트가 이렇게 요청한 까닭은 모스크바에 도착하면 거주등록이 급선무인데다 이복형제를 찾기 위해서는 경찰서에 알아보는 것이 가장 신속하고 안전하다는 여차장의 판단과 조언 때문이었다. 하지만 거리에서 만난 경찰은 이런 아흐메트에게 다짜고짜 신분증부터 제시하라고 요구하고 신분증을 받아 살펴본 후에는 이해할 만한 어떤 설명도 하지 않은 채 신분증법을 어겼다고 일방적으로 말하면서 그를 경찰서 유치장에 가둬버린다. 그러나 이내 밝혀지고 있듯이, 니콜라이로 불리는 이 경찰관이 아흐메트를 경찰서 유치장에 가두는 행위는 '카프카스 민족의 얼굴'을 한 사람에 대한 근거 없는 인종 편견과 차별에서 비롯된 것이다. 니콜라이는 모스크바가 카프카스가 아니라는 것을 아흐메트에게 즉시 가르쳐주기 위해서, 다시 말해 타자이자 약자인 그에게 본때를 보여주기 위해서 그를 유치장에 가두었다고 태연하게 말하고 있기 때문이다.

한편 이보다 앞서 유치장에서는 아흐메트가 다른 네 명의 수감자 사이에 섞여 자리를 잡는 모습이 제시된다. 그런데 아흐메트가 유치장 문을 들어서는 순간 세 명의 부랑자 청소년 가운데 한 명이 그를 보고 '카프카스 민족의 얼굴'이 들어온다고 소리친다. 특히 산카(Санька)로 불리는 한 소년(산카는 나중에 남장 여자로 밝혀진다)은 '카프카스 민족의 얼굴'을 한 아흐메트에게 극도로 적대적인 태도를 보이면서 "나는 카프카스 사람들이 모두 싫어. 나는 그들을 증오해"라고 가시 돋친 말을 아흐메트에게 서슴없이 퍼붓는다. 하지만 아흐메트는 산카의 도발에 동요하거나 흥분하지 않고 "아무 해도 끼치지 않은 내게 왜 그러느냐"고 차분한 모습으로 산카에게 말한다. 이런 그의 침착한 태도에 더욱 표독해진 산카는 성난 이리처럼 아흐메트에게 달려들지만, 함께 있던 다른 사람들이 그를 만류하고 나선다. 산카의 호전성은 경찰이었던 그의 아버지가 체첸전쟁으로 추정되는 전쟁에서 카프카스 사람들에 의해 살해되었다는 개인적 상처와 원한에서 연유한다. 그렇지만 이것은 경찰 니콜라이와 산카의 두 친구가 보여준 것처럼 모든 '카프카스 민족의 얼굴'들을 대하는 러시아 사람들의 일반적 정서와 태도가 극단적으로 표면화한 것이기도 하다.

그런데 여기서 강조해야 할 것은 이런 주변 사람들의 부정적 시선이나 적대적 태도에도 아흐메트는 악의에 대해서는 선의로, 호전적 공격에 대해서는 비폭력 무저항으로 일관한다는 점이다. 이런 그의 이미지는 유치장 안에 있는 모든 사람이 순수한 그를 바보 얼간이 취급하듯 비웃고 놀리는 대목에서도 찾아볼 수 있다. 유치장 안에서 외관상 분명히 성직자처럼 보이지만, 하는 말을 들어보면 광인처럼 보이는 중년 남자가 니콜라이 2세(Николай 2)가 와서 아흐메트를 곧 석방해줄 것이라고 말한다. 그러자 아흐메트는 황제의 성이 왜 숫자냐고 그에게 사뭇 진지하게 물어보는데, 이런 그의 모습에 유치장 안의 모든 사람이 어이없다는 듯이 웃음을 터뜨린다. 이런 식으로 아흐메트는 모스크바에 도착하자마자 경찰서 유치장에 갇혀 졸지에 '카프카스 포로'가 된 상황에서도 결국 '카프카스 민족의 얼굴'이라는 자신의 외면적 이미지에 속박되지 않고 내면적 진정성과 순수성, 선량한 언행 자체만으로도 주변 사람들의 비뚤어진 시선과 고정관념을 극복하고, 더 나아가 산카와 같은 가장 적대적인 사람들까지도 자신에게 가장 호의적인 사람으로 돌아서게 한다.

실제로 그의 진심과 결백을 아는 경찰 상관의 올바른 판단과 적절한 조치로 유치장에서 풀려난 아흐메트는 이후 자기 '형제'를 찾아 만나기까지 겪는 온갖 시련과 역경 속에서도 누가 되었든지 간에 가리지 않고 주변 사람들에게 자발적 선행을 묵묵히 사심 없이 보여줌으로써 '카프카스 민족의 얼굴'에 아로새겨진 부정적 이미지를 자연스럽게 희석하거나 불식하는 모습으로 묘사된다. 이와 관련하여 주목해야 할 것은 경찰 상관이 유일한 혈육인 이복형제를 찾기 위해 무조건 모스크바로 상경했을 뿐이라는 아흐메트의 사연을 듣고 나서 그를 도와줄 셈으로 이복형제의 소재를 파악하는 동안 그에게 모스크바 시내를 구경하고 오라고 권하는 대목이다. 이 대목은 러시아 사람들이 카프카스 출신 사람들을 대하는 일반적 태도, 다시 말해 그들이 '카프카스 민족의 얼굴'에 대해 갖고 있는 고정된 이미지가 무엇인지를 가장 잘 보여주는 중요한 장면 가운데 하나이기 때문이다.

이윽고 경찰 상관의 권유에 따라서 아흐메트는 쿠르스크 역 부근 거리로 나가 모스크바의 낯선 도시 풍경을 둘러보는데, 이때 중년의 러시아 여자 두 명이 그에게 다가와서 자신들의 물건을 옮기는 일을 도와줄 수 있느냐고 묻는다. 물론 아흐메트는 두 사람의 부탁을 기꺼이 들어주는데, 그들이 말하는 물건은 네 개의 보따리로 대단히 크고 무거웠을 뿐 아니라 옮겨야 하는 거리도 4km 이상으로 상당히 멀었다. 그런데도 아흐메트는 두 여자가 있는 힘을 다해도 하나도 제대로 옮기기 어려운 물건을 세 개씩이나 등에 지고 먼 거리를 한 번도 쉬지 않고 단숨에 옮겨준다. 이런 괴력의 아흐메트에게 두 사람은 그가 '진짜 낙타'이자 '트랙터' 같다며 탄성을 지르면서 수고비를 내민다. 그러나 이들의 예상을 깨고 아흐메트는 당연한 도움을 주었을 뿐, 일을 한 것이 아니므로 돈을 받을 수 없다고 말하면서 그들이 건네는 수고

〈그림 4〉 괴력을 발휘하는 아흐메트의 모습

비를 사양한다. 이와 함께 그는 사람들이 도움을 주는 행위는 보답을 바라고 하는 것이 아니라고 강조한다. 여기서 짐작할 수 있는 것처럼, 모스크바 거리에서 '카프카스 민족의 얼굴'은 러시아 사람들에게 일자리를 찾는 사람 그 이상의 존재로는 좀처럼 인식되지 않는다. 이는 중년의 두 여자가 거리에 서 있는 아흐메트를 처음 발견했을 때 그를 바라보는 고정관념에서 극명하게 드러난다. 이들은 '카프카스 민족의 얼굴'로 거리에 서 있는 아흐메트가 당연히 일거리를 찾고 있을 것으로 판단하고 그에게 자기네 물건을 옮겨주면 사례비를 줄 요량이었다. 그렇지만 그들이 기대했던 것과는 아주 다르게 아흐메트는 거리에 서서 일거리를 찾고 있는 것이 아니라 단순히 모스크바를 구경하고 있을 뿐이라고 말한다. 그러자 두 여자는 "카프카스에서 왔는데도 이렇게 한가하게 서서 구경하고 있는 것을 보니 당신은 거만하거나 아니면 돈이 많은가 보네요"라고 비아냥거리듯 말한다. 두 사람의 태도는 '카프카스 민족의 얼굴'을 바라보는 비뚤어진 시선을 적나라하게 보여준다. 그러나 이처럼 그릇된 시선은 아흐메트의 예의 바르고 선량한 언행을 통해 조금씩 변화한다.

그런데 매우 흥미롭게도 아흐메트가 자신과 같은 '카프카스 민족의 얼굴'에게 갖고 있던 기대지평도 여지없이 무너진다. 아흐메트는 물건을 옮겨주고 나서 부근 시장을 둘러보던 중 그의 눈에 띈 청과 노점상이 외견상 분명히 카프카스 출신인 것을 보고 다가가 친근감을 표시한다. 하지만 상인은 아흐메트가 동향 사람이라는 구실로 돈을 뜯어내려는 줄로만 알고 그의 살가운 태도조차도 냉정하게 외면한다. 이와 함께 "카프카스에서 왔으면 친척이나 다름없지 않습니까?"라는 아흐메트의 말에 상인은 그렇게 말하면 세상 모든 사람이 친척이 된다고 귀찮다는 듯이 퉁명스럽게 대꾸한다. 그런데 이와 관련하여 주목해야 할 것은 『이류』에서 라프신이 전달하고자 하는 중요 메시지 가운데 하나가 아흐메트와 상인 사이의 대화 속에 숨어 있다는 점이다. 영화 서사의 플롯을 이끄는 혈연관계에서의 '형제 찾기'(혹은 동향관계에서의 '친척 찾기')가 궁극적으로는 인종적 편견이나 타자의 경계구분을 넘어서는 보편적 차원의 형제애 탐색으로 수렴되기 때문이다.

이러한 차원은 아흐메트가 그의 진정성을 느끼고 어느새 자기편으로 돌아선 산카의 자발적인 도움을 받으면서, 또 그 자신도 순수한 동기에서 다른 사람들을 계속 도와주면서 마침내 그의 형제를 찾아 만나는 장면 직후부터 형성되기 시작한다. 아흐메트는 쿠르스크 역 부근 경찰서 상관의 도움으로 그의 이복형제가 대형 금융 사기죄로 모스크바에서 멀리 떨어진 우랄 지역의 중범죄자 집단수용소에 갇힌 것을 알아낸다. 이후 그는 일반인의 면회가 쉽지 않은데도 면회를 흔쾌히 주선해준 경찰 상관 덕분으로 산카와 함께 수용소까지 기차를 타고 또 다른 긴 여행을 떠난다. 이 과정에서도 역시 그는 모스크바 기차역에서 만난 미지의 불쌍한 할머니에게 인간적 연민을 느끼면서 적지 않은 돈을 선뜻 내주기도 한다. 곧이어 아흐메트는 '카프카스 민족의 얼굴'을 한 그에게 편견을 갖고 있던 열차 차장의 닫힌 마음까지도 열어놓는다. 실제로 아흐메트가 산카와 함께 우랄 행 열차를 타고 갈 때 열차 차장은 카프카스 사람으로 기골이 장대한데다가 타자의 전형적 외모를 띠고 있는 아흐메트에게 처음에는 경계의 눈길을 보낸다. 하지만 아흐메트를 향한 차장의 그릇된 시선은 시간이 흐르면서 아흐메트의 선량한 인간성을 알아보고 그에게 마음의 문을 연다.

〈그림 5〉 카프카스 출신의 과일상과 아흐메트

그 다음에도 아흐메트의 인간적 태도와 자발적 선행은 계속 이어지는데, 열차에서 내려서 수용소를 찾아 걸어가는 도중에 그는 어떤 트럭의 뒷바퀴가 길가에 박혀 난처한 상황에 빠진 것을 발견하고 도와준다. 이때 그는 모스크바 쿠르스크 역 부근에서 두 러시아 여자의 짐을 옮겨주면서 보여줬던 것처럼 엄청난 괴력을 다시 한 번 발휘하여 단숨에 트럭을 들어 올려 길에 빠진 바퀴를 빼낸다. 러시아 트럭 주인은 이런 그의 모습에 놀라움과 함께 고마움을 동시에 표시하면서 아흐메트와 산카를 친절하게 트럭에 함께 태워 행선지까지 데려다준다. 그러나 아흐메트는 다시 수용소로 가던 도중 한 시골 식당에서 '카프카스 민족의 얼굴'에 대한 인종적 편견과 적대 행위에 직면한다. 식당에서 만난 러시아 시골 남자들이 아흐메트가 그들과 '다른 얼굴'의 카프카스 출신 사람인 것을 보고 그에게 흉기를 휘두르기 때문이다. 이런 폭력 행위에 아흐메트는 철저히 방어적 입장만 고수한다. 하지만 결국 그는 식당에서 나온 뒤에 어두운 밤을 틈타 다시 공격해온 인종혐오주의자들에게 집단폭행을 당하고 심각한 부상을 입는다.

이후 아흐메트는 다행히도 인근 농가 사람들의 친절한 도움으로 부상에서 회복한다. 그런데 이와 관련하여 주목할 점은 일종의 로드무비에서처럼 카프카스에서 출발하여 모스크바를 거쳐 우랄까지 이어지고 다시 우랄에서 모스크바를 커쳐 카프카스로 돌아가는 아흐메트의 모험적 여행에서 우랄의 공간이 중요한 전환점을 형성한다는 사실이다. 특히 아흐메트가 집단 폭행으로 심각한 부상을 입고 혼수상태에 빠졌다가 러시아 농가 안주인의 지극정성과 치료 덕분으로 다시 깨어난다는 점에서 우랄은 서사구조에서나 아흐메트의 인생여정에서도 중대한 분기점으로 기능하면서 삶과 죽음 사이의 경계 공간으로 설정되어 있다. 죽음의 문턱에 가까웠던 위기를 겪은 아흐메트는 치료받고 새로운 삶을 얻은 것처럼 깨어나서 수용소를 방문한 이후 혈연적 형제 찾기가 아닌 보편적

〈그림 6〉 아흐메트와 파티마

형제 탐색의 길로 들어서는데, 이런 점에서 우랄은 아흐메트의 의사-죽음 이후 새로운 삶으로 나아가는 갱생의 공간이라고 할 수 있다.

이 밖에도 우랄은 영화 속에서 물리적, 육체적 측면에서뿐만 아니라 추상적, 정신적 측면에서도 '치유의 공간'으로 의미화되어 있다. 여기서 치유가 갖는 의미의 외연은 아흐메트가 입은 육체적 부상의 치유에서 인종 편견과 차별, 폭력에 직간접적으로 연관된 모든 사람들의 정신적 상처의 치유로까지 확장된다. 이런 의미에서 시골 농가로 대표되는 우랄 지역은 관용과 포용의 공간으로도 해석할 수 있는데, 이처럼 중요한 의미론적 기능은 농가 안주인에게서 경우에서 분명히 알 수 있는 것처럼 대부분 여성이 담당한다. 실제로 『이류』에서는 처음부터 끝까지 아흐메트의 중요한 조력자로 등장하는 사람들은 대다수가 여성이다. 카프카스에서 아흐메트가 기차역까지 갈 때 도와주는 사람은 동향의 파티마이고, 카프카스에서 모스크바까지 다시 모스크바에서 카프카스까지는 여차장이고, 모스크바에서 우랄까지 다시 우랄에서 모스크바까지는 남장 여자인 산카이며 우랄에서는 농가 여주인이다. 여기에서 알 수 있듯이, 이 영화에서는 여성성(혹은 모성성)이 두드러지게 나타나고 있는데, 영화 속 주요 여성 인물은 모두 관용과 포용의 이미지로 제시된다.

〈그림 7〉 아흐메트와 여차장

이처럼 갖은 우여곡절 끝에 마침내 그는 수용소에 도착하여 오매불망 만나고 싶었던 이복형제를 찾아 뜨겁게 얼싸안는다. 그러나 형제의 가슴 벅찬 상봉은 이것으로 곧 막을 내린다. 면회 이후 아흐메트가 산카에게 전한 말에 의하면, 두 형제 사이에는 공통의 언어가 더는 존재하지 않고 깊은 심연만이 가로놓여 있었기 때문이다. 이런 식으로 실망스럽게 끝난 아흐메트의 "나의 형제" 찾기는 면회를 기점으로 혈연적 형제애가 아닌 보편적 형제애로 변화한다.[16] 이 점은 그가 모스크바를 떠나 카프카스로 되돌아가는 열차에 오르기 직전에 다시 만난 여차장을 산카에게 "나의 누이"라고 소개하고 또 산카를 여차장에게 "나의 형제"라고 부르는 대목에서 잘 뒷받침된다. 그러나 여기서 특기할 것은 산카가 남자가 아닌 여자였다는 사실이다. 그때까지 산카가 남자인 줄로만 알고 형제로서 자신과 함께 카프카스에 가서 함께 살자고 제안했던 아흐메트에게 마지막 순간 밝혀진 비밀은 사실 충격적이었다. 하지만 영화는 다음 이야기를 자세히 들려주지 않는다. 이 사실을 산카의 입을 통해 직접 들은 아흐메트가 구체적 반응을 보이지 않고 막 출발하기 시작한 열차를 향해 서둘러 달려가는 것으로 영화는 대단원의 막을 내리고 있기 때문이다. 이런 점에서 여자로 밝혀진 산카가 아흐메트를 따라나서지 않은 것은 스탈린 시대의 영화『돼지치기 처녀와 양치기 총각』에서처럼 러시아 여자와 카프카스 남자의 행복한 결혼으로 끝나는 낭만적 해피엔딩의 가능성을 차단한 것인 동시에, 영화 속에 암시되었던 보편적 형제애에 대한 역설적 재강조로도 볼 수 있다.

〈그림 8〉 산카, 농가 여주인, 아흐메트

16 여기서 '보편적 형제애'는 특정 이념이나 고정관념 등에 침윤되지 않고, 관습이나 이해관계 등에 좌우되지 않은 인간관계를 의미한다.

보편적 형제애가 강조되는 영화 『이류』는 민족주의 색채와 배타적 형제애가 짙게 깔린 알렉세이 발라바노프의 영화 『형제』와 비교할 때 포스트소비에트 러시아 영화의 카프카스 이미지에 대한 논의에서 특히 새로운 의미로 다가온다. 발라바노프의 영화에서 주인공 다닐라는 페테르부르크의 한 버스 안에서 '카프카스 민족의 얼굴'을 하고 있고 카프카스 억양으로 러시아어를 구사하는 두 명의 건달이 러시아 처녀를 희롱하고 버스 안내원의 요금청구를 거부하는 광경을 지켜보다 그들에게 조용히 다가가 권총을 들이민다. 그러자 두 건달 중 한 명이 곧바로 "형제여, 제발 나를 죽이지 말아요"라고 애원하자 다닐라는 "난 네 형제가 아니야, 이 쓰레기 같은 놈아"라고 대꾸한다. 여기서 알 수 있듯이, 발라바노프의 영화에서는 '카프카스 민족의 얼굴'을 한 타자의 부정적 이미지가 크게 두드러져 있는 동시에 다른 얼굴색의 인종적 타자를 완전히 배제하는 러시아의 배타적 형제애도 함께 나타나 있다. 이처럼 라프신의 영화는 포스트소비에트 시대 러시아 영화의 카프카스 이미지 구성에서 발라바노프의 영화를 포함한 다른 많은 영화와 사뭇 다른 이념적 노선을 지향한다. 라프신이 영화 언어로 쓴 '타자의 윤리학'에 따르면, 우리는 얼굴색이 다른 내부의 타자까지도 대범하게 인정하고 포용하면서 사물의 질서를 새롭게 바라볼 때 더 큰 갈등과 혼란, 비극을 줄일 수 있다.

3. 나가는 말

태생 직후 초창기부터 포스트소비에트 시대까지 러시아 영화에서 카프카스는 러시아의 영원한 타자로서 중요한 영화사적, 문화사적 의미가 있다. 러시아 영화에 처음 등장할 때부터 카프카스는 러시아의 정체성과 관련하여 특히 중요한 문화적 의미 공간을 형성했다. 19세기 제국주의 전통에서는 주로 '고상한 미개인'의 땅으로 인식되었던 카프카스가 20세기, 특히 스탈린 시대에 들어와서는 '민족우호'의 기치 아래 낭만적 타자의 공간으로 이상화되었다. 따라서 적어도 소비에트 체제 해체 이전까지 러시아 영화에서 카프카스는 갈등과 적대의 현장으로서보다는 상생의 우호 공간으로 제시되는 예가 대부분이었다. 그러나 소련 붕괴 이후, 특히 1994년 체첸전쟁이 발발한 이후 현재까지 많은 러시아 영화에서 카프카스는 긴장과 갈등, 적대와 폭력이 난무하는 위험한 타자의 공간으로 바뀌었고 이 지역 출신 사람들에 대한 인식 수준도 급격히 악화되었다. 이렇게 악화된 카프카스 이미지는 이 지역 출신들이 모스크바나 페테르부르크 등 러시아 대도시에서 이주노동자나 영세 상인으로 생활하면서 보여주었던 일상의 부정적 행태에 의해서도 심화되었다. 게다가 모스크바 도심에서뿐만 아니라 다른 지방 도시 등에서도 종종 벌어지는 체첸의 테러행위는 러시아 영화에서 카프카스의 악마화 흐름에 기름을 붓는 격이었다.

이처럼 포스트소비에트 시대의 많은 영화에서 러시아의 타자로서 카프카스는 공간적으로나 인종적으로도 항상 전쟁이나 전투를 중심으로 한 긴장과 갈등, 폭력의 원인 제공자로 부정적으로 제시되는 예가 많았다. 그러나 타자로서 카프카스를 다루는 대다수 러시아 영화와 달리 라프신의 영화 『이류』는 전쟁이나 전투 상황을 전혀 제시하지 않고 있을 뿐만 아니라 발라바노프의 영화에서처럼 극단적으로 나타나고 있는 배타적 민족주의에 의한 타자의 배척이 아니라 보편적 형제애를 통한 타자의 포용을 보여준다. 이는 '카프카스 민족의 얼굴'에 대한 러시아 사람들의 편견과 차별, 폭력이 주인공 아흐메트의 러시아 여행과 모험 속에서 보이는 인간적 진정성과 보편적 형제애의 실천적 행보를 통해서 나타난다. 이런 식으로 라프신의 영화는 포스트소비에트 시대 러시아 영화의 카프카스 이미지 구성에서 발라바노프의 영화를 포함한 다른 많은 영화와 사뭇 다른 이념적 노선을 추구한다.

참고문헌

바흐찐, 미하일. 『장편소설과 민중언어』, 전승희 외 옮김. 서울: 창작과비평사, 1988.

Зверева, Галина. "Чеченская война в дискурсах массовой культуры России: формы репрезентации врага." http://www.polit.ru/country/2002/12/07/479426.html (검색일: 2009.10.10)

______. "«Работа для мужчин»?: чеченская война в массовом кино в России. *Неприкосновенный запас*, No. 6 (2002).

Зоркая, Нея. "Кавказские пленники на рубеже тысячелетий." *Киноведческие записки*, No. 67 (2004).

Саркисова, Оксана. "Скажи мне, кто твой враг: Чеченская война в российском кино." *Неприкосновенный запас*, No. 6 (2002).

Сергеева, А. *Какие мы, русские?: Книга для чтения о русском национальном характере*. Москва: Русский язык, 2006.

Стишова, Елена. "Транзит: Висбаден - Питтсбург - Кавказ." *Искусство кино*, No. 1 (2002).

Фанайлова, Елена. "Образ Кавказа в современном кинопроцессе и медиа." http://www.svobodanews.ru/content/Transcript/410048.html (검색일: 2008. 12.20)

Andrew, Joe. "'I Love You, Dear Captive': Gender and Narrative in Versions of *The Prisoner of the Caucasus*." Hutchings, S. and A. Vernitski (ed). *Russian and Soviet Film Adaptations of Literature, 1900-2001: Screening Word*. London: Routledge, 2005.

Barrett, Thomas M. "Southern Living (in Captivity): The Caucasus in Russian Popular Culture." *Journal of Popular Culture*, Vol. 31, No. 4 (1998).

Beumers, Birgit. "Myth-Making and Myth-Taking: Lost Ideals and the War in Contemporary Russian Cinema." *Canadian Slavonic Papers*, Vol. 17, No. 2 (2000).

Clowes, Edith W. *Russia on the Edge: Imagined Geographies and Post-Soviet*

Identity. Ithaca: Cornell University Press, 2011.

Gillespie, David. "Defence of the Realm: The 'New' Russian Patriotism on Screen." *The Military and Society in Post-Soviet Russia*, No. 3 (2005).

Grant, Bruce. *The Captive and the Gift: Cultural Sovereignty in Russia and the Caucasus*. Ithaca: Cornell University Press, 2009.

Greenleaf, Monika. *Pushkin and Romantic Fashion: Fragment, Elegy, Orient, Irony*. Stanford: Stanford University Press, 1994.

Hokanson, Katya. *Writing at Russian Border*. Toronto: University of Toronto Press, 2008.

Hope, John. "From Freedom Fortress to Jihadist Camp: The Interplay of High and Low Culture in Representing the Caucasus." *Ulbandus Review*, Vol. 11 (2008).

Karpushina, Olga. "The Military Body: Film Representations of the Chechen and Vietnam Wars." *Studies in Slavic Cultures*, Vol. 3 (2002).

King, Charles. *The Ghost of Freedom: A History of the Caucasus*. Oxford: Oxford University Press, 2008.

Layton, Susan. *Russian Literature and Empire: Conquest of the Caucasus from Pushkin to Tolstoy*. Cambridge: Cambridge University Press, 1994.

Lipovetsky, Mark. "Post-Sots: Transformations of Socialist Realism in the Popular Culture of the Recent Period." *Slavic and East European Journal*, Vol. 48, No. 3 (2004).

Michaels, Paula. "The Prisoners of the Caucasus: From Colonial to Postcolonial Narrative." *Russian Studies in Literature*, Vol. 40, No. 2 (Spring 2007).

Propenko, Julia. "Giovanni Vitrotti and Other Exotic Aesthetes (or The Caucasus in Early Russian Cinema)." *Journal of Film Preservation*, No. 53 (1996).

Ram, Harsha. "Prisoners of the Caucasus: Literary Myths and Media Representations of the Chechen Conflict." *Berkeley Program in Soviet and Post-Soviet Studies Working Paper Series* (1999).

______. *Imperial Sublime: A Russian Poetics of Empire*. Wisconsin: University of Wisconsin Press, 2006.

Sulkin, Oleg. "Identifying the Enemy in Contemporary Russian Film." Norris, Stephen M. and Zara M. Torlone. *Insiders and Outsiders in Russian Cinema*. Bloomington: Indiana University Press, 2008.

Thompson, Ewa. *Imperial Knowledge: Russian Literature and Colonialism*. Westport, CT: Greenwood Press, 2000.

Youngblood, Denise. *Russian War Films: On the Cinema Front, 1914-2005*. Lawrence: University Press of Kansas, 2007.

제6장

목가의 해체: 포스트소비에트 러시아 영화의 농촌 공간

라승도

1. 들어가는 말

러시아에서 농촌은 민족을 상상하고 논의하는 데서 가장 중요한 문화 공간 가운데 하나이다.[1] 다시 말해 러시아 삶에서 농촌은 러시아 민족의 (미래) 운명이나 정체성을 탐구하는 데서 중대한 논쟁 영토이자 상상 공간 가운데 하나였다. 이런 까닭에 농촌은 러시아 문학사에서뿐 아니라 영화사에서도 아주 특별한 예술적 재현 대상으로 자주 등장했다. 이와 관련하여 특히 주목해야 할 것은 러시아 농촌의 근본적 변화를 시도한 1930년대 스탈린주의 농촌 집단화와 산업화 정책의 예술적 실천과 영화적 반영이다. 1930(~40)년대 스탈린주의 영화에서 농촌은 한편으로 집단화와 산업화 정책에 따라 소비에트 현실의 낙후성과 후진성이 시급히 타파되어야 하는 계몽과 개조의 공간으로 나타났다. 다른 한편으로 소비에트 모더니티를 추구하고 선전했던 스탈린주의 영화에서도 농촌은 러시아 민족 전통과 가치의 연속성이 유지되는 중요한 문화적 기억의

1 이러한 과정에 대한 자세한 논의는 다음을 참고하기 바람. Alon Confino and Ajay Skaria, "The Local Life of Nationhood," *National Identities*, Vol. 4, No. 1 (2002), pp. 7-24.

공간이었다. 이때 농촌은 시간을 초월하는 위대한 '어머니(땅) 러시아'(Mother(land) Russia)의 넉넉한 품 안에서 인간과 자연이 유기적으로 상호 작용하는 풍요롭고 비옥한 목가적 공간으로 묘사되곤 했다.[2] 이러한 경향은 스탈린 사후 흐루시초프 시대의 해빙기, 브레즈네프 시대의 침체기, 고르바초프 시대의 개혁기 영화에서도 크게 다르지 않았다.[3]

실제로 스탈린주의 시기에서든 해빙기와 그 이후 시기에서든 각기 다른 시대적 맥락, 이념적 경향, 미학적 양식에도 불구하고, 많은 소비에트 영화에서 농촌은 대체로 러시아 민족에게 특별한 문화적 전통의 공간이자 소중한 정신적 가치의 원천이었다.[4] 하지만 이러한 농촌의 예술적 인

---

2 이런 특징적 양상은 스탈린주의 '집단농장 뮤지컬'(kolkhoz musical) 코미디 영화에서 특히 두드러졌다. 그리고리 알렉산드로프(Григорий Александров)의 『유쾌한 친구들』(Веселые ребята, 1934)과 『볼가-볼가』(Волга-Волга, 1938), 이반 피리예프(Иван Пырьев)의 『부유한 신부』(Богатая невеста, 1937)와 『트랙터 기사들』(Трактористы, 1939), 『쿠반의 카자크 사람들』(Кубанские казаки, 1949) 등이 러시아 농촌을 광활하고 풍요롭고 아름다운 낭만적 목가의 공간으로 묘사하는 스탈린주의 '집단농장 뮤지컬' 코미디 영화를 대표한다. 이러한 '낙천적' 코미디 영화에서 비옥한 러시아 농촌의 전원 풍경은 스탈린주의의 이념적 외피를 쓰고 "스탈린의 자애로운 눈길 아래서 진정으로 번성하는 위대한 러시아를 보여준다." 이는 이삭 레비탄(Исаак Левитан), 이반 쉬시킨(Иван Шишкин) 등 19세기 말 '이동전람파'(Передвижники) 화가들이 그린 풍경화의 이상적, 목가적 공간 이미지가 당대 영화에서 시각적으로 자주 인용되었다는 사실로도 잘 뒷받침된다. 예를 들면, 이삭 레비탄의 1892년 작 <블라디미로프카 대로>(Владимировка), 1895년 작 <신선한 바람. 볼가>(Свежий ветер. Волга) 등에 나타난 끝없이 펼쳐진 광활한 '어머니 러시아 땅'의 풍경이 1930년대 스탈린 시대 영화에서 시각적으로 자주 인용되었다. David Gillespie, *Russian Cinema* (London: Pearson Education, 2003), p. 5. 다른 한편, 세르게이 에이젠슈테인(Сергей Эйзенштейн)의 『옛것과 새것』(Старое и новое, 1929), 알렉산드르 도브젠코(Александр Довженко)의 『대지』(Земля, 1930), 알렉산드르 메드베드킨(Александр Медведкин)의 『행복』(Счастье, 1934)과 『기적을 만드는 여자』(Чудесница, 1937) 등도 집단농장을 배경으로 러시아 농촌 생활을 보여주는 스탈린주의 영화에 속한다.

3 Виктор Филимонов, "'Одна нога на берегу, другая в лодке': Русский крестьянин в литературе и кинематографе второй половины 1950-1970-х годов," *Историк и художник*, No. 1 (2007), с. 132-149.

4 스탈린 사망 전과 후 사이의 러시아 영화에 나타난 농촌 공간의 재현에서 차이점이 있다면, 그것은 집단주의적 시각과 개인주의적 시각의 차이였다. 1960년대에서 80년대 초까지 러시아 농촌 생활에 관한 많은 소비에트 영화에서 농촌 풍경은 인간과 자연의 조화롭고 유기적인 통일성을 강조하는 주관적 감성의 공간으로 제시되기 시작한다. 1956년 흐루시초프의 스탈린 격하 비밀연설 직후부터 소비에트 영화계에서 두드러진 이러한 경향은 세르게이 본다르추크(Сергей Бондарчук)의 『인간의 운명』(Судьба человека), 그리고리 추흐라이(Григорий Чухрай)의 『병사를 위한 발라드』(Баллада о солдате, 1959) 등에서부터 잘 나타난다. 특히 이 영화의 마지막 장면에 나오는 러시아 농촌의 드넓은 평원은 주인공에게 본질적인 '자연

식과 재현은 1991년 소련 붕괴 이후 1990년대 포스트소비에트 러시아 영화에서 급격한 변화를 맞이한다. 무엇보다도 먼저 이 시기 러시아 영화산업에서는 농촌 생활을 담은 영화의 제작 편수가 현저히 줄어들었다. 소련 붕괴 직후 일어난 러시아 사회의 혼란과 분열 속에서 영화산업은 과거에 누리던 국고 지원이 끊기고 때로는 출처가 의심스러운 개인적 재정 후원(자)까지 찾아 나서지 않을 수 없을 정도로 극히 열악했다.[5] 그 결과 영화 제작 편수가 대폭 감소했는데,[6] 이처럼 존폐 위기에 놓인 러시아 영화산업에서 농촌은 큰 관심거리가 되지 못했을 것이다.

더욱이 1990년대 러시아 영화에서 드물게나마 모습을 보였던 농촌 공간도 이미 페레스트로이카 시대에 시작된 암울한 현실 묘사의 영향권에서 벗어날 수 없었다. 마약, 폭력, 범죄, 빈곤, 섹스, 매춘, 알코올 중독, 가정 파탄 등 포스트소비에트 시대 러시아 사회의 어둡고 추한 단면들을 거침없이 들추고 폭로하는 '체르누하'(Чернуха) 경향은 농촌 현실의 시각화와 의미화에서도 지배적이었다. 특히, 시장경제체제로 급전환되는 시대의 대혼란 속에서 러시아 농촌 공간은 관용과 포용, 상생과 조화, 순수와 순결, 풍요와 구원의 목가적 이상향으로 제시되기보다는 서구 문화의 물질 만능주의와 소비 자본주의의 침윤으로 갈등과 분열, 탐욕과 투쟁, 퇴폐와 타락의 비극상으로 묘사되기에 이르렀다. 미상불 이 시기 러시아 영화에서 농촌은 희망의 공간이 아니라 절망의 공간에 훨씬 더 가까웠다. 이렇게 1990년대 러시아 농촌 공간이 마치 '타락한 낙원'과 같이 전락한 상황을 블라디미르 호티넨코(Владимир Хотиненко) 감

성'과 '진정성'의 원천으로 제시된다. 이와 관련하여 더 자세한 논의에 대해서는 다음을 참고하기 바람. Emma Widdis, "'One Foot in the Air?': Landscape in the Soviet and Russian Road Movie," Graeme Harper and Jonathan Rayner (ed), *Cinema and Landscape: Film, Nation and Cultural Geography* (London: Intellect, 2010), pp. 74-87.

5 David Gillespie, *Russian Cinema*, p. 1.

6 정확히 말하면, 1992년 172편, 1993년 152편, 1994년 68편, 1995년 46편이 제작되었다. "СЕГИДА-ИНФО. Фрагменты из информационного Электронного каталога," *Искусство кино*, No. 4 (1996), с. 76.

독의 1995년 작 『무슬림』(Мусульманин)만큼 더 잘 보여주는 영화는 없을 것이다.

이후 러시아 사회가 불안과 분열, 혼돈과 파국으로 점철된 '격동의 1990년대'(лихие 1990-е)를 지나 2000년 푸틴의 집권과 함께 어느 정도 안정을 되찾게 되면서 러시아 영화산업도 활력을 회복하고 영화에서 농촌 공간도 이전보다 더 자주 나타난다. 2000년대 푸틴 시대 러시아 영화에서는 예술적 가치를 고려할 때도 상업적 흥행을 계산할 때도 높이 평가할 만한 영화가 잇따라 제작, 출시되었다. 1990년대에 고사 직전까지 내몰렸던 러시아 영화산업이 그 덕분에 기사회생했고, 농촌도 새천년 러시아 영화의 주요 예술 공간으로 다시 빛을 보게 되었다. 특히 2003년에는 농촌을 영화의 공간 배경이나 주제로 직·간접적으로 다룬 수준 높은 작품들이 한꺼번에 쏟아져 나왔다.[7] 그중에서 리디야 보브로바(Лидия Боброва)의 『할머니』(Бабуся)는 푸틴 시대에 들어와서 러시아 사회를 강타한 '소비에트 노스탤지어' 바람을 타기라도 한 듯이 소비에트 시대 농촌의 이상적, 목가적 공간 풍경을 가장 강하게 환기한다는 점에서 같은 해에 나온 농촌 관련 영화들과도 뚜렷하게 변별된다. 하지만 호티넨코의 『무슬림』에서처럼 보브로바의 『할머니』에서도 농촌 공간은 소련 붕괴 이후 급격하게 변화한 사회현실과 인간관계 속에서 균열과 분열 양상을 보인다. 더욱이 두 영화에서는 공통으로 과거의 문화적 기억이나 기호들이 다양한 시청각 이미지의 (재)구성을 통해 나타나고 있지만, 이들은 포스트소비에트 시대에 새롭게 형성된 현실논리와 가치체계 안에서 과거와 같은 의미론적 기능을 더 이상 발휘하지 못한다.

이 글에서는 소비에트 영화에서 찬미되었던 러시아 농촌의 목가적 공

---

7 보리스 흘레브니코프(Борис Хлебников)와 알렉세이 포포그레브스키(Алексей Попогребский)의 『콕테벨』(Коктебель), 리디야 보브로바(Лидия Боброва)의 『할머니』(Бабуся), 표트르 부슬로프(Петр Буслов)의 『부메르』(Бумер), 알렉세이 시도렌코(Алексей Сидоренко)의 『노파들』(Старухи), 야로폴크 라프신(Ярополк Лапшин)의 『이류』(Сель)가 농촌을 직·간접적으로 다룬 2003년의 중요 작품들이다.

간이 1990년대와 2000년대 포스트소비에트 영화에서 어떻게 해체되고 있는지를 살펴본다. 좀 더 구체적으로 말하자면, 호티넨코의 『무슬림』과 보브로바의 『할머니』를 문화적 기억과 기호의 관점에서 조망하여 두 영화의 농촌 공간이 과거와 다른 의미로 역전되는 구체적 양상들을 중심으로 목가의 해체 구조에 대해 분석한다.

2. 『무슬림』의 농촌 공간: 타락한 낙원의 비극상

소비에트 시대 러시아 영화의 집단적 상상력에서 농촌 공간은 러시아 민족이 조상 대대로 이어온 문화적 전통의 본향이자 정신적 가치의 보고였다. 대표적으로 1960~70년대 '농촌산문' 작가이자 영화감독인 바실리 슉신(Василий Шукшин)의 '농촌영화'에 잘 드러나 있는 것처럼, '순수한' 러시아 삶, 혹은 러시아의 '진정한' 가치는 농촌 공간과 생활에서 나온다.[8] 그러나 소련 붕괴 이후 러시아 영화에서는 극심한 시대적, 사회적 혼란과 분열 상황으로 말미암아 이전 시대와는 극명하게 대비되는 부정적 모습과 함의의 농촌 공간이 지배적이었다. 이러한 상황은 1995년 포스트소비에트 혼란기 한복판에서 나온 블라디미르 호티넨코의 『무슬림』에서 가장 뚜렷하게 나타난다. 이 영화에서 농촌 공간은 시각

8 슉신의 영화에서 러시아 농촌 생활은 다채로운 모습으로 그려지고 있다. 특히, 그의 영화에서는 농촌의 이상적, 목가적 풍경이 한결같이 심금을 울리는 전통 음악, 다시 말해 민속 악기 반주나 민요를 배경으로 제시된다. 예를 들면, 1969년 작 『당신의 아들과 형제』(Ваш сын и брат)에서 문화적 해빙을 상징하는 봄철의 강 장면들은 낭만적 오케스트라 선율을 타고 펼쳐지는 한편, 곧이어 나타나는 자연 세계 장면은 민요를 배경으로 제시된다. 이때 민요는 주로 인간과 자연의 조화를 강조하기 위해 사용된다. 이 밖에도 『낙천적인 사람들』(Печки-лавочки, 1972), 『칼리나 크라스나야』(Калина красная, 1975) 같은 후기 영화에서 슉신은 농촌 공간 속에 인간과 자연의 유기적 조화, 왜곡되지 않은 인간관계를 계속해서 담아내고 있다. 이때도 역시 그는 러시아 전통 예술과 민속의 다양한 요소들을 효과적으로 사용하면서 순수한 원형적 공간으로서 러시아 농촌 삶의 '진정성'(authenticity)과 '진실성'(truthfulness)을 담아낸다. Gillespie, op. cit., p. 7-8.

적 쾌감을 선사하는 아름다운 자연 풍경에서 볼 수 있듯이 표면상 순수한 목가적 이상향으로 간주하기에 손색이 없다. 그렇지만 영화 서사의 심층적 의미 구조에서 바라볼 때 농촌 공간은 부정부패, 형제살해, 가정파탄 등으로 이어지는 타락한 낙원의 비극적 무대 공간에 다름 아닌 것으로 밝혀진다.

이처럼 러시아 농촌을 부정적 의미 공간으로 탈바꿈시키고 있다는 점에서 『무슬림』은 러시아 영화사의 전통에서만 아니라 호티넨코 자신의 창작 여정에서도 중요한 이정표로 평가할 수 있다. 이미 지적했듯이, 1991년 소련 붕괴 시점까지 소비에트 시대 러시아 (문학과) 영화에서 농촌 공간은 주로 위대한 '어머니 러시아 땅'의 신화 속에 긍정적으로 인식되고 해석되었다. 이러한 전통은 소비에트 시대가 막을 내리기 1년 전에 나온 영화 『꿀벌떼』(Рой)에서도 예외가 아니었다. 여기서 특기할 점은 이 영화가 소비에트 시대 거의 마지막으로 러시아 농촌을 주제화했다는 사실에서뿐만 아니라 영화감독이 다름 아닌 호티넨코였다는 사실에서도 찾아볼 수 있다. 『꿀벌떼』는 1990년 호티넨코가 세르게이 알렉세에프(Сергей Алексеев)의 동명 소설(1983~86)을 원작으로 하여 만든 영화이다. 이 작품에서는 무엇보다도 주인공 세르게이 자바르진(Сергей Заварзин) 일가의 소박한 러시아 농가(изба)가 인간과 인간, 인간과 자연(대지)의 유기적 결합이 일어나는 긍정적 의미 공간의 중심으로 설정되어 있다. 그러나 5년 후에 나온 『무슬림』에서 주인공 니콜라이 이바노프(Николай Иванов) 일가의 농가는 그와 정반대로 형제간 갈등과 부자간 자살(기도)이 이어지는 지극히 부정적 의미 공간으로 나타난다. 이런 면에서 『무슬림』은 농촌 공간과 생활을 주제화한 러시아 영화사에서도, 호티넨코 개인의 영화사에서도 하나의 분기점이 된다고 할 수 있다.[9]

9 1980년대에서 2000년대 초까지 러시아 문학과 영화에 걸쳐 농민 주제를 분석한 빅토르 필리모노프의 연구는 소련 붕괴 이후 1990년대 러시아 영화의 농민 주제를 어떤 이유에서인지 전혀 다루고 있지 않다. 이 연구에 따르면, 1990년대 포스트소비에트 시대 러시아 농촌을

『무슬림』의 이야기는 1980년대 말 소련군 병사로 아프가니스탄 전쟁에 참전했다가 반군에게 붙잡혀 7년 동안 포로생활을 하다 석방된 니콜라이 이바노프의 귀향과 함께 시작한다. 그런데 고향에 돌아온 니콜라이는 더 이상 과거의 그가 아니었다. 이 점은 그가 아프가니스탄에서 이슬람교로 개종하며 새롭게 얻은 무슬림 이름 압둘라(Abdulla)에서만이 아니라 귀향 이후 매일 엄격하게 지키는 이슬람 관습과 행동에서도 분명하게 알 수 있다. 쉽게 말하자면, 그는 이제 정교도 니콜라이가 아니라 무슬림 압둘라이다. 그리고 무슬림 압둘라로서 그의 새로운 정체성은 자신의 가족을 포함한 주변 사람과의 관계에서 끊임없는 갈등과 충돌, 폭력의 화근이 되고 마침내 형제살해의 비극적 결말로 이어진다. 하지만 영화는 니콜라이의 무슬림 정체성에 관한 이야기가 아니다. 영화는 포스트소비에트 시대 "러시아 영혼의 상태"를 비판적 시각에서 다룬다. 스티쇼바와 카라한이 정확하게 지적했듯이, 주인공의 무슬림 정체성은 '격동의 1990년대' 러시아 삶과 현실의 본질을 밝히는 데서 일종의 시금석 같은 기능을 수행한다.[10]

『무슬림』에서 러시아 삶과 현실의 본질은 무엇보다도 정교도였던 니콜라이가 아프가니스탄에서 무슬림이 되어 돌아온 고향 마을의 농촌 공간을 배경으로 드러난다. 이런 점에서 눈여겨볼 것은 <그림 1>에서 보듯이 영화의 이야기가 시작하기 직전 넓디넓고 아름다운 농촌 들녘을 흥겹게 노래 부르며 경쾌하게 걸어가는 젊은 정교회 사제가 나오는 장면이다. 이와 함께, <그림 2>에서처럼 이야기 종결 이후 벙어리 목동이 강과 숲과 들을 배경으로 채찍을 휘두르며 서 있는 장면도 주목할 필요

다룬 영화는 거의 존재하지 않는다고 할 수 있다. 그러나 호티넨코의 『무슬림』에서 볼 수 있듯이 포스트소비에트 시대에 러시아 농촌을 다룬 영화는 분명히 존재한다. 다만 농촌의 의미화가 소비에트 시대와는 판이해졌을 뿐이다. Виктор Филимонов, "Непривычное дело крестьянского сына: Русский крестьянин в литературе и кинематографе 1980-х—начала 2000-х годов," *Историк и художник*, No. 2 (2008), c. 125-143.

10 Елена Стишова и Лев Карахан, "Мусульманин как пробный камень русской действительности," *Искусство кино*, No. 9 (1995), p. 14.

가 있다. 또 차이콥스키의 오페라 『스페이드의 여왕』(Пиковая дама)에 나오는 “내 사랑스런 작은 친구”(Мой миленький дружок)의 감미롭고 서정적인 편곡 노래가 배경 음악으로 흘러나온다는 점도 간과해서는 안 된다.

〈그림 1〉 이야기 시작 전 정교회 사제의 모습

『무슬림』의 이야기가 시작하기 직전과 끝난 직후 각각 제시되는 위의 두 장면은 니콜라이의 고향 마을을 둘러싸고 끝없이 펼쳐진 영원하고 위대한 ‘어머니 러시아 땅’의 목가적 공간 풍경을 구성하는 시각 이미지들을 담고 있다. 여기서 정교회 사제의 모습은 러시아 민족문화의 정신세계를, 목동은 자연세계를 각각 대표한다. 이렇게 뚜렷한 목가적 공간 풍경의 시각적 원형 이미지 외에도 사제가 나오는 장면에서는 그의 경쾌한 발걸음 소리와 애국적 내용의 흥겨운 노랫소리가, 목동이 나오는 장면에서는 그가 힘차게 휘두르는 채찍 소리와 배경 음악의 감미로운 노랫가락이 농촌 공간의 목가적 성격을 한층 더 강화하는 중요한 청각 이미지로 제시된다. 그러한 공감각 이미지로 구성되는 농촌의 공간 풍경은 니콜라이가 고향을 떠나 입대하기 전에도, 무슬림이 되어 돌아온 후에도 존재했고, 어쩌면 그가 태어나기 수십 년, 수백 년 전에도 변함없이 존재했을 러시아의 영원한 목가적 이상향을 명료하게 보여준다. 이런 의미에서 일종의 액자 장치처럼 영화의 이

〈그림 2〉 이야기 종결 후 벙어리 목동의 모습

야기 공간을 앞뒤로 둘러싸고 있는 위의 두 장면에서 강조되는 농촌 공간의 목가적 이상은 "관용과 구원의 은유적, 환유적 이미지"[11] 속에 초시간적, 초역사적 차원을 띤다.

하지만 곧이어 죽은 줄로만 알았던 니콜라이가 뜻밖에도 살아 돌아온다는 뉴스와 함께 『무슬림』의 이야기가 본격적으로 펼쳐지면서 농촌 공간은 동시대의 역사적 현실 안으로 진입한다. 여기서 짐작할 수 있듯이 『무슬림』에서 농촌 공간은 이야기가 시작하기 직전과 직후를 기점으로 극명한 대비 관계를 형성한다. 이야기의 시작을 알리는 영화 제목이 나타나기 직전 농촌 공간은 끝없이 펼쳐진 광활한 '어머니 러시아 땅'의 목가적 풍경으로 구성되고 초시간적, 초역사적 차원을 띤다. 이와 달리 제목이 나타나고 이야기가 시작하면서 그것은 니콜라이의 고향 집 안으로 급격하게 좁혀지고 시간적, 역사적 차원을 띠게 된다. 이때 카메라는 집 안 침대 위에서 만취해 엎어져 코를 골며 정신없이 자는 니콜라이의 형 페드카(Федька), 그 옆에 앉아 실을 잣고 있는 어머니, 그의 석방과 귀국을 알리는 생방송 TV 뉴스 속의 니콜라이, 마지막으로 집 안의 벽에 걸려 있는 그의 과거 사진을 차례로 클로즈업하여 보여준다. 이런 식으로 영화의 이야기가 시작되자마자 농촌 공간은 역사적, 현실적 상황 속에 묘사되는데, 목가적 이상이 동시대 러시아의 구체적 실상과 어긋나거나 충돌하는 것도 바로 이 지점에서부터이다.

그런데 여기서 더 세심한 주의를 요구하는 것은 페드카가 집안 침대 위에서 만취해 코를 드렁드렁 골며 자는 모습이다. 그의 이런 모습은 이야기 시작 직전에 제시되는 사제의 모습이나 이후 제시되는 니콜라이의 모습과도 공간적으로 현저한 대비 관계를 형성하고, 더 나아가 농촌 공간의 목가적 이상이 구체적 현실 속에서 급격하게 무너지고 있음을 시

11 Janet Swaffar, "Identity Signifiers in Contemporary Russian Films: A Lacanian Analysis," *American Imago*, Vol. 57, No. 1 (2000), p. 102.

사한다. 먼저, 공간적 측면에서 볼 때, 집 안 침대 위에 만취해 엎어져 자는 페드카의 모습은 그가 농촌 공간이 드넓게 열린 외부 세계와는 동떨어진 존재임을 암시한다. 사실 영화의 이야기 공간 전체에 걸쳐 페드카는 집 밖으로 나가는 때가 거의 없으며, 그런 때가 있어도 그는 집 주위에서만 머문다. 반면 니콜라이는 농촌 공간의 열린 세계를 향해 자주 나가거나 집 안에 있을 때도 창문이나 대문을 통해 바깥의 열린 세계로 연결된다. 이러한 공간적 대비 관계는 이야기 시작 직후 첫 장면이 집 안 침대 위에서 엎어져 자는 페드카의 모습을 보여주는 것과는 사뭇 다르게 그 다음 장면이 드넓은 벌판을 배경으로 서 있는 니콜라이의 모습을 보여주는 데서 확인된다. 이처럼 페드카는 공간적으로 폐쇄된 상태로 시종일관 제시되는데, 이런 공간적 폐쇄성은 궁극적으로 그의 정신적 내면세계가 그만큼 편협하다는 것을 방증한다. 페드카가 무슬림이 되어 돌아온 니콜라이의 문화적 타자성을 절대 받아들이지 않고 동생에게 성상화에 입을 맞추도록 하는 등 정교도 정체성을 교조적으로 강요하는 것도 그의 이런 편협한 정신세계에서 기인한다.[12]

---

12 정신적 편협성을 암시하는 공간적 폐쇄성은 니콜라이의 귀향과 동시에 그의 마을에 나타나 그를 계속 감시하다 마침내 살해까지 하는 옛 군대 상관에게서도 나타난다. 이 상관은 아프가니스탄에서 동료 병사가 니콜라이를 구하려다 그의 배신행위로 전사하게 되었다고 믿고 그에 대해 앙갚음을 하기 위해 니콜라이를 찾아와 주변을 배회하고 감시한다. 그런데 정작 니콜라이와 대면하게 되었을 때 상관은 그동안 자신이 정교에 귀의하여 신약성경을 읽게 되면서 보복을 단념했다고 고백한다. 이와 동시에 상관은 정교 귀의와 성경 읽기가 자신은 물론이고 니콜라이까지도 구원했다고 주장하면서 그에 대한 감사의 표현으로 보통 사람들처럼 함께 성호를 긋자고 제안한다. 무슬림 니콜라이는 그런 제안을 받아들일 수 없어 단호히 거부한다. 곧이어 두 사람이 옥신각신 다투는 와중에 상관이 갖고 있던 권총 방아쇠를 실수로 당기면서 니콜라이가 총을 맞고 쓰러지면서 영화는 대단원을 맞이한다. 여기서 중요한 사실은 상관이 니콜라이 주변에서 그를 미행하는 동안 머무는 장소가 공간적으로 닫혀 있고 이러한 공간적 폐쇄성은 다시 정신적 편협성으로 연결되고 있다는 점이다. 실제로 상관은 니콜라이의 형 페드카처럼 대부분 폐쇄적 공간에 갇혀 있는 것으로 제시된다. 그는 낮에 실외에 있을 때는 주로 협소한 자동차 안에서 니콜라이의 주변을 몰래 배회하며 관찰한다. 자동차에서 나왔을 때도 그는 무엇인가로 은폐하는 듯한 모습을 보인다. 또 밤에 실내에 있을 때는 어둠침침하고 답답해 보이는 여관방 안에서 신약성경을 기계적으로 낭독한다. 그리고 이렇게 어설프게 급조된 피상적 신앙에 따라서 상관은 페드카와 마찬가지로 니콜라이의 문화적 타자성을 무시한 채 왜곡된 전우애를 앞세워 자신의 편협한 가치체계와 정신세계 안으로 일방적으로 끌어들이려고 시도한다. 하지만 일방적 판단의 결과는 폭력과 살인으로 이어진다.

한편 첫 장면에서 알코올 중독에 가까운 것처럼 보이는 페드카의 만취 상태는 러시아 농촌의 사회적 악덕이나 악습 가운데 하나를 대표하는데, 이는 인간 육체와 정신을 피폐하게 할 뿐만 아니라 가정과 마을 사람들의 인간적, 사회적 관계까지도 파괴하는 요인이 되기도 한다. 『무슬림』에서 농촌 공간의 중심세계로 나타나는 니콜라이 일가의 가정이 관용과 포용, 상생과 조화의 목가적 이상이 되지 못하고 형제갈등과 가정위기 속에서 내적으로 파열하는 것도 근본적으로는 알코올 중독 같은 도덕적 타락상에서 연유한다. 실제로 페드카는 알코올 중독자였던 아버지가 그랬던 것처럼 만취상태에서 집안 천장 기둥에 목을 매어 자살을 기도한다. 다행히 그는 자살 기도 직후 니콜라이에게 발견되어 목숨을 건지지만, 그의 알코올 중독과 자살행위는 정교회의 세계관과 윤리관에도 위반되는 것이고, 목가의 중심 공간인 가정의 질서를 파괴하는 것이기도 하다.

알코올 중독의 악순환을 암시적으로 보여주는 첫 장면에서 주목할 만한 또 다른 요소는 페드카가 만취 상태에서 내는 코골이와 잠꼬대 소리이다. 이것도 역시 이전 장면과 이후 이어지는 장면들에서 나타나는 농촌 공간의 청각 이미지 구성에서 볼 때 일정한 의미론적 대비 기능을 수행한다. 그의 코골이와 잠꼬대 소리는 특히 직전 장면에서 드넓은 들판으로 낭랑하게 울려퍼지는 젊은 사제의 흥겨운 노랫소리, 이후 장면에서 니콜라이의 엄숙한 기도소리, 마지막 장면의 감미로운 배경 음악 소리 등과 비교할 때 어떤 긍정적 울림도 보여주지 않는다. 이 소리는 농촌 생활의 나태와 태만, 무기력 세계를 가리키는 청각적 기호로만 기능할 뿐이다. 넓은 들판에 나가 자연의 품에서 이슬람식 기도를 하거나 강가에 나가 낚시를 하는 니콜라이와 달리 페드카는 건설적, 생산적 활동이라곤 전혀 보여주지 않는다. 게다가 이렇게 코를 골며 자는 그의 왼쪽 팔에 새겨진 문신은 그가 과거 범죄(세계)에 연루되어 감옥까지 갔다

왔다는 사실을 증거한다.

이처럼 『무슬림』에서는 농촌 공간의 목가적 이상과 일상적 현실이 일치하지 않고 어긋나는데, 이러한 양상은 시청각 이미지 구성으로 암시되는 경우가 적지 않다. 이런 면에서 초시간적 차원의 목가적 이상으로서 농촌 공간의 의미를 뒷받침해주는 소비에트 시절의 문화적 기억이 영화 서사 안에 특정 노래의 청각 이미지를 통해 나타나고 있는 것은 아주 의미심장하다고 할 수 있다. 더욱이 노래의 청각 이미지로 매개되는 소비에트 과거의 문화적 기억은 이상과 현실의 깊은 간극 속에서 심한 의미론적 전복을 겪는다. 이것은 전사한 줄로만 알았던 니콜라이의 생환을 전쟁영웅의 금의환향으로 축하하고 기념하기 위해 연 마을 잔치에서 주민들이 아코디언 반주에 맞춰 합창하는 <조국찬가>(Песня о родине)를 통해 잘 드러난다. <조국찬가>는 1936년 그리고리 알렉산드로프의 대표적인 스탈린주의 뮤지컬 코미디 영화 『서커스』를 위해 바실리 레베데프-쿠마치(Василий Лебедев-Кумач)의 가사에 이삭 두나옙스키(Исаак Дунаевский)가 곡을 붙여 만든 것이다. 『서커스』에 처음 삽입되어 소개된 이래로 <조국찬가>는 민족적, 애국적 자긍심을 고취하면서 한때 소련의 비공식 국가를 대신했을 정도로 대중에게 많은 사랑을 받으며 그들의 집단적 기억 속에 깊이 각인되었다.

"나의 조국은 드넓다. 그 안에는 숲과 들과 강이 많다. 나는 인간이 그토록 자유롭게 숨을 쉬는 그런 다른 나라를 알지 못한다."(Широка страна моя родная. Много в ней лесов, полей и рек. Я другой такой страны не знаю, Где так вольно дышит человек.) 가사 내용에서 알 수 있듯이, <조국찬가>는 무엇보다도 (소비에트) 러시아 땅의 위대함을 찬미하고 선전한다. 특히 이 노래의 러시아어 가사에서 '드넓다'라는 말이 가장 먼저 나온다는 사실은, 카테리나 클락이 1930년대 스탈린주의 공간문화에 대해 지적한 것처럼, 끝없는 평원의 러시아 땅이 갖는 위대함을 더욱더 강조하기 위한 것이다. 다시 말해 '드넓다'는 스탈린주의 문화의 맥락 안에서 궁극적으로 (소비에트) 러시아의 "제국주의 파워에 대한 은유"로 기능한다.[13] 다른 한편으로 도스토옙스키의 장편소설 『카라마조프가의 형제들』(Братья Карамазовы)에서 이반 카라마조프가 "우리는 어머니 러시아처럼 넓고도 넓다"(Мы широки, широки как вся наша матушка Россия)[14]라고 표현한 데서도 암시되어 있듯이, <조국 찬가>에서 강조하는 '드넓음'은 '러시아 영혼'과 '러시아 성격'의 본질적 특성이 되는 인간의 내적 '자율성'과 '자발성,' '개방성'을 함의한다.[15]

『서커스』의 마지막 장면에서처럼 『무슬림』에서도 마을 사람들은 한 자리에 모두 모여 <조국찬가>를 합창한다. 특히, 사업가로 등장하는 파벨 페트로비치는 마을 잔치 이후에도 드넓은 들판을 오가며 <조국찬가>를 자주 흥얼거린다. 그러나 주민들이 문화적 기억 속에 집단적 합창이나 개인적 흥얼거림을 통해 부르는 <조국찬가>의 상징적 의미, 다시 말해 '자율성'과 '자발성,' '개방성'의 내적 의미는 본질적으로 불화 위에 구축되는 인물 관계 속에서 아이러니하게 전복된다. 이 점은 광활한 농촌 공간을 배경으로 전개되는 이후 사건들을 통해 니콜라이가 마을 사람들에게서는 물론이고 가족에게서도 전쟁영웅으로서보다는 무슬림 이방인으로 인식되고 배척되면서 잉태되는 갈등과 분열 국면에서 잘 드러난다. 그들은 무슬림 압둘라로 정교 러시아의 타자가 되어 귀향한 러시

13 Katerina Clark, "Socialist Realism and the Sacralizing of Space," Evgeny Dobrenko and Eric Naiman (ed), *The Landscape of Stalinism: The Art and Ideology of Soviet Space* (Seattle: University of Washington Press, 2003), p. 9; Katerina Clark, *Moscow, the Fourth Rome: Stalinism, Cosmopolitanism, and the Evolution of Soviet Culture, 1931-1941* (Cambridge: Harvard University Press, 2011), pp. 287-288.

14 Федор Достоевский, *Полное собрание сочинений в 30-х томах*, Том 15 (Ленинград: Наука, 1976), с. 129.

15 Hans Günther, "'Broad Is My Native Land': The Mother Archetype and Space in the Soviet Mass Song," Evgeny Dobrenko and Eric Naiman (ed), *The Landscape of Stalinism*, p. 86; Emma Widdis, "Russia as Space," Simon Franklin and Emma Widdis (ed), *National Identity in Russian Culture: An Introduction* (Cambridge: Cambridge University Press, 2004), p. 40.

아의 아들 니콜라이를 이해하지도 포용하지도 않고 경원시할 뿐이다. 심지어 가족조차도 니콜라이를 관대하게 받아들이거나 보호해주기는커녕 오히려 그로부터 더 멀어진다.

소비에트 영화 『서커스』의 마지막 장면에서는 종교적, 인종적, 민족적으로 다양한 정체성의 사람들이 <조국찬가>의 상징적 의미 구조 속에 '대가족'(большая семья) 공동체로 합일된다. 반면, 포스트소비에트 영화 『무슬림』에서는 가정과 마을 공동체가 표면상에서만 그렇게 보일 뿐, 사실상 심각한 내적 분열과 붕괴 상태에 빠져 있다. 『서커스』에서는 적대국 아메리카의 백인 여자 마리온 딕슨이 낳은 흑인 아기까지도 민족우호의 가치와 <조국찬가>의 목가적 이상 속에 관대하게 포용된다. 반면 『무슬림』에서는 그러한 사상이나 이상이 동일한 노래를 통해 집단의 문화적 기억 속에 또렷하게 각인되어 표출되고 있음에도 구체적 삶에서 제 기능을 전혀 발휘하지 못한다. 특히, <조국찬가>에서 "인간이 그토록 자유롭게 숨을 쉬는 나라"로 찬미되는 '어머니 러시아 땅'은 무슬림 니콜라이에게는 현실 속 인물들의 사회적 관계에서 더 이상 존재하지 않는다. 니콜라이는 집 안에서나 밖에서도 가족과 마을 사람들에게 '내적 타자'로서 배척과 소외를 당한다. 이처럼 인간과 인간 사이의 근본적 유리·괴리 상태에서는 니콜라이가 <조국찬가>에서처럼 "그토록 자유롭게 숨을" 쉴 수 있는 여지가 사실상 남아 있기 어렵다. 그러므로 이러한 세계에서는 희망적인 전망이 불가능하다.

이처럼 『무슬림』은 알렉산드로프의 『서커스』에 나오는 <조국찬가>의 청각적 이미지 재구성을 통해 1930~40년대 스탈린주의 소비에트 과거의 문화적 기억을 1990년대 러시아의 농촌 공간 속으로 끌어 온다. 하지만 포스트소비에트 러시아 현실에서 그러한 문화적 기억은 과거에 선전되고 유포되었던 것과는 다르게 긍정적 의미나 기능을 전혀 수행하지 못한다. 오히려 그것은 인간과 인간 사이의 불화와 반목에서 비롯되는 현실 세계의 비화해성만을 역설적으로 강조해줄 따름이다. 이러한 비극적 상황은 『무슬림』이 19세기 후반 '이동전람파'의 풍경화 전통과 연결되는 알렉산드로프의 또 다른 중요한 스탈린주의 뮤지컬 영화 『볼가-볼가』의 풍경 요소를 시각적으로 새롭게 재구성하고 있는 데서도 확인할 수 있다.

호티넨코가 『볼가-볼가』에서만 아니라 스탈린주의 문화 전체에서도 특별한 의미가 있는 문화적 기억의 요소를 일종의 패러디처럼 시각적으로 재구성(이나 재인용)하고 있는 대목은 니콜라이의 고향 마을 옆 광활한 들판 사이로 흐르는 강과 이곳을 지나가는 배의 이미지에서 발견된다. 『무슬림』에서 강과 배의 모습은 무엇보다도 먼저 『볼가-볼가』에 나오는 것과 많이 닮아 있다. 더욱이, 『볼가-볼가』에서 강과 배는 <조국찬가>가 『서커스』의 대미를 장식하고 있는 것처럼 영화의 마지막 주요 장면들에서 조직되는 핵심 이미지이기도 하다. 그런데 이 강과 배는 19세기 '이동전람파' 화가인 이삭 레비탄이 풍경화 <신선한 바람. 볼가>에서 그린 것을 시각적으로 인용한 것이다. 이런 점에서 호티넨코는 알렉산드로프가 『볼가-볼가』에서 레비탄의 <신선한 바람. 볼가>의 강과 배를 인용한 것을 재인용했다고 할 수 있다. 어쨌든, 레비탄의 그림과 알렉산드로프의 영화에서 강과 배는 광활하고 아름답고, 순수하고 풍요로운 '어머니 러시아 땅'의 위대함에 대한 은유적 상징으로 기능한다.

〈그림 3〉 레비탄의 "신선한 바람. 볼가" 속 강과 배

〈그림 4〉 알렉산드로프의 『볼가-볼가』 속 강과 배

〈그림 5〉 호티넨코의 『무슬림』 속 강과 배

〈그림 6〉 『무슬림』에서 달러를 향해 뛰어드는 모습

이와 비슷하게 『무슬림』에 등장하는 강과 배의 시각 이미지도 얼핏 보면 19세기 러시아 풍경화와 20세기 소비에트 영화사의 전통에 서서 위대한 '어머니 러시아 땅'의 신화적 면모를 보여준다. 하지만 그러한 이미지의 내포적 의미는 마을 부근 호수의 이미지와 마찬가지로 목가의 해체 구조 안에서 정반대로 드러난다.[16] 아름다운 자연환경을 미지의 권력자들에게 팔아넘겨 잇속을 챙기는 파벨 페트로비치는 어느 날 밤 술에 취해 집으로 가는 도중 호수에서 돼지 귀신을 보고 혼비백산하여 넘어지고 엎어지며 도망가다가 애지중지 들고 다니던 트렁크를 잃어버린다. 그런데 다음날 출처 불명의 달러 다발이 트렁크에서 쏟아져 나와 강으로 흘러들어 가 둥둥 떠다닌다. 서구 자본주의와 물질문화를 상징하는 달러가 강물 위에 떠다니는 모습을 보고 마을 주민은 물론이고, <그림 6>에서 볼 수 있듯이 강을 지나던 배에 타고 있는 사람들도 『볼가-볼가』에서 배에 탄 사람들이 선의의 경쟁을 벌이고 인간과 자연의 유기적 결합을 보여주는 것과는 다르게 모두 "천국이 주신 만나"만을 향해 강물 속으로 돌진한다. 이런 물욕 추구에서는 농촌 마을의 소외 공간에서

---

16 마치 키테시(Китеж) 전설을 환기하는 듯이, 니콜라이의 어머니가 전하는 말에 따르면, 이 호수에는 수심 깊은 곳에 교회가 가라앉아 있다. 그런데 사람이 그 밑바닥까지 들어갔다가 나오면 모든 죄를 정화할 수 있다고 한다. 이런 의미에서 영화에서 호수의 이미지는 정화와 속죄의 상징이다. 그러나 파벨 페트로비치의 예에서 알 수 있는 것처럼, 돼지 귀신의 출몰은 이 호수가, 더 나아가 농촌 마을 전체가 부정에 물들어 있음을 암시한다.

니콜라이에게 작으나마 위안이 되었던 베라도 예외일 수 없었다.

여기서 알 수 있듯이, 『무슬림』의 강은 러시아 민족 문화의 '원형 이미지' 가운데 하나로 레비탄의 풍경화나 알렉산드로프의 영화에 등장하는 볼가 강의 상징적 의미를 보여주지 못한다. 이 영화에서 강은 돼지 귀신이 나오는 호수와 마찬가지로 악마에 홀린 듯이 물욕에 사로잡힌 추악한 세계의 상징으로 의미론적 변형을 겪는다. 달리 말하자면, 강의 이미지는 러시아 농촌 공간이 서구 자본과 문화의 영향으로 전통문화의 종교적 신념과 정신적 가치를 상실했음을 보여준다.[17] 이런 식으로 『무슬림』에서 농촌 공간은 표면상 순수하고 아름답고 평화로운 자연(nature)의 목가적 이상처럼 보이지만, 본질상 부정과 부패, 탐욕과 투쟁으로 점철된 인간본성(human nature)의 비극상에 다름 아닌 것으로 드러난다.[18]

2. 『할머니』의 농촌 공간: 귀향 불가능의 세계상

리디야 보브로바의 『할머니』는 1991년 데뷔한 이래 현재까지 20년 동안 5편의 작품만을 내놓은 감독 자신의 창작에서만 아니라 2000년대 러

---

17 Susan Larsen, "In Search of an Audience: The New Russian Cinema of Reconciliation," Adele Marie Barker (ed), *Consuming Russia: Popular Culture, Sex, and Society Since Gorbachev* (Durham: Duke University Press, 1999), p. 207.

18 『무슬림』에서 세계의 비극성과 비화해성은 니콜라이와 그의 어머니 사이에 형성되는 애증관계에서도 분명하게 찾아볼 수 있다. 전형적인 '러시아 농부(農婦)'(русская баба)인 그녀는 혈연적 관계에서 어머니이기도 하지만, 상징적 차원에서 '어머니 러시아 땅'의 체현자이기도 하다. 니콜라이의 아프가니스탄 양부가 "낙원은 그의 어머니 발치"에 있다고 말한 데서 알 수 있듯이, 그의 어머니는 '어머니 러시아 땅'과 낙원의 상징적 이미지이다. 그러나 어머니의 신성한 면모는 구체적 현실의 논리 속에서 변질되고 타락한다. 그녀는 관행이라고 합리화하면서 공동 농장에서 음식을 훔치고 금욕적인 니콜라이에게 아버지 묘소 앞에서 보드카를 마시도록 강요하고 마침내 마을 사람들의 눈총을 견디지 못한 채 그를 더 이상 지켜줄 수 없다고 말하면서 마을을 떠나도록 권유하고 있기 때문이다. 따라서 그녀는 소비에트 시대 '농촌산문'과 슉신의 '농촌영화'에 나오는 러시아 농촌의 어머니상과는 정반대 지점에 위치한다.

시아 문화에서도 특별한 위치를 차지한다.[19] 먼저, 이 영화는 처녀작 『오, 그대, 거위들이여』(Ой, вы, гуси, 1991)에서 가장 최근작 『믿습니다!』(Верую!, 2009)에 이르기까지 보브로바가 한결같이 추구하고 천착했던 농촌 생활을 주제화하고 있다.[20] 다음으로, 영화는 소비에트 과거의 농촌 공간과 생활을 향수 어린 시선으로 이상화하고 있다는 점에서 2000년대 푸틴 시대에 특히 강하게 불었던 소비에트 노스탤지어의 문화 현상과 연결되어 있다.[21]

그러나 노스탤지어가 "더 이상 존재하지 않거나 전혀 존재하지 않았던 고향에 대한 동경"[22]이라는 점에서 볼 때, 문제는 이 영화에서 노스탤지어의 대상이자 목가적 이상으로 암시되는 소비에트 시기의 농촌 공간과 생활, 그로부터 형성되는 바람직한 인간적 덕목과 정신적 가치도 이제 아예 존재하지 않거나 존재하기가 어렵다는 데 있다. 바꾸어 말하면, 『무슬림』에서처럼 『할머니』에서도 농촌 공간의 목가적 이상은 오늘날 러시아 사람들의 집단적 상상력이나 기억 속에서만 존재할 뿐, 서구 자본주의와 물질주의, 개인주의가 지배하는 현실논리와 인간관계 속에서는 존재하기가 매우 어렵다. 실제로 『할머니』의 목가적 이상은 영화의 이야기 공간 밖에서 회상과 환상으로 소환되는 과거 시간 속에서만 나타난다.

시간적 구조에서 볼 때, 『할머니』는 이야기 공간 밖에서 회상과 환상

19 러시아와 프랑스 합작으로 제작된 영화 『할머니』는 리디야 보브로바가 시나리오를 직접 집필하고 감독한 것으로 2003년 소치(Сочи)에서 열린 키노타브르(Кинотавр) 영화제를 통해 첫 선을 보였고, 이후 체코의 카를로브이(Карловы) 국제영화제에 나가 상을 받으면서 국제적으로도 작품성을 인정받았다.

20 이 밖에도 농촌 공간과 생활을 주요 배경이자 주제로 삼고 있는 보브로바의 작품으로는 소박한 농촌 삶을 묘사하는 『그 나라에서』(В той стране, 1997)와 세르게이 예세닌의 동명소설을 원작으로 하는 암울하고 신비한 분위기의 농촌 공간을 다룬 『야르』(Яр, 2007)가 있다.

21 Helena Duffy, "Grandmothers and Uncles: The Role and Status of Old People in Lidia Bobrova's *Babousya* and Andrei Makine's Novels," *Forum for Modern Language Studies*, Vol. 47, No. 2 (2011), p. 158.

22 Svetlana Boym, *The Future of Nostalgia* (New York: Basic Books, 2002), p. xiii.

을 통해 각각 짧게 제시되는 소비에트 과거의 도입부와 종결부, 포스트소비에트 현재 부분으로 삼등분된다. 또한, 공간적 구조에서 볼 때 회상의 도입부와 환상의 종결부는 전형적인 러시아 농가 한 채와 그 주변의 광활한 공간 풍경만을 참새, 뻐꾸기, 딱따구리 소리 등의 고즈넉한 청각 이미지와 함께 보여준다. 반면 현재 시제의 나머지 부분은 크게 도시와 농촌, '도시화한 농촌'으로 삼등분된다. 주요 사건은 유일한 부양자인 딸과 함께 도시에서 살던 주인공 토샤(Тося) 할머니가 딸의 죽음으로 갑자기 오갈 데 없어지면서 새로운 거처를 찾아 이 세 공간 사이를 여행하며 맞닥뜨리는 각박한 현실 속에서 전개된다. 그러나 "할머니의 오디세이"[23]는 어떤 식으로도 고향, 즉 도입부에 나오는 것과 같은 목가적 이상의 농촌 공간으로는 결코 돌아갈 수 없는 귀향 불가능성의 서사이다. 귀향은 환상으로 제시되는 종결부에서처럼 죽음 이후에서나 꿈에서만 가능하다. 따라서 토샤 할머니가 가장 먼저 찾아가는 동생 안나(Анна) 할머니의 농촌 마을조차도 진정한 의미에서는 목가적 이상으로 보기 어렵다. 농촌 공간과 생활상이 겉보기에는 과거의 전통과 풍습을 이어오고는 있지만, 여기에도 내적 균열과 분열의 위험이 도사리고 있기 때문이다.

토샤가 안나를 찾아 방문하는 시골 마을은 시각적, 청각적 이미지의 차원에 볼 때 회상 기법의 도입부와 환상 형식의 종결부에 제시된 소비에트 과거의 농촌 공간과 외형상 거의 다르지 않은 모습을 보여준다. <그림 7>과 <그림 8>에서 확인할 수 있듯이, 이 마을을 둘러싸고 펼쳐진 광활하고 아름다운 자연풍경, 평화롭고 서정적인 분위기를 자아내는 뻐꾸기 울음소리는 과거와 현재의 농촌 공간 사이에서 분명한 차이점을 느낄 수 없게 해준다. 특히, 새 소리 등 자연의 소리를 민속 악기와 노래, 자장가 등 인간의 소리와 적절하게 배합하는 목가적 공간의 청각적 이

23 Елена Стишова, "Мы разучились нищим подавать..." *Искусство кино*, No. 11 (2003), c. 78.

〈그림 7〉『할머니』의 소비에트 과거 농촌 공간

〈그림 8〉『할머니』의 포스트소비에트 현재 농촌 공간

미지 구성은, 니콜라이 모스칼렌코(Николай Москаленко)의 1971년 작 『러시아 들판』(Русское поле)에서 잘 알 수 있는 것처럼, 소비에트 영화 전통을 따르는 것으로 강과 들, 나무와 하늘 등 '어머니 러시아 땅'의 넉넉한 품을 강조하고 더 나아가 인간과 자연의 유기적 결합과 조화를 보여준다.[24]

이와 동시에 남녀노소 할 것 없이 농촌 공동체 사람 전체가 과거의 문화적 전통과 풍습을 그대로 간직하고 있는 모습도 농촌 공간이 시간의 흐름에서 비켜나 있다는 인상을 심어준다. 실제로 토샤가 동생 안나와 조카 빅토르, 다른 이웃들과 함께 방문하는 민속 공연과 축제, 전시와 패션쇼, 이곳에서 여러 사람과 만나 어울려 추고 부르는 민속 무용과 노래 등은 전통사회의 공동체 생활과 정신이 여전히 살아 있음을 보여준다. 달리 설명하자면, 농촌 사람들은 민속 전통을 매개로 하여 시간의 흐름 속에서도 일정한 유대감이나 동질성을 유지한다. 이런 감정 구조 속에서는 세대와 성별 사이의 근본적 차이도 희석되거나 흐려지면서, 젊은이들은 노인들을 공경하고 노인들은 젊은이들에게 바람직한 인간 도리와 가치를 심어주는 유기적인 상호작용이 일어난다. 그래서 토샤는 이곳에서 고향에 다시 돌아온 듯한 기분, 혹은 '잃어버린 낙원'을 다시

24 이처럼 러시아 농촌 공간에 특징적인 자연 요소들과 함께 민속 악기나 노래 등을 적절하게 조합하여 '어머니 러시아 땅'의 목가적 풍경을 구성하는 기법은 『칼리나 크라스나야』 등 바실리 슉신의 '농촌영화'에서도 전형적으로 사용되고 있다.

찾은 듯한 감회에 젖는다. 그러나 안나가 예기치 않게 다리에 골절상을 입고 대도시 병원에 입원하게 되면서 토샤도 이곳을 떠나지 않을 수 없게 될 때, 그녀의 귀향은 사실상 유사(類似) 귀향이거나 영원히 돌아가지 못하는 고향에 대한 노스탤지어일 뿐이다.

더욱이 시골 마을은 앞서 설명했듯이 겉으로는 낭만적 목가의 이상향처럼 그려지지만, 내적으로는 가정질서의 붕괴와 인간관계의 해체를 가져오는 심각한 위험 요인을 안고 있다. 이러한 내적 위기 상황은 토샤가 동생 안나의 집에 도착했을 때 만취하여 집 안 마룻바닥에 쓰러져 반라 상태로 웅크린 채 자고 있는 조카 빅토르의 모습 속에 암시되어 있다. 빅토르는 토샤 일행이 큰 소리를 치며 아무리 흔들어 깨워도 감각도 의식도 없는 시체처럼 전혀 반응하지 않는다. 이처럼 토샤가 새로운 삶터에 도착하자마자 다시 먼 길을 떠나야만 하는 불길한 예감이 드는 것은, 『무슬림』에서 페드카의 경우가 그런 것처럼, 농촌 공간과 생활의 내면을 좀먹는 고질적 병폐인 빅토르의 알코올 중독에서 비롯된다.

사실 토샤가 여름에서 겨울까지 동생의 농촌 마을에 머무는 동안 일어나는 사건들의 얼개는 빅토르의 과도한 음주와 주정, 행패와 난동으로 구성된다. 이런 면에서 토샤가 도착하는 날 그녀를 맞이한 사람이 다름 아닌 빅토르로 죽은 듯이 만취 상태에 있었다는 사실은 결코 우연이 아니다. 러시아 삶의 악덕과 악습을 대표하는 알코올 중독에 담긴 심각성은 그가 술을 마시지 않은 맑은 정신 상태에서는 더없이 선량한 아들이자 조카이고, 친구이자 이웃이지만, 만취하면 악마에 비유될 정도로 인간 존재의 한계를 넘어선다는 데 있다. 이와 관련하여 매우 의미심장한 것은 빅토르가 어머니에게 금주를 맹세했다가 어기고 만취한 상태에서 벌어지는 사건이다. 술의 유혹을 끝내 이기지 못하고 또 다시 만취한 빅토르는 나무라는 어머니에게 행패를 부리다가 그녀가 도망가자 뒤쫓아 다닌다. 이후 어머니가 집 안으로 들어가 문을 잠그고 숨어 버리자

빅토르는 짐승처럼 인간에게서는 나올 수 없는 괴성을 지르며 날뛰면서 집 안으로 들어가려고 시도하는데, 이는 마치 늑대가 연약하고 온순한 양떼를 향해 사납게 달려드는 듯한 모습을 연상시킨다.

이와 동시에, 집 안에 숨은 할머니들의 처지에서 볼 때, 만취한 빅토르는 인간이 아닌 악마이다. 빅토르를 피해 모든 문을 잠그고 집 안에 벌벌 떨며 숨어 있는 장면에서 안나와 토샤는 마치 악마를 물리쳐달라는 듯이 큰 소리로 예수 그리스도를 부르고 성호를 그으며 기도한다. 결국 안나가 의자 위에서 넘어져 다리에 심한 골절상을 입고 대도시 병원에 입원할 수밖에 없게 되면서 토샤도 이곳을 떠나 다른 거처를 찾아 떠난다. 앞서 설명했던 사랑과 공경으로 맺어지는 세대 간의 유대가 이런 식으로 파괴되면서 궁극적으로는 목가적 공간의 중심세계인 가정(질서)도 무너진다. 빅토르의 만취와 난동에서 비롯된 안나의 입원으로 토샤도 농촌 마을을 떠나게 되면서 새롭게 형성된 가정이 붕괴하는 것이다. 특히, 짐승처럼 묘사되고 악마에 비유되는 빅토르의 파괴적 행위를 중심으로 벌어지는 가정의 붕괴 과정은 『할머니』의 의미 구조에서 핵심을 이루는 목가의 해체를 우의화하는 것으로 볼 수 있다.

『할머니』의 "농촌 로드무비"[25]는 토샤가 또 다른 거처를 찾아 나서면서 새로운 국면으로 접어든다. 이때 그녀는 낯선 환경과 마주치는데, 이것은 안나의 시골 마을과는 내적으로 뿐만 아니라 외적으로도 사뭇 다른 도시화한 농촌 공간과 생활이다. 흥미롭게도 이것은 그녀가 도시에서 농촌으로 이동할 때 처음 봤던 것과 거의 비슷하다. 그녀는 동생을 찾아 가는 길에 차창 밖으로 보이는 현대식 빌라 촌을 보고 "저게 뭐지?"라고 묻는다. 하지만 "노브이 루스키의 집들"이라는 대답을 듣고 나서도 그것이 무엇을 의미하는지 전혀 이해하지 못한 채 "어떤 루스키?"라고 재차 물어본다. 이처럼 『할머니』에서 러시아 농촌은 이제 외적으

25 Стишова, Там же.

로도 매우 낯설게 변모한 공간 풍경을 보여줄 뿐만 아니라, 토샤와 같은 구세대에게는 이해하기 어려운 사람들인 '노브이 루스키'의 생활양식과 가치체계, 다시 말해 서구식 물질주의와 개인주의, 소비문화 속에 내적으로도 많이 변화한 정신세계를 드러낸다.

특히, 점점 도시화되는 농촌에서는 외적, 물리적 측면에서도 내적, 정신적 차원에서도 관용과 포용, 존중과 연민, 배려와 이해 위에 구축되는 인간관계를 위한 공간적 여지가 거의 존재하지 않는다. 이런 점에서, 토샤의 과거 시골집 풍경을 회상 형식으로 보여주는 도입부 장면은 특히 중요하다. 위의 <그림 7>에는 야트막한 울타리를 사이에 두고 밖으로는 탁 트인 강과 숲과 들이 펼쳐져 있고, 안으로는 규모가 제법 큰 전통 목조주택이 서 있다. 이런 공간적 풍경은 인간세계와 자연세계의 유기적 관계를 뒷받침해주고, 더 나아가 위대한 '어머니 러시아 땅'의 '자율성'과 '자발성,' '개방성'을 강조해주기에 충분하다. 여기서는 울타리마저도 인간과 자연, 인간과 인간 사이를 심각하게 가로막을 정도로 그렇게 위압적이거나 폐쇄적이지 않다.

시골집의 내부 풍경도 중요한 의미가 있다. 이것은 토샤가 낯설게 마주하는 도시화한 농촌의 생활공간, 그로부터 형성되는 인간관계와 관련하여 특히 더 중요하다. 시골집 장면에서 카메라는 할머니가 음식을 준비하고 있는 부엌까지 집 내부를 차례로 보여준다. 이때 민속 장식으로 꾸며진 실내 풍경은 무엇보다도 할머니의 손자 소녀들인 다섯 명의 어린 아이들이 마음껏 뛰어놀기에 충분히 크고 넓은 공간성이 강조된다. 이런 공간성에서는 자율성과 개방성 외에도 집단성까지도 유추할 수 있는데, 이는 여러 명의 아이들이 여기저기 방을 옮겨 다니며 자유롭게 어울려 노는 모습에서 뒷받침된다. 또한, 이 공간에서 할머니는 아이들을 위해 음식을 정성껏 마련하고, 그들이 잘 노는지도 지켜보고, 그들의 투정이나 불평까지도 모두 따뜻한 시선 아래 묵묵히 받아들여 준다는 점에서 양육과 보호, 헌신과 희생까지도 체현하는 전통적인 '어머니 러시아'의 이미지를 상징한다. 실제로 이후 펼쳐지는 사건들에서 할머니는 자식에게는 물론이고 모든 손자 손녀들에게도 물심양면으로 자신의 모든 것을 내주었다고 전해진다.

그러나 세월이 많이 흐른 뒤에 갑자기 오갈 데 없어진 위기 상황에서 할머니가 의지할 곳을 찾아 방문한 그들은 이제 여기저기에 흩어져 낯선 삶을 살고 있다. 여기서 아주 흥미로운 사실은 그들 중 두 사람이 할머니가 전혀 이해하지 못하는 '노브이 루스키'처럼 도시화한 농촌 지역에서 거주하며 새로운 생활방식 속에 살고 있다는 점이다. 게다가 이들이 현재 살고 있는 현대식 주택은 할머니가 시골집을 매각하고 받은 돈으로 구입한 것이다. 그런데도 이들은 모두 도움이 절실한 할머니를 뻔뻔하게 거부하거나 비겁하게 외면하는 모습을 보인다. 여기서 주목할 것은 할머니가 찾아갔을 때 그들이 하나같이 할머니를 집 안으로 들여놓지 않는다는 사실이다. 특히 손녀딸 타냐의 경우에서 가장 잘 나타나고 있듯이, 그들의 집 안으로 들어가기 위해선 몇 겹의 경계를 통과해야 한다. 타냐의 집에 들어가기 위해서는 아파트 단지의 출입 차단기, 육중한 철제 출입문, 굳건한 현관문을 삼중으로 통과해야 한다. 그러나 타냐는 찾아온 할머니에게 어떤 경계도 열어주지 않는다. 그 대신 자신이 밖에 나가 할머니를 맞이한다. 이때 그녀는 할머니에게 출입 차단기를 열어주지 않고 그것을 사이에 두고 이야기할 뿐이다. 이런 점에서 타냐의 집은 회상 형식의 도입부에 나오는 열린 구조의 할머니 집과 가장 극명한 대립 관계를 형성한다.

타냐가 살고 있는 도시화한 농촌은 '노브이 루스키'가 대표하는 낯선 생활양식과 가치체계의 공간으로, 이곳에서는 할머니와 같은 구시대 사람들의 가치나 정신이 들어설 여지가 거의 존재하지 않는다. 다른 말로 표현하자면, 이곳에 사는 사람들에게는 이타성과 협동성, 희생주의와 정신주의, 관용과 포용이 뒷전으로 물러나고, 이기심과 개인성, 생존주의와 물질주의, 외면과 배제가 우선시된다. 이런 생활양식과 질서의 공간에서 할머니는 쓸모없고 거추장스러운 존재로 잊어야 하거나 외면해야 하고, 거부해야 한다. 타냐가 집에 들어온 이모 리자에게 화장실과 욕실, 거실 등 깨끗하고 쾌적한 집안 내부를 보여주며 은연중에 속마음을 드러내고 있는 것처럼, 이곳에서 할머니는 추하고 더러운 존재와 같은 것으로 인식되기도 한다. 도시화한 농촌에서 '노브이 루스키'처럼 안락과 쾌락을 추구하(고자 하)는 손녀에게 갑자기 나타난 할머니는 따라서 생활의 불편과 고통을 초래할 수밖에 없는 존재일 뿐이다. 할머니는 자손들이 새로운 가치체계의 포스트소비에트 사회에서 안정된 주체로 살아가는 데 방해가 되는 이질적 존재, 일종의 '아브젝트' 같은 것으로 타자화된다. 이런 상황에서는 훈장 메달이 증명하고 있는 것처럼 할머니의 스탈린그라드 방어 참전 이야기도 모두에게 소중한 문화적 기억으로 공유되지 못하고 점점 잊히고 무시될 수밖에 없다.

그럼에도 할머니는 누구도 원망하지 않고 오히려 자신을 그렇게 타자화하는 사람들의 입장까지도 이해하고 받아들인다. 그녀는 최악의 상황에서도 주머니에 남은 동전 한 닢까지도 거지에게 선뜻 내줄 정도로 그들에게 끝까지 아낌없이 베푼다. 변화된 사회현실과 인간관계에서 더 이상 설 자리가 없는 마지막 순간에 할머니는 기적의 선물을 남기고 홀연히 사라진다. 체첸에서 폭탄테러를 겪고 난민생활을 하는 손자 톨랴에게 부담이 되기 싫었던 할머니는 테러의 충격에 말문은 물론이고 마음의 문까지도 닫은 증손녀가 마침내 입을 열고 말을 할 수 있게 해주고, 그럼으로써 영혼의 상처까지 치유해주고 조용히 집을 나선다. 이후 추운 겨울 벌판에서 사망한 것으로 암시되는 할머니의 모습은 도입부에서 제시된 소비에트 과거의 농촌 공간을 배경으로 환상 속에 다시 등장한다. 『할머니』도 『무슬림』처럼 목가적 공간의 시청각 이미지로 영화의 이야기 공간을 앞뒤로 구조화하고 있는 셈인데, 이는 과거의 문화적 기억이나 집단적 상상 속의 목가적 공간이 오늘날 러시아 현실에서 존재하기가 얼마나 어려운지를 보여주는 데 적절한 형식적 장치가 되고 있다.

4. 나가는 말

러시아 영화에서 소비에트와 포스트소비에트 시대 사이에 커다란 차이점들이 존재한다면, 그중 한 가지는 농촌 관련 영화에서 찾을 수 있을 것이다. 포스트소비에트 시대에 들어와서 농촌 영화의 제작이 소비에트 시대에서보다 현저하게 줄어들었기 때문이다. 이러한 상황은 경제적, 사회적으로 어느 정도 안정을 찾았던 2000년대 푸틴 시대에 들어와서 1990년대보다 호전되기는 했지만, 소비에트 시대와 비교하면 충분히 회복됐다고는 말할 수 없다. 포스트소비에트 시대 20년 동안 농촌 영화가 많이 나오지 않았다는 사실은 농촌에 대한 관심이 소비에트 시대만큼 많지 않다는 것을 의미하기도 한다. 다른 한편, 현대 러시아 영화에서 농촌에 대한 평가도 과거와 같이 그렇게 긍정 일색만은 아니었다. 소비에트 시절의 영화에서 희망과 구원의 공간이자 목가적 이상향으로 재현되곤 했던 농촌이 포스트소비에트 시대에 와서 정반대의 의미 속에 자주 나타나게 된 것은 농촌 공간 자체의 위기에서 원인을 찾을 수 있다. 1990년대를 대표하는 호티넨코의 『무슬림』과 2000년대를 대표하는 보브로바의 『할머니』가 각각 잘 보여주고 있는 것처럼, 포스트소비에트 시대의 농촌은 무엇보다도 정신적 가치가 퇴색하고 물질적 숭배가 팽배하는 공간으로 점점 변화되고 있기 때문이다.

그러나 1990년대 농촌 공간의 재현에서 희망보다는 절망을 더 많이 보여주었던 호티넨코의 영화와 달리 보브로바의 영화는 '노브이 루스키'로 대표되는 새로운 사람들의 가치체계가 농촌 공간까지도 잠식하고 있는 것을 보여주면서도 그와 동시에 작으나마 희망의 여지를 남겨 두고 있다. 이 점은 주인공 토샤 할머니의 손자 세대에서가 아니라 자식 세대에서 주로 발견된다. 안나 할머니의 딸로 유명 저널리스트이기도 한 리자는 토샤 이모가 안정적 거처를 찾을 수 있도록 도와주는 데 최선을 다한다. 리자의 옛 남자친구인 콜랴도 그들과 동행하며 인간적 연민과 사회적 정의의 소중한 가치를 배운다. 알코올 중독자이자 전통적 가치의 소중함을 인식하지도 못하는 빅토르와 같은 암적 존재에 의해 농촌 공간이 붕괴의 위협을 받을지라도, 토샤 할머니를 받아주는 톨랴와 콜랴, 리자의 존재는 농촌 공간에 한 가닥 희망의 빛을 던져준다. 끝으로, 얼굴을 클로즈업하는 몇몇 장면에서 성상화를 연상시키기도 하는 토샤 할머니의 깊은 신앙심은 『무슬림』에서 니콜라이의 어머니와 대조적으로 종교가 러시아 농촌 공간을 지키는 힘이 되고 있음을 시사한다. 이런 점에서 볼 때, 『할머니』는 본질적으로 슉신의 '농촌영화,' 라스푸틴이나 솔제니친의 '농촌산문'과 같은 맥락에서 이해할 수 있다.

참고문헌

Достоевский, Федор. *Полное собрание сочинений в 30-х томах*, Том 15. Ленинград: Наука, 1976.

"СЕГИДА-ИНФО. Фрагменты из информационного Электронного каталога." *Искусство кино*, No. 4 (1996).

Стишова, Елена и Карахан, Лев. "Мусульманин как пробный камень русской действительности." *Искусство кино*, No. 9 (1995).

______. "Мы разучились нищим подавать..." *Искусство кино*, No. 11 (2003).

Филимонов, Виктор. "'Одна нога на берегу, другая в лодке': Русский крестьянин в литературе и кинематографе второй половины 1950-1970-х годов." *Историк и художник*, No. 1 (2007).

______. "Непривычное дело крестьянского сына: Русский крестьянин в литературе и кинематографе 1980-х - начала 2000-х годов." *Историк и художник*, No. 2 (2008).

Boym, Svetlana. *The Future of Nostalgia*. New York: Basic Books, 2002.

Clark, Katerina. "Socialist Realism and the Sacralizing of Space." Dobrenko, Evgeny and Eric Naiman (ed). *The Landscape of Stalinism: The Art and Ideology of Soviet Space*. Seattle: University of Washington Press, 2003.

______. *Moscow, the Fourth Rome: Stalinism, Cosmopolitanism, and the Evolution of Soviet Culture, 1931-1941*. Cambridge: Harvard University Press, 2011.

Confino, Alon and Ajay Skaria. "The Local Life of Nationhood." *National Identities*, Vol. 4, No. 1 (2002).

Duffy, Helena. "Grandmothers and Uncles: The Role and Status of Old People in Lidia Bobrova's *Babousya* and Andrei Makine's Novles." *Forum for Modern Language Studies*, Vol. 47, No. 2 (2011).

Gillespie, David. *Russian Cinema*. London: Pearson Education, 2003.

Günther, Hans. "'Broad Is My Native Land': The Mother Archetype and

Space in the Soviet Mass Song." Dobrenko, Evgeny and Eric Naiman (ed.), *The Landscape of Stalinism: The Art and Ideology of Soviet Space*. Seattle: University of Washington Press, 2003.

Larsen, Susan. "In Search of an Audience: The New Russian Cinema of Reconciliation." Barker, Adele Marie (ed.). *Consuming Russia: Popular Culture, Sex, and Society Since Gorbachev*. Durham: Duke University Press, 1999.

Norris, Stephen M. "The Old Ladies of Postcommunism: Gennadii Sidorov's *Starukhi* and the Fate of Russia." *Russian Review*, Vol. 67, No. 3 (2008).

Swaffar, Janet. "Identity Signifiers in Contemporary Russian Films: A Lacanian Analysis." *American Imago*, Vol. 57, No. 1 (2000).

Widdis, Emma. "Russia as Space." Franklin, Simon and Emma Widdis (ed). *National Identity in Russian Culture: An Introduction*. Cambridge: Cambridge University Press, 2004.

______. "'One Foot in the Air?': Landscape in the Soviet and Russian Road Movie." Harper, Graeme and Jonathan Rayner (ed). *Cinema and Landscape: Film, Nation and Cultural Geography*. London: Intellect, 2010.

4

디아스포라의 타자 공간

제7장

러시아 로스토프 주 고려인 공동체

김혜진

1. 서론

1991년 소련 붕괴는 신생 독립공화국들의 출현과 소련 전역에 거주하고 있던 민족들의 대이주를 야기했다. 1937년 강제유형으로 중앙아시아에 대거 옮겨와 살았던 고려인들은 1950년대 중후반 거주제한이 해제되면서 러시아로 이주를 시작했다. 그 이후로도 꾸준히 진행된 고려인들의 러시아 재이주는 소련 해체 이후 급물살을 타면서 새로운 단계에 접어들었다.

중앙아시아 고려인들이 러시아로 재이주하는 원인을 파악해보자면, 여러 요인이 서로 긴밀하게 연결되어 있음을 알 수 있다. 고려인들의 러시아 이주 원인은 다음과 같이 크게 다섯 가지로 구분할 수 있다. 첫째, 중앙아시아 국가들의 민족주의 정책과 사회 전반에 걸쳐 확대된 자민족 중심주의적 분위기, 둘째, 러시아 내 언어 장벽의 부재, 셋째, 더 나은 조건을 갖춘 노동과 교육의 기회, 넷째, 분산된 가족 찾기, 다섯째, 고려인 권리 신장에 대한 러시아 법령의 발포이다. 중앙아시아 공화국들의 독립 이후 각 국가는 각자의 민족어를 국어로 삼았고, 민족어를 의무적으로 사용해야 하는 환경을 조성했다. 이전까지 중앙아시아에 거주하고 있더라도 그 국가의 민족어를 굳이 습득할 필요가 없었던 고려인들은 그로 말미암아 취업이나 직장 내 승진 기회에서 차별을 겪게 되었다. 이러한 차별과 중앙아시아 사회 전체에 확대된 민족주의 열풍 때문에 고려인들은 의사소통 문제가 없으면서도, 문화적으로 중앙아시아보다 더 친밀함을 느끼는 러시아를 새로운 이주지로 고려하게 되었다.

언어 문제는 노동과 자녀 교육 문제로까지 이어졌다. 특히 독립 이후 정치적, 경제적 안정을 찾지 못하던 중앙아시아와 비교할 때 러시아에서는 더 많은 취업과 더 나은 임금 기회를 기대할 수 있었기 때문에 노동 이주가 많았다. 전통적으로 교육을 중요한 가치로 여기는 고려인들이 자녀에게 수준 높고 다양한 교육의 기회를 안겨 주기 위해 이주를 감행한 예도 적지 않았다. 이뿐만 아니라, 소련의 붕괴로 새로운 국경들이 나뉘면서 한 국가에 거주했던 가족과 친인척들이 한순간 각기 다른 국가에 놓이게 되어 분산된 가족들을 찾고 같이 모여 살기 위해 이주를 결심한 경우도 있다.

이런 원인 외에도 러시아에서 고려인을 포함한 소수민족에 대한 법령이 공포된 사실은 고려인들의 러시아 이주에 힘을 실어 주었다. 러시아 정부가 1991년 4월 '탄압받은 민족들에 관한 복권법'을 제정한 데 이어 1993년 4월 '고려인 복권법'에 관한 법령을 공포하자 고려인들은 그동안 가지고 있던 '억압받은 민족'이라는 누명을 벗고 오랫동안 감춰오거나 공개적으로 드러내기를 꺼렸던 민족성이나 정체성을 표출할 수 있는 분위기가 조성되었다.[1] 그리고 러시아는 자국 내 수많은 민족이 자신들의 단체를 만들 수 있도록 1995년 '사회단체에 관한 법'과 1996년 '민족

---

1 이 법에 따라 국가의 보상이나 혜택을 받기 위해서는 10여 가지 서류를 제출해야 한다. 그러나 서류 구비부터 쉽지 않기 때문에 제대로 보상받은 사람의 수는 적다. 예를 들면 강제이주를 당한 사실과 유형지에서 거주한 사실을 입증할 서류를 요구하고 있지만, 강제유형 후 많은 시간이 흐른 데다 새로운 지역으로 이주했기 때문에 필요한 서류를 구비하는 데 상당한 어려움이 존재한다.

문화자치에 관한 법'을 승인하면서 소수민족의 권리를 법적으로 보장했다. 이는 중앙아시아 내 민족주의에 위협을 느낀 고려인들의 러시아 이주를 촉진했다.

러시아로 이주하기로 결정한 고려인들은 첫째, 강제 이주 전 부모 세대가 거주했던 극동 지역, 그중에서도 특히 연해주 지역, 둘째, 러시아의 대표적인 대도시 모스크바와 상트페테르부르크, 셋째, 중앙아시아에서 비교적 이동하기 쉬운 러시아 남부 지역으로 이주했다. 그 밖에 시베리아 지역을 포함한 기타 지역으로도 이주가 있었다. 이 지역 중 로스토프 지역은 세 번째 경우에 해당하는 곳으로 많은 고려인이 재이주하여 새로운 고려인 밀집 지역을 형성하고 있다. 중앙아시아와 크게 다를 바 없는 극동 지역의 낙후된 경제적 상황 등으로 고려인의 연해주 재이주가 소강상태에 접어들었다면, 로스토프 지역을 비롯한 남부 지역은 고려인들이 중앙아시아에서 꾸준하게 이주해 오고 있다는 점에서 이 지역의 고려인 사회는 정부와 학계의 주목을 받고 있다.

국내에서 고려인 연구는 이미 상당히 많이 진행되었다. 중앙아시아 고려인에 대한 연구는 어느 정도 축적되었다고 할 수 있으며,[2] 연해주 지역을 중심으로 한 러시아 지역의 고려인에 대한 연구도 활발하게 이루어졌다.[3] 러시아 남부 지역으로 고려인 이주가 급증하면서 이 지역에 관한 관심이 학자들 사이에 고조되었고, 이 지역 고려인 사회에 대한 연

2 권희영, Valery Han, 반병률, 『우즈베키스탄 한인의 정체성 연구』 (서울: 한국정신문화연구원, 2001); 전경수, 『까자흐스탄의 고려인』 (서울: 서울대학교출판부, 2002); 임영상, "중앙아시아 3-4세대 고려인의 의식과 생활문화," 『국제지역연구』, 제4호 (서울: 한국외국어대학교 국제지역연구센터, 2000), pp. 187-222.

3 방일권, "상트-페테르부르크 고려인 3-4세대의 의식과 생활문화," 『외대사학』, 제13호 (서울: 한국외국어대학교 사학, 2000), pp. 85-133; 이채문, "한인의 러시아 극동지역 이주: 초국가주의적 관점," 『한국지역지리학회지』, 제14권, 제2호 (서울: 한국지역지리학회, 2008), pp. 141-158; 전신욱, "중앙아시아 고려인의 재이주 요인과 정착현황: 연해주 지역을 중심으로," 『한국정책과학학회보』, 제11권, 제3호 (서울: 한국정책과학학회, 2007), pp. 77-107; 황영삼, "모스크바 고려인 3-4세대의 의식과 생활문화," 『외대사학』, 13호 (서울: 한국외국어대학교 사학, 2000), pp. 53-83.

구도 진행되었다.[4] 특히 한국외국어대학교 역사문화연구소는 2002년에서 2003년 사이에 고려인 현황을 연구하기 위해 러시아 현지 조사를 시행했는데, 이때 러시아 남부 지역 내 고려인에 대한 연구가 함께 이루어졌다. 그러나 이제까지 나온 해당 지역 고려인 사회에 대한 연구를 살펴보면, 연구 지역이 볼고그라드에 편중된 것을 알 수 있다. 볼고그라드를 제외한 러시아 남부 지역 내 고려인에 대한 연구는 일부 학자에 의해서만 진행되었을 뿐이다.[5]

이 글은 첫째, 로스토프 지역의 특징을 살펴봄으로써 이 지역이 어떻게 새로운 고려인 집거 지역으로 부상하게 되었는지 분석하고자 한다. 둘째, 기존의 연구 자료를 비롯하여 필자가 2007년 이 지역을 방문하여 직접 보고 접한 정보와 이 지역 청년층을 대상으로 시행한 설문조사 결과[6] 등을 토대로 이 지역 내 고려인 사회가 어떻게 형성하고 발전했는지, 어떠한 특징들이 있는지 분석할 것이다. 이를 통해 로스토프 지역에 거주하는 고려인 사회의 당면 문제를 고찰하고 향후 발전 방향을 전망해볼 것이다.

---

4 김재기, 이봄철, "중앙아시아 고려인의 러시아 볼고그라드 재이주현상," 『한국동북아논총』, 제11권, 제3호 (서울: 한국동북아학회, 2006), pp. 237-265; 임영상, 황영삼 외, 『소련 해체이후 고려인 사회의 변화와 한민족』 (서울: 한국외국어대학교 출판, 2005).

5 김상철, "러시아 북까프까즈 고려인 사회의 형성과정과 문화적 특성," 『역사문화연구』, 제15호 (서울: 한국외국어대학교 역사문화연구소, 2001), pp. 55-100; 김혜진, "고려인 청년층의 민족정체성 형성과정에 대한 고찰 -모스크바 및 남부 러시아 지방을 중심으로," 『슬라브학보』, 제23권, 제4호 (서울: 한국슬라브학회, 2008), pp. 279-298; Т. В. Волкова, "Российские корейцы: к вопросу о самойдентификации," *Этнографическое обозрение*, No. 4 (2004), с. 27-40; Ю. Н. Попова, "Корейская диаспора Краснодарского края: историко-культурные аспекты: XX в. - начало XXI в.," Дис. к.и.н. Краснодар: Кубанский Государственный Университет, 2004.

6 이 설문조사는 2007년 상반기에 필자가 고려인 청년층의 민족 정체성 형성 과정을 연구하고자 모스크바, 볼고그라드, 로스토프 지역에서 진행됐다. 15세에서 35세까지 젊은 고려인을 대상으로 한 이 설문조사에는 총 301명의 고려인이 응답했고, 로스토프 주에서는 총 87명의 고등학생과 대학생, 기타 지정 연령층에 해당하는 고려인이 설문에 응했다.

2. 로스토프 지역 특성과 고려인 사회의 형성

2.1. 로스토프 지역 특성

로스토프 지역은 북카프카스 지역에 걸쳐 있으며, 미하일 숄로호프의 대하소설 『고요한 돈 강』의 작품 배경인 돈 강 하류 지역을 차지하고 있다. 면적은 100,800km²로 러시아 영토의 0.6%에 해당한다.[7] 로스토프 주 인구는 450만 정도이며, 러시아인, 우크라이나인, 아르메니아인, 벨라루스인, 타타르인, 그리스인 등 100여 민족이 살고 있다.[8] 다양한 민족이 거주하고 있는 만큼 로스토프 주에는 많은 민족 단체가 조직되어 있다. 주 정부는 매년 '민족의 날' 행사를 열고 있다.

로스토프 주의 중심지인 로스토프-나-도누(Ростов-на-Дону) 시[9]는 인구 150만 명 이상으로 러시아 남부 최대 도시이다. 돈 강변에 자리 잡은 이 도시는 아조프 해를 옆에 끼고 남쪽으로는 카프카스로 통하기 때문에 '카프카스의 관문'으로 불리기도 한다. 도시는 18세기에 세워져 철도가 개설된 후 급속도로 발전하기 시작했다. 돈 강이 아조프 해로 흘러들어 가기도 하지만, '러시아의 젖줄'인 볼가 강과도 연결된 데다 철도망도 3개나 교차하는 덕분에 도시는 교통의 요지로 발전할 수 있었다.[10] 북카프카스의 행정 중심지인 만큼 이곳에는 고등교육기관, 연구소 등이 많이 자리 잡고 있다. 또한, 도시는 강과 바다가 옆에 있어 비옥한 토지와 온난한 기후 조건을 갖춘 전통적인 농업 도시로도 유명하다.

이러한 로스토프 지역 특성을 감안하여 이곳으로 고려인들의 이주가

7 로스토프 주 정부 공식 사이트 www.rostovobl.ru (검색일: 2010.05.20).

8 2002년 시행된 러시아 인구조사 결과에 따르면, 이 지역에서 러시아인은 84.4%, 우크라이나인은 2.7%, 아르메니아인은 2.5%를 차지한다. 이 지역 내 고려인은 전체 인구의 0.26%로, 수적으로 볼 때 열 번째로 많다.

9 '로스토프-나-도누'라는 말은 '돈 강 유역의 로스토프'라는 의미로, 러시아 서중부 지역의 야로슬라블 주에 있는 또 다른 로스토프 지역과 구별된다.

10 로스토프 주 정부 공식 사이트 www.rostovobl.ru (검색일: 2010.05.20).

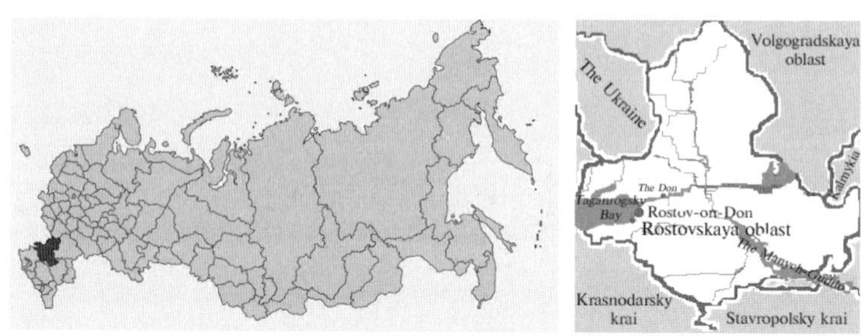

〈그림 1〉 러시아 내 로스토프 주 위치(좌), 로스토프 주 지도(우)[11]

활발하게 이루어진 요인들을 정리해보자면 다음과 같다. 첫째, 앞서 기술했듯이, 로스토프 지역은 교통의 이점이 있어 중앙아시아에서 이곳으로 이주하는 것이 한결 용이하다. 이뿐만 아니라, 중앙아시아에서 대도시로 이주하려는 고려인들이 곧바로 대도시로 진출하기보다는 남부 지역으로 우선 이주한 후 다시 대도시로 이주를 시도하기 때문에, 이 지역이 일종의 경유지 역할을 하고 있다는 점도 이곳으로의 이주가 계속되는 이유이다. 둘째, 이 지역은 고려인들의 전통적인 경제 활동인 농사에 적합한 환경을 갖추고 있어 중앙아시아에서 주로 농사를 지었던 고려인들은 자신들의 경제 활동을 이곳에서도 지속할 수 있다. 물론, 중앙아시아에서의 직업과 새로 이주한 지역에서의 직업이 항상 일치하는 것은 아니다. 관리직이나 사무직에 종사했던 고려인들이 이주하면서 마땅한 일자리를 얻지 못해 어쩔 수 없이 농업에 종사해야 하는 경우도 적지 않다. 농업환경이 탁월하다는 점 외에도 로스토프 지역은 농산물 판매에 편리한 교통로가 있고, 중앙아시아와 비교할 때 임금이 더 높은 것도 강점으로 작용한다고 할 수 있다. 셋째, 다양한 대학과 연구기관이 있어 교육열이 높은 고려인들을 만족하게 하는 조건을 갖추고 있다. 넷째, 로스토프 지역의 수많은 민족이 오랫동안 상생하며 지내온 결과 러시아

11 http://ru.wikipedia.org/wiki/%D0%EE%F1%F2%EE%E2%F1%EA%E0%FF_%EE%E1%EB%E0%F1%F2%FC (좌); http://map.rin.ru/cgi-bin/main_e.pl?Region=rostov (우)

일부 도시에서 관찰되고 있는 과격한 민족주의적 성향을 띤 범죄의 발생이나 제노포비아 현상이 비교적 덜한 편이다. 또한, 북카프카스의 다른 지역들과 비교해도 정치·안보상 안정된 지역이기 때문에 고려인과 같은 소수민족이 거주하기에 안전한 곳이다.

2.2. 로스토프 지역 내 고려인 사회의 형성

강제유형 후 고려인들의 거주 지역과 이동은 제한되었다. 그러나 스탈린 사망 후 1950년대 중반부터 중앙아시아 고려인들이 거주와 이동의 자유를 되찾게 되면서 러시아 이주가 시작되었다. '제2의 고향'이라고 할 수 있는 연해주로 떠나는 사람들이 있었던 반면, 또 다른 이들은 학업을 위해 톰스크, 노보시비르스크와 같은 교육도시, 모스크바와 같은 대도시로 떠났다. 한편, 일부 그룹은 '고본질'을 목적으로 러시아 남부 지역으로 이동했다. '고본질'이란 할당량을 채우기 어려운 집단농장과 고려인 브리가다(Бригада, 작업반)가 체결한 일종의 단기 임차계약을 일컫는 것으로 고려인 특유의 농업방식이다. 임차계약에 따라 고려인 브리가다가 계약한 수확량은 농장에게 주고, 남은 수확량은 브리가다가 자유롭게 이익을 챙길 수 있는 위탁농업의 형태이다. '고본질'은 자본주의적 발상이라는 평가를 받기도 했지만, 불법적 행위라는 비판도 있었다. 하지만 '고본질'은 1960년대부터 1980년대까지 성행했다. 지금도 농사철에 러시아 남부 지역과 우크라이나 등으로 건너가 일을 하고, 농한기에는 원래 거주지인 중앙아시아로 돌아가는 고려인들이 많다. 로스토프 지역은 볼고그라드, 우크라이나 크림 지역과 함께 대표적인 고본질 지역으로, 계절농의 유입과 유출로 고려인 유동인구가 많다.

모든 고려인이 계절노동을 위해 이 지역으로 이동하는 것은 아니다. 거주와 정착을 위해 이주한 예도 상당히 많다. 실제로 고려인들이 이미 1950년대 중후반부터 '고본질'을 목적으로 로스토프 지역을 포함한 러시아 남부 지역을 드나들었다. 이 지역에서 생활했던 경험이 어느 정도 쌓이게 되면서 해당 지역을 새로운 거주지로 선택하는 경우도 많다. 고 본질로 축적된 거주경험과 인간관계는 이 지역에서 빠른 적응과 현지화에 도움을 주고 있다.

1989년 소련에서 시행한 마지막 인구조사 결과를 보면, 로스토프 주에 거주하는 고려인들은 7,132명이었다. 이후 고려인 수는 점차 늘어 2002년 러시아 인구조사 결과에서 11,669명을 기록했다. 하지만 미거주 등록자와 민족을 밝히지 않은 경우까지 포함하면 실제 수는 이보다 더 많을 것이다. 2008년 로스토프 주 한국교육원의 보고서에 따르면, 이 시점에 25,000명의 고려인이 거주하고 있는 것으로 나타났다.[12] 현재 고려인들은 로스토프 주에서도 주로 로스토프-나-도누와 바타이스크(Батайск) 시, 아좁스키(Азовский), 악사이스키(Аксайский), 볼고단스키(Волгоданский), 베숄롭스키(Весёловский) 지역 등에 거주하는 것으로 나타났다.

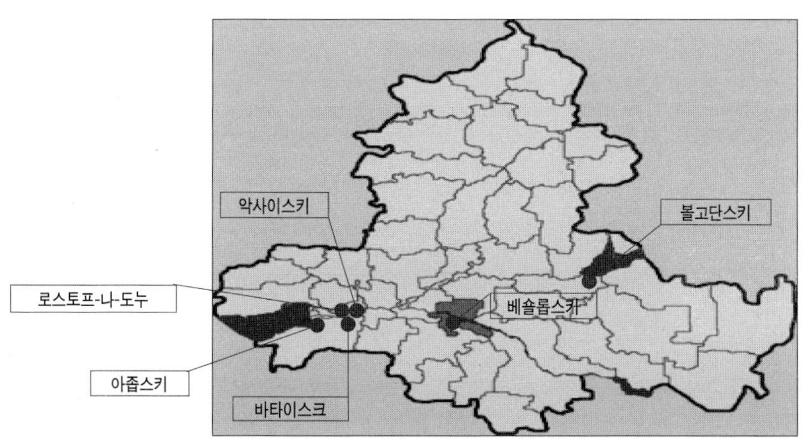

〈그림 2〉 로스토프 주 고려인 주요 거주 지역

12 로스토프 한국교육원 김원균 원장, 보고서 "러시아 북카프카스 지역 고려인동포 지원방안" (2008년 7월 8일).

러시아 남부 지역에서 볼고그라드 주는 로스토프 주와 함께 고려인들의 대표적인 집거 지역으로 꼽을 수 있지만, 두 지역은 고려인 사회의 형성 과정에서 유사한 만큼이나 상이한 측면도 있다. 교통이 편리하다는 점, 농사에 적합한 환경을 갖추고 있어 1950년대 중후반부터 고려인 계절농의 유입이 활발했다는 점, 현재 3만 명 안팎의 고려인이 거주하고 있다는 점, 우즈베키스탄 출신 고려인들이 고려인 사회 내 다수를 차지하고 있다는 점에서 볼 때 두 지역은 유사한 점이 많다. 그러나 고려인의 로스토프 이주가 자발적이었던 반면, 볼고그라드로의 이주는 한국의 NGO 단체와 특정 종교인의 개입으로 진행되었던 '의도적인 이주'였다는 점에서 두 지역 사이에 큰 차이점이 존재한다.[13]

로스토프 지역에는 예로부터 농사에 종사하는 사람들이 많아 농업을 주업으로 삼고 있는 고려인들의 이주가 지역 주민의 경계심이나 경쟁심을 불러일으켰다. 반면, 볼고그라드 지역은 농사에 적합한 환경이었어도 노동 인구가 부족하여 고려인 이주가 환영을 받았고, 볼고그라드 주 정부도 고려인들의 정착을 지원하고 있다. 두 지역 모두 고려인 계절농이 선호하는 지역이기는 하지만, 로스토프에서는 이미 50년대부터 작은 규모나마 고려인 사회가 형성되었던 반면, 볼고그라드에서는 1990년대에 들어와서야 고려인 사회가 본격적으로 형성되었다. 그리고 볼고그라드에서는 1992년 타지키스탄 내전, 2000년부터는 아랄 해 가뭄으로 타지키스탄과 카라칼파키야에서 이주한 고려인들이 많아 특정 지역 출신이 수적으로 우세하다는 점, 이들의 출신지에 따라 볼고그라드 내 정착 지역이 구분된다는 사실 등도 로스토프 지역의 고려인 사회와 다른 점이라 할 수 있다.[14]

---

13 우리민족서로돕기운동본부와 삼일문화원의 이형근 목사가 볼고그라드 고려인 문제 해결에 힘쓰고 있다. 볼고그라드 고려인에 대해서는 다음을 참고하기 바람. 김재기, 이봄철, op. cit.

14 볼고그라드로 이주한 우즈베키스탄 출신 고려인들은 니콜라옙스키(Николаевский) 지역의 솔로두쉬노(Солодушно) 마을에, 타지키스탄 출신은 스레드냐야 아흐투바(Средняя Ахтуба) 지역에 주로 거주하고 있는 것이 특징이다. 이들의 출신지별로 집거지역이 다른 것은 외부의

로스토프 지역이 고려인 집거 지역으로 새롭게 부각되면서 한국 정부도 이 지역에 관심을 기울이기 시작했다. 물론, 한국대사관을 비롯한 각종 한국 기관이 자리 잡고 있는 모스크바와 같은 대도시나 한국 정부에서 수년간 관심을 기울여 온 극동 지역과 비교하면 한국 정부가 로스토프 지역에 눈을 돌리게 된 것은 얼마 되지 않았다. 1999년 로스토프 주와 청주시가 자매결연 협정을 체결하면서 양측 간의 공식 교류가 시작되었고, 뒤이어 2001년에는 로스토프 시에 한국교육원이 설립되었다.

최근 이 지역을 향한 한국 측의 발길이 잦아졌다고 할 수 있다. 2006년에는 주러 한국대사가 이끄는 대표단이 이 지역을 공식 방문했는데, 이 과정에서 지역 고려인들과의 만남이 성사되어 고려인들이 한국과 더욱 친밀해지는 기회가 마련되었다. 2008년에는 이규형 주러 한국대사가 사절단을 이끌고 방문했으며, 방문 후에는 '비닐하우스 사업'이 진행되었다. 이 프로젝트는 한국의 비닐하우스 농업기술을 전수하여 농업에 종사하는 지역 고려인들을 돕기 위한 목적으로 시작된 것이었다. 현지 고려인 사회는 이 프로젝트로 한국 측 지원은 물론 로스토프 주 정부로부터 5만㎡의 땅을 배분받았다.[15] 이 사업의 연장으로 2009년 1~2월 로스토프 고려인들이 한국을 방문하여 강원도가 진행하는 농업기술 이전 사업에 참여한 바 있다.[16]

요소, 즉 NGO나 종교 단체가 볼고그라드 주의 중심지보다는 인구가 비교적 적고 농사에 적합한 곳을 새로운 고려인 이주민의 정착지로 선택했기 때문이다.

15 로스토프 주 정부 공식 사이트 www.rostovobl.ru (검색일: 2010.05.20).

16 『연합뉴스』(2009년 1월 19일).

3. 로스토프 고려인 사회의 특징

3.1. 한인 사회 내부의 특징

로스토프 지역 내 한인 사회는 크게 출신지와 이주 시기에 따라 구분할 수 있다. 로스토프로 이주하기 전 거주지는 구소련 지역, 한국, 북한, 중국 등으로 다양하다. 첫 번째, 구소련 지역은 다시 북카프카스(카바르디노-발카리야, 잉구세티아, 북오세티야 등), 중앙아시아, 사할린, 기타 지역(노보시비르스크, 우크라이나 등)으로 세분할 수 있다. 이처럼 다양한 지역에서 고려인들이 이주해 오고 있지만, 무엇보다도 중앙아시아, 특히 우즈베키스탄에서 오는 이주가 두드러진다. 두 번째로, 유학이나 기업 진출, 종교 전도의 목적으로 한국에서 오는 사람들이 있는데, 그 수는 많지 않다. 세 번째로, 북한 출신 망명자나 유학생들이 귀국하지 않고 잔류하여 거주하는 예도 있다. 네 번째로, 상업 활동을 목적으로 중국에서 건너온 조선족들이 소수 그룹을 형성하고 있다.

이러한 구분은 표면상으로는 단순히 출신지에 따른 구분일 뿐이지만, 그 내부에는 궁극적인 차이점들이 존재한다. 각자 살아온 정치·경제·사회 환경이 달랐기 때문에 같은 한인이더라도 사고방식이나 행동양식이 다르며, 서로 접촉하기 시작한 역사도 길지 않고, 언어의 장벽마저 존재하기 때문에 교류가 원활하지 않다. 교류가 이루어지더라도 그 과정에서 서로의 차이점을 확인하게 되는 경우도 일어난다. 구소련 지역에서 온 고려인 사이에서도 이런 어색한 기류가 감지된다. 대표적인 예로 사할린 한인들과 중앙아시아 고려인들 간의 교제를 들 수 있다. 사할린 한인들은 중앙아시아 고려인들과 역사적 기원이 다를 뿐만 아니라 언어·문화적 차이도 존재한다. 19세기 후반 한반도 북부 지역의 한인들이 러시아 극동 지역으로 건너간 것이 현재 고려인의 기원이라면, 사할린 한인의 기원은 일제 강점기에 일본이 한국 중남부 지역의 한인 노동자들을 당시 일본령이었던 남사할린으로 강제 동원한 것에서 시작되었다. 광복 후 국제정세와 한국의 내부 상황으로 고국 귀환이 불가능했기 때문에, 일본인 아내가 있는 소수를 제외한 한인들은 대부분 사할린에 계속 남아 있을 수밖에 없었다.[17] 출신지가 다르므로 각자 구사하는 한국어 방언도 다른 데다, 사할린 한인들이 조금 더 오래 한국어를 구사할 수 있는 환경에서 생활했기 때문에, 사할린 한인 사이에서 한국어 구사자를 더 많이 찾아볼 수 있다. 고려인 단체들의 주요 활동 목적이 전통문화의 부활이나 한국어 교육 등이라면, 사할린 한인 단체들은 한국 귀환과 같은 과제를 갖고 있다. 중앙아시아에서 온 이주민들은 공통의 역사와 문화가 있기 때문에 이주와 현지 적응 과정에서 서로 동질감을 쉽게 형성할 수 있었다. 반면, 사할린 한인들과의 교제에서는 약간의 이질감을 느끼기도 한다.

이주 시기에 따라서도 고려인 사회를 구별할 수 있는데, 소련 붕괴 전에 이미 이주했던 구이주민들은 이 지역에서 어느 정도 사회적 지위를 차지하고 경제적인 안정을 누리고 있다고 할 수 있다. 게다가 이들은 소련 해체 후에 국적이 자연스럽게 소련에서 러시아로 전환됐기 때문에 법적인 문제도 겪지 않았다. 이에 반해 소련 붕괴 이후에 이주한 사람들은 국적 문제로 어려움을 겪었으며, 이주가 계속되는 만큼 이러한 문제를 안고 있는 고려인들이 아직 존재하고 있다. 법적인 문제 외에도 이주한 지 얼마 되지 않은 신이주민들은 새로운 환경에서 적응 문제와 경제적 어려움에 부딪히게 되는 경우가 상당하다.

17 일본이 전쟁에서 패한 후 사할린은 소련 영토로 되돌아갔다. 이곳에 거주하던 일본인들이 자국으로 돌아갔을 때, 일본인 가족을 둔 한인들도 함께 일본으로 갈 수 있었다. 일본으로 돌아간 사할린 한인들은 사할린에 남아 있는 한인들의 귀환을 위해 '사할린 억류귀환자 동맹'을 결성하고 일본 정부를 상대로 재판을 추진하는 등 각고의 노력을 기울인 바 있다.

3.2. 경제 활동

로스토프 지역 고려인은 대부분 농업—쌀농사와 채소 재배업—에 종사하고 있다. 2001년 로스토프 주지사가 러시아 고려인협회에서 발행하는 신문인 '재러한인'(Российские корейцы)과 가졌던 인터뷰 내용에 의하면, 로스토프 주에 거주하는 고려인 약 70%가 농업에 종사한다.[18] 그러나 농사 이외에도 정계, 학계, 경제, 예술계 등 다양한 분야에서 활동하고 있는 고려인들도 만나볼 수 있다.

농업에 종사하는 고려인들이 많은 이유는 두 가지로 추측해 볼 수 있다. 로스토프로 이주한 지 얼마 되지 않은 고려인들은 대부분 주로 농업에 종사하면서 농촌을 중심으로 거주하고 있다. 그러나 이미 언급했듯이, 이주 전 거주지의 직업과 이주 후 직업이 일치하지 않는 예를 흔히 찾아볼 수 있다. 새로운 거주지에서 예전 직종의 일자리를 구하기 어렵게 되거나 국적 미변경으로 구직서류를 갖추는 데 어려움이 생기게 되면, 새로운 이주민들은 대부분 특별한 서류나 자격이 필요하지 않은 농업을 업으로 삼는다. 두 번째 이유는 농업에 많은 노동력이 필요하고, 고려인들은 예전부터 가족(친척 포함)으로 구성된 브리가다 형태로 일해 왔기 때문이다. 이외에도 도시에 거주하는 고려인 중 일부는 텃밭이 딸린 주택에 거주하면서 텃밭에서 기른 채소를 시장에 내다 팔고 있다.

이처럼 많은 수의 고려인이 농업에 종사하며 어느 정도 성공을 이루고 있는 만큼 농업은 고려인들에게 특수한 경제 활동 분야라고 할 수 있다. 그러나 이로 말미암아 다른 민족 공동체나 인근의 다른 지역 주민과 경쟁 관계에 놓이게 되는 경우가 종종 발생한다. 예를 들면, 채소가 더 일찍 자라는 인근 크라스노다르 지방 농민들과의 경쟁이나 같은 지역에서 농사를 짓는 타민족들과의 경쟁이 일어나 민족 간 긴장감이 조성하기도 한다. 다른 한편으로, 이러한 경쟁은 고려인들의 민족단합을

18 *Российские корейцы* (июль 2001).

불러일으키는 긍정적 요인으로 작용하기도 한다.[19]

농업 다음으로 고려인들이 많이 종사하는 분야는 상업이다. 그중에서도 채소 판매업이나 '카레이스키 살라트'(Korean Salad) 판매가 주를 이룬다고 할 수 있다. '카레이스키 살라트'는 언뜻 김치나 나물무침을 연상시키는 다양한 채소요리를 총칭하는 것으로, 고려인들이 제조하여 직접 판매하고 있어 고려인들의 대표적인 상업 활동이라 할 수 있다.[20] 그 밖에 의류판매에 종사하는 고려인들도 쉽게 찾아볼 수 있다.

경제 활동 역시 이주 시기별로 두 그룹으로 구별할 수 있다. 이주한 지 얼마 안 된 사람들은 앞서 언급했던 것처럼 농업에 종사하는 경우가 많다. 이주한 지 어느 정도 시간이 지나서 이주 지역에 동화되고 경제적인 안정을 찾고 현지 내 인맥을 구축한 후에는 새로운 직업이나 종전 직업을 다시 갖게 되는 경우가 많아진다. 또한, 이들이 자녀 교육을 위해 도시로 재이주하여 도시에서 더 다양한 직업 분야와 많은 일자리를 접할 수 있다는 점 등도 고려인들이 농업에서 벗어나 다양한 경제 활동 분야에 종사하게 된 이유이다. 로스토프 주의 고려인 직업군을 살펴보면, 사업가, 기술자, 의사, 법률가에서 농부, 목수, 건설업 종사자 등에 이르기까지 다양하다.[21] 그들 중에 고려인 목사가 있다는 점도 주목할 만하다.[22]

---

19 Волкова, Указ. соч., с. 32.

20 사실 어느 도시에서나 '카레이스키 살라트' 간판을 찾아볼 수 있지만, 로스토프-나-도누 내 시장은 한 블록 전체가 '카레이스키 살라트'를 판매하는 가게들로 가득 차 있는 것이 인상적이었다.

21 2007년 필자가 진행한 설문조사 내용 중 부모님 직업을 묻는 문항에 대한 답변을 토대로 한 것임.

22 소련 해체 이후 많은 수의 한국 종교 단체가 선교를 목적으로 러시아로 건너갔다. 이들은 동포인 고려인을 상대로 적극적인 선교 활동을 펼쳤으며, 고려인들도 모국에서 온 종교 단체에 대한 호기심, 경제적 지원에 대한 기대 등으로 이들 종교 단체를 찾았다. 고려인 사이에서 많은 수는 아니지만, 고려인 목사가 점차 출현하기 시작하였고 고려인만을 위한 교회도 설립되었다. 기독교 단체 외에도 원불교도 모스크바와 블라디보스토크에 교당을 두고 있다.

3.3. 한인 단체

다른 러시아 지역들에서처럼 로스토프 지역에서도 고려인 단체가 조직되어 있다. 그중에서 대표적인 고려인 단체로는 '로스토프 주 고려인 협회'(약자로는 AKRO)를 꼽을 수 있다. 1991년 6월에 조직된 이 협회는 2006년에 창립 15주년 기념행사를 열기도 했다. 주목할 만한 것은 로스토프 주 정부와 로스토프-나-도누 시 대표단, 주러 한국대사관 대표, 유명 러시아 작가와 연예인들이 이 행사에 참석했다는 사실이다.[23] 이는 고려인들이 지역 사회에 적극 참여하고 다른 민족들과 조화롭게 생활하고 있음을 증명해준다. 한편, 이 협회에서는 <푸티>(Путь, 길)라는 신문을 발행하고 있다. 고려인 대부분이 신문을 이해할 수준의 한국어 실력을 갖추고 있지는 못하기 때문에 신문은 러시아어로 발행된다. 신문은 지역 사회 뉴스뿐만 아니라, 한국과 러시아 내 다른 지역 고려인 사회에 대한 소식도 함께 전하고 있다.

로스토프 고려인 단체 중에서 특히 시선을 끄는 단체는 청년단체 '화랑'이다. '화랑'은 2001년 로스토프 주에 거주하는 청소년과 청년층의 단합과 공통의 문제 해결을 위해 설립되었다. 로스토프-나-도누, 바타이스크, 올긴스카야(Ольгинская), 쿨레쇼프카(Кулешовска), 베숄롭스키 등 로스토프 주 5개 지역 마을을 대표하는 청년들이 모여 단체 조직을 결정하였다.[24] 러시아 각지에 고려인 단체가 다양하게 조직되어 있지만, 청년단체는 그렇게 많지 않은 편이다.[25] 많은 고려인 원로와 단체들은

---

23 Л. М. Сим, "Возрождение и развитие культуры российских корейцев на постсоветском пространстве," Сборник материалов Международной научной конференции, посвященной 70-летию депортации корейцев с Дальнего Востока в Среднюю Азию и Казахстан <Корейцы в России, радикальная трансформация и пути дальнейшего развития> (Москва, 2007), c. 109.

24 *Путь* (май 2006).

25 로스토프 지역 외에도 청년단체가 조직되어 있는 지역으로는 시베리아의 톰스크(단체명 '안녕'), 노보시비르스크('아침'), 극동 지역의 우스리스크('후대') 등이 있다. 임영상, 황영삼 외, op. cit., p. 167, p. 172, p. 218.

민족 문화 보존과 민족 정체성 유지를 위해서 고려인 청년단체를 조직하는 것이 시급하다고 지적한다. 하지만 재정 문제, 민족 문화와 민족 단체에 무관심한 고려인 청년층, 조직력 부족, 홍보 미흡 등으로 청년단체가 있는 지역은 사실상 매우 드물다. 이런 점에서 볼 때 로스토프 지역에 청년조직이 설립된 것은 지역 내 고려인 사회가 앞으로도 계속 발전할 가능성을 보여주고 있다.

로스토프 주의 다른 지역에서도 고려인 단체가 결성되어 있다. 예를 들면, 바타이스크 시에는 '바타이스크 고려인 협회'가, 올긴스카야 마을에는 '고려인 노인회'가 구성되어 있다. 이들 조직은 앞서 언급한 '로스토프 주 고려인 협회'와 비교할 때 규모나 구성 인원 면에서 작은 편이다. 특히, 도시가 아닌 작은 마을에 조직되어 있는 한인 단체들은 나름대로 활동을 하고 있지만, 사회단체로서 대외 활동에 주력하기보다는 친목의 성격이 더 강하다고 할 수 있다.

3.4. 민족 문화

3.4.1. 언어

이 지역 고려인 사회에 민족 문화를 전수하고 유지할 수 있도록 큰 도움을 주고 있는 곳으로는 한국교육원을 들 수 있다. 러시아 남부 지역에는 대사관이나 홍보원 같은 한국 기관이 없다는 점에서 볼 때, 로스토프 주에 한국교육원이 자리 잡고 있다는 사실은 로스토프 주가 새로운 고려인 사회의 중심지가 되고 있다는 것을 의미한다. 또한, 로스토프 주가 모스크바나 페테르부르크 같은 대도시보다 한국인들을 접할 기회가 상대적으로 적다는 것을 상기한다면,[26] 한국교육원은 지역 고려인들이 한국 문화를 접하고 배울 수 있는 중요한 경로임이 틀림없다.

---

26 2007년 방문 당시 이 지역에 상주하는 한국 기업은 하나밖에 없었으며 한국 종교 단체도 두어 개 있었을 뿐이었다.

2001년 9월 로스토프-나-도누 시에 설립된 한국교육원은 로스토프 지역 외에도 인근 북카프카스 지역 내 25개 한국어 교육시설을 관리, 지원하고 해당 지역을 대상으로 한국어 능력 시험을 시행하고 있다. 이곳에서 고려인들은 나이에 상관없이 무료로 한국어와 태권도 등을 배울 수 있으며, 한국의 전통문화는 물론이고 드라마나 영화 등 영상자료가 갖춰져 있어 현대 문화도 접할 수 있다. 이 밖에 송편 빚기, 한글 퀴즈대회, 한국 음식 경연대회 등 한국 문화와 관련된 여러 행사가 열리고 있다.

한국 문화와 한국어를 배울 기회 외에도 한국교육원은 고려인들, 특히 고려인 학생들이 같이 공부하며 교류할 수 있는 장도 마련해 주고 있다. 이 점에서 볼 때 이 지역에서 청년단체가 조직된 것이 우연이 아님을 알 수 있다. 로스토프 고려인 학생들의 한국어 학습 열의는 상당히 높아서 영어, 중국어, 스페인어와 같은 다양한 외국어 중에서 한국어를 우선으로 배우고 싶다는 학생들도 많다.[27] 실제로 한국교육원에서 실시하는 한국어 능력 시험 응시자 비율을 보면, 2006년 28명, 2007년 75명, 2008년 93명으로 한국어 능력 시험을 보는 학생 수가 점차 증가했다.[28] 한국교육원은 매년 우수 학생을 선발하여 장학금을 지급하고 한국 방문 기회를 제공하면서 고려인 학생들의 높은 학습열을 북돋아 주고 있다.

이 지역에는 한국교육원 외에도 한글을 공식적으로 배울 수 있는 교육기관이 있다. 2003년 로스토프 주립 경제대학에서 제2외국어로 한국어 강의가 시작되었다. 2004년 아시아과가 개설되면서 이 대학에 다니는 학생들이 한국어를 배울 수 있게 되었다. 이 밖에 한국에서 건너온 종교 단체들이 개별적으로 한국어 교육을 진행하고 있다.

---

27 2007년 진행한 설문조사 결과, 한국어 학습 열의는 모스크바와 볼고그라드 고려인보다 로스토프 고려인들이 훨씬 더 높았다. 다른 지역 응답자들이 한국어가 아닌 영어나 다른 외국어를 습득하고자 했다면, 로스토프 응답자들은 한국어를 제일 먼저 배우고 싶은 언어로 꼽았다.

28 김원균, op. cit.

3.4.2. 관습과 예술

2007년 설문조사 결과를 보면, 젊은 고려인 80% 이상이 고려인으로만 구성된 가정, 즉 부모가 모두 고려인인 가정에서 성장했고 88% 이상은 자신을 한인으로 생각하고 있었다. 이뿐만 아니라 80%에 가까운 젊은이가 자신의 본(本)을 알고 있었다. 또한, 약 65%의 고려인 가정에서 꾸준히 고려인 음식[29]을 만들고 있었으며 일주일에 3번 이상 고려인 음식을 먹는다고 답했다. 이런 결과를 살펴보면, 고려인들은 이미 소련 사회를 거쳐 러시아 사회에 완전히 동화되었음에도 불구하고 일부 문화 요소들과 한인의 정체성을 어느 정도 유지하고 있고 가정 내에서 민족 교육이 진행되고 있음을 알 수 있다.

이런 경향은 전통이나 관습 면에서도 찾아볼 수 있다. 고려인들은 이제까지 러시아 전통과 관습에 따라 러시아 명절을 맞이하고 있다. 그러나 이들은 러시아 전통과 더불어 한국 관습도 동시에 따르고 있는 것으로 나타났다. 한국 관습 중에서 가장 많이 따르는 관습은 돌, 환갑, 장례식이었다. 특히 장례식은 앞서 언급한 노인회에서 담당하는데, 전통 장례의식을 알고 있는 원로들과 주변 한국인들의 조언에 따라 장례의식이 치뤄지고 있다.[30] 결혼식(결혼 후 행사까지 포함)과 제사도 많은 사람이 따르고 있었다. 이외에도 최근 고려인 사회에서는 한국 전통 관습과 의례를 복원하려는 노력을 기울이고 있다. 고려인 단체는 음력설에 해당하는 날에 설날 행사를 열거나 단오 행사를 개최한다. 이와 함께 로스토프 주에는 민속무용과 한국어로 노래를 부르는 예술단이 존재한다. 바타이스크 시에서는 아동 무용단 '아리랑,' 올긴스카야 마을에서는 노인

---

29 러시아와 중앙아시아 문화의 영향, 전통적으로 첨가되는 음식 재료들의 부재 등으로 한국 음식과는 재료나 조리법, 명칭 등에서도 차이가 나타난다. 그러므로 여기서는 한국 음식이 아닌 고려인 음식으로 부르기로 한다. 김혜진, op. cit., p. 285.

30 임영상, 황영삼 외, op. cit., p. 12; 한국교육원 김원균 교육원장과의 인터뷰, 로스토프 주 한국교육원 (2007.04.23)

회 합창단이 활발하게 활동하고 있다.[31]

앞서 언급했듯이, 로스토프 주에서는 매년 '민족의 날'과 청소년 축제인 '돈 강 유역 민족우애의 날' 행사를 열고 있다. 고려인 조직들도 '한인의 날'을 조직하여 매년 참가하고 있는데, 이제는 이 행사가 하나의 전통처럼 자리 잡아 가고 있다. 주 정부 차원에서 고려인을 위한 공식 행사가 열림으로써 지역 고려인 단체들이 더욱 활발히 활동할 수 있게 되었고, 단체에 속해 있지 않은 일반 고려인들도 고려인 단체의 활동에 관심을 두게 되었다.[32] 이와 더불어 다른 민족들의 행사도 동일하게 열리고 있기 때문에 타민족 행사보다 뒤처질 수 없다는 일종의 경쟁심도 지역 고려인들을 단합하게 하는 효과를 낳고 있다.

4. 문제점과 향후 발전 방향

4.1. 새로운 이주지 적응과 국적취득 문제

대규모는 아니지만, 여전히 로스토프 지역으로 이주가 지속되고 있기 때문에 새로 이주한 고려인들에 각별한 관심을 기울일 필요가 있다. 이미 지적했듯이, 신이주민들이 예전의 직업과 상관없이 불가피하게 농업에 종사해야 하는 경우가 발생하는데, 이때 농사 경험과 지식 부족은 이들의 정착을 더욱 어렵게 한다. 게다가 이들의 국적 변경이나 거주등록이 제대로 이루어지지 않을 때는 더욱 좋지 않은 상황에 놓이게 된다.

러시아로 재이주한 고려인들의 러시아 국적취득 문제는 소련 붕괴 후부터 줄곧 발생했던 문제이다. 많은 서류와 시간이 요구되었던 국적변

31 *Российские корейцы* (май-июнь 2007).

32 모스크바와 같은 대도시에서는 고려인 단체의 활동에 무심하거나 단체의 존재에 대해서도 전혀 모르는 고려인이 허다하다.

경 절차가 현재 어느 정도 간소화되기는 했지만, 고려인들의 법적지위 문제는 여전히 미해결된 상태이다. 국적취득 시 필요한 조건들, 예를 들면, 러시아에서 거주등록 후 5년 이상 거주, 러시아어 구사능력, 거주방식 제한 등이 삭제되었다. 그러나 고려인 외에도 러시아 국적을 취득하려는 사람들이 수백만 명에 달하는 상황에서 매년 쿼터제를 통해 선정되는 국적 취득자들은 정작 수만 명 정도에 그치고 있어 고려인들이 이러한 절차를 통해 국적을 취득하기 위해서는 시간이 상당히 많이 걸릴 듯하다. 고려인 사이에서 무국적자가 발생하는 원인은 그들이 러시아로 이주할 때 갖고 있던 소련 여권이나 거주하고 있던 국가의 여권을 러시아 여권으로 바꾸는 과정이 제대로 이루어지지 않았기 때문이다. 이 과정에서 가장 큰 문제 중 하나는 이전 공화국에서 거주한 사실과 국적 등을 증명하는 서류의 부재이다. 필요한 서류를 모두 제출해도, 제출 서류가 담당기관에서 제대로 관리하지 않아 분실되는 일도 빈번하여 국적 취득에 어려움을 가중시킨다.

무국적자는 의료, 교육, 연금 등 기본 혜택을 받을 수 없으며, 각종 정부 보조도 받지 못한다. 토지와 농기구를 임대할 때에도 결국 고리대금업자나 중간 도매상, 토지 임대권자, 농촌 조직범죄 집단에 이중으로 착취를 당하게 된다.[33] 이뿐만 아니라, 구직의 어려움, 불심검문의 두려움과 그로 말미암은 벌금 지급 등의 문제를 겪게 된다. 무국적 문제가 해결되지 않을 경우, 다음 세대가 같은 어려움을 겪어야 하는 상황에 이르기도 한다.

현재 독립국가연합 내 고려인의 수는 50만 명에 달하는데, 그중 10%인 5만 명 정도가 무국적 상태에 놓여 있다. 로스토프 지역에도 무국적 신분의 고려인이 상당수 거주한다. 정확한 수는 파악되지 않고 있지만, 바타이스크, 베숄롭스키, 풀레쇼프카 지역에 밀집해 거주하고 있는 것

33 김재기, 이봄철, op. cit., p. 259.

으로 알려졌다.[34] 최근 한국 정부는 우크라이나 내무부와의 협상을 통해 우크라이나 고려인의 무국적 문제를 해결하기 시작했다. 우크라이나 고려인의 국적 문제 해결에 힘입어 한국 정부는 러시아 고려인의 국적 문제도 해결하기 위해 노력을 기울이고 있다. 로스토프 지역 내 무국적 고려인에 대한 한국 정부 지원도 시작되었다. 예를 들면, 2009년 8월 주러 한국대사관의 신성원 총영사는 고려인의 국적 문제 해결을 위해 이 지역을 찾은 바 있다. 이 방문에서 로스토프 주 경제부의 국제협력부 대표를 비롯한 지방기관 대표들과 함께 고려인 국적 문제가 논의되었다. 그 결과 '로스토프 주 고려인 협회' 내에 법률상담소를 설치해 운영하고, 이에 대한 비용은 한국대사관이 부담하기로 결정되었다.[35]

4.2. 고려인 사회의 내부 통합

로스토프 고려인 사회는 소그룹 간에 완벽한 조화를 이루었다고 할 수는 없지만, 큰 갈등 없이 비교적 잘 융화하고 있으며, 고려인 단체도 체계적으로 운영되고 있다는 평가를 받고 있다.[36] 그러나 여전히 남북한 출신 한인이나 조선족들과의 교류는 상당히 적은 편이다. 다양한 출신지의 한인들이 어울릴 수 있는 공동의 장을 만들고 이러한 기회가 정기적으로 지속되어야 할 것이다. 교류의 장이 마련되었을 때 자연스럽게 한국을 더욱 가깝게 느끼는 기회가 형성될 것이다. 이는 어떤 특별한 교육보다 더 효과적으로 민족 문화를 전수하고 민족 정체성을 유지할 수 있는 수단이 될 것이다. 다만 주의할 점은 교류의 확장이 항상 친밀감, 상호신뢰의 깊이와 비례하는 것은 아니라는 것이다. 예를 들면, 모스크

---

34 이범관 국회의원, 보고서 "무국적 고려인국적취득사업을 위한 현지조사보고서 - 러시아와 우크라이나를 중심으로" (2009.07.01).

35 로스토프 주 정부 공식 사이트 www.rostovobl.ru (검색일: 2009.10.29).

36 고려인 사회의 내분과 갈등, 이름만 달리하는 단체 간 경쟁, 단체장의 사리사욕 등이 지역을 불문하고 고려인 사회의 부정적 특징으로 꼽혀 왔다. 단체 간 갈등이나 내분 없이 가장 화합이 잘 되었다고 평가받고 있는 곳은 톰스크와 노보시비르스크 지역의 고려인 사회이다.

바와 같은 대도시에서는 다양한 곳에서 온 한인들과 고려인들이 교류할 기회가 많지만, 상호 교류가 늘수록 갈등의 골이 더 깊어지는 예가 실제로 관찰되고 있다. 특히, 고려인들은 러시아에서 사업하는 한국인들이 고용자로서 피고용인인 고려인들을 마치 아랫사람 부리듯이 대한다고 지적한다. 반면, 한국인들 사이에서는 고려인들이 같은 한인이라는 이유로 한국인을 이익을 취할 대상으로만 바라본다는 불만도 터져 나온다. 서로 동등한 한인으로 바라보고 서로의 문화를 이해해야 할 필요가 있다.

4.3. 민족 교육과 민족 정체성 유지

로스토프 지역은 한국교육원이 설립되어 있지만, 모스크바와 같은 대도시에 비하면 한국어 교육기관이나 교사의 수가 많이 부족한 상황이다. 한국어 교육기관을 이른 시간 내 늘리기 어렵기 때문에, 교사 지원이나 교재공급 문제에 중점을 둬야 할 것이다. 한국교육원에서는 한국 유학생이나 사할린 출신 한인들이 고려인들에게 한국어를 가르치고 있다. 그 외의 종교 단체에서는 한국에서 온 전도사들이 한국어를 가르친다. 하지만 이들은 한글 교육법을 정식으로 이수한 전문 교사들이 아니다. 현지인 강사도 실제 현대 한국어와는 동떨어진 한국어를 구사하는 예가 적지 않다. 그러므로 한글 교육을 위한 지침서, 사전, 영상자료, 다양한 교육 프로그램 등을 제공하고 교사들의 연수 프로그램 등이 마련될 때, 현지인 강사들의 수준을 높이고 결과적으로 올바른 교육을 기대할 수 있을 것이다. 또한, 로스토프를 포함한 러시아 지역에서 쓰이는 한국어 교재를 살펴보면, 한국에서 공수한 초급교재이거나 북한에서 사용하는 교재나 사전(조-로 사전)을 이용하는 일이 잦다. 고려인을 위한 한국어 교육에서는 현지어로 된 설명과 올바른 전달이 중요하므로 러시아어로 된 한국어 교재를 구비할 필요가 있을 것이다.

한국어 외에도 민족 문화 구성과 민족 정체성 유지에 필요하다고 간주하는 다른 요소들, 이를테면 음식, 관습이나 전통에 대한 올바른 정보 전달이 시급하다. 로스토프 고려인들은 한국 전통문화에 상당한 관심을 보이고 있는데, 어떻게, 언제 의례를 진행해야 하는지, 자기의 본(本)이 어디인지에 대해 궁금해 하고 있다. 다시 말하자면 특정한 전통의례를 수행하고 싶지만 어떤 절차와 방법으로 수행해야 하는지에 대한 기본 지식이 부족하다는 고려인들도 적지 않다. 음식도 예외가 아니다. 앞에서 설명했듯이, 고려인들이 만드는 음식은 이미 한국에서 만드는 음식과는 많은 차이가 있기 때문에 한국 전통 음식에 대해서도 비슷한 호기심을 보이고 있다. 이처럼 전통문화에 관심이 있는 고려인들을 충족시켜 주는 책자, 강좌 개설 등도 큰 도움이 될 것이다.

고려인 장년층에 민족 문화를 알리는 것도 중요하지만, 민족 교육의 대상은 다른 누구보다도 고려인 사회를 이끌어갈 청년들과 자라나는 청소년들이 되어야 한다. 그러나 이들은 한국 문화나 한국어 학습보다 더 중요한 현실적인 문제에 직면하고 있다. 우선 직업과 관련된 문제를 들 수 있다. 러시아 남부 지역을 조사하다 만난 고려인 청년 몇 명은 현재 직업에 만족하지 않았다. 이들은 중앙아시아에서는 지적인 직업, 소위 '화이트칼라'에 속하는 직업을 가지고 있었지만, 이주 후에는 농업이나 육체노동을 할 수밖에 없다는 불평을 토로하기도 했다.

청소년의 경우, 이들은 대부분 농사일을 돕는다든가, 부모가 농사일을 보는 동안 무방비 상태로 혼자 남아 있는 때가 잦다. 이런 점은 모두 청소년들에게 부정적인 영향을 미칠 수 있다. 농사일을 돕는 학생들은 농촌생활에 만족하지 못하거나 또래들과 똑같이 여가 생활이나 경제적 여유를 누리지 못한다고 불만을 품을 수도 있으며, 이는 비행 청소년으로 탈선할 위험으로 발전할 수 있다.

이뿐만 아니라, 고려인 가정이 경제적 안정을 찾지 못한다면, 비싼 학비 부담으로 청소년들의 대학 진학이 좌절될 수도 있다. 그렇게 되는 청소년들은 동양인 외모 때문에 러시아에서 한창 유행하고 있는 일식집에 취직한다든가, 제대로 된 직업을 갖지 못한 채 농사일을 하게 된다. 이런 상황에서 그들이 느끼는 상대적 박탈감이나 사회적 불만 등은 심각한 수준에 이르러 더 큰 문제를 일으킬 수 있기 때문에 그들에 대한 각별한 관심과 지도가 필요하다.

5. 맺음말

1950년대 중후반부터 시작된 고려인의 러시아 이주는 단계별로 이유와 성격을 달리하며 현재까지 계속되고 있다. 소련 붕괴 전 이주 단계에서는 고려인들이 새로운 거주지로 지인이 살고 있거나, 이미 일정한 경험(고본질)이 있는 지역을 선택했지만, 지금은 그때보다 선택 범위가 더 넓어졌다고 할 수 있다. 이와 함께 러시아 내부 이주, 다시 말하자면, 중앙아시아에서 극동이나 러시아 남부 지역으로 1차 이주하고, 그런 다음 러시아 중심지나 더 나은 삶이 약속된 다른 지역으로 2차 이주하는 경향도 나타났다. 현재 러시아에서 고려인들이 살고 있지 않은 지역을 찾아보기란 어려울 정도이다.

로스토프 지역은 소련 붕괴 이전과 이후에 일어났던 고려인 이주 과정 모두에 해당하는 경우라고 할 수 있다. 로스토프로 이주하는 고려인들은 현지 지인들의 소개나 과거 생활경험 등을 통해 로스토프 지역을 새로운 이주지로 정하기도 하고, 최종 목적지를 위해 거쳐 가는 경유지로 간주하기도 하면서 이곳으로 이주를 결심한다. 로스토프 지역으로 이주가 지속되면서 이 지역 내 고려인 사회는 구성원 증가로 점차 확대되고 있다. 이처럼 로스토프 주는 고려인들의 새로운 밀집 거주 지역으로 변모하고 있다.

로스토프 주의 고려인 사회도 여타 지역 내 고려인 사회처럼 다양한 지역에서 온 한인들로 구성되어 있다. 이들 사이에는 교류가 활발하지는 않지만, 비교적 유화적인 관계가 유지되고 있다. 일부 지방 도시의 고려인 단체들이 친목 위주의 소모임 정도로만 존속하는 반면, 로스토프 내 고려인 단체는 비교적 체계적이고 활발한 활동을 보이고 있다. 현지 고려인들도 고려인 단체에 관심을 기울이고 높은 참여율을 보이고 있다. 노인회, 청년회와 같은 연령별 조직들도 운영되고 있어 고려인들의 민족 단체 참여에서도 세대 간 조화가 엿보인다.

현지 고려인들은 한국어와 전통 관습 등 한국 문화의 꽤 많은 부분을 상실했고 현지 동화의 수준도 상당히 높다고 할 수 있다. 사실 한국어나 민족 문화, 한민족 정체성이 한국이 아닌 러시아에서 사는 고려인들에게 그렇게 실용적이거나 필요한 부분은 아니다. 한국어만 하더라도 사할린 한인들을 제외하고 제대로 구사할 수 있는 고려인들은 노장년층에서도 소수에 제한되어 있으며 일상생활이나 직장생활에서 한국어 사용은 이뤄지지 않고 있다. 취업을 목적으로 한국어를 배우고 가르친다고는 하지만, 한국어를 통해 경제적 실익—취업이나 비즈니스—을 얻고 있는 예 또한 극히 드물다. 특히 가시적이고 실용적인 결과를 추구하는 젊은 세대에게 한국어는 '조상의 언어'라는 상징적 의미만 있을 뿐 실생활에서 눈에 띄는 이점을 제공하지 못하고 있다. 현지 고려인들에게 우선 필요한 것은 민족 문화의 부활보다는 현지 내 정착과 안정일 수 있다. 이들을 위한 현지 적응 프로그램, 취업을 위한 직업 프로그램 등의 개발과 현지 내 고용 창출을 위한 지원이 필요하다.

그러나 경제적 안정이 가장 필요하다고 할지라도 현지 고려인들이 민족 문화를 접하고 익히는 데 한국 정부의 지원이 중단돼서는 안 될 것이다. 1980년대 말부터 소련 전역에 걸쳐 민족주의 열풍이 불면서 각 민족은 자민족의 전통문화 되찾기 운동에 집중했다. 대부분 고려인 단체들도 전통문화의 부활과 보존을 주요 활동 과제로 설정하고, 이를 위한 노력을 기울이고 있다. 로스토프 고려인들도 민족 문화에 관한 관심이 상당하며, 현지 동화에도 불구하고 자신들이 한인이라는 뚜렷한 민족 정체성을 보존하고 있다. 또한, 로스토프 주 정부의 소수민족 배려와 고려인 단체의 활발한 활동, 한국교육원의 기여 덕분에 로스토프 고려인들은 한국어, 전통 무용이나 노래 등을 익히고 각종 페스티벌이나 민족 문화 경연대회에 참여할 정도가 되었다. 그러나 한국 정부나 단체의 지원은 여전히 미흡하거나 정보 전달이 제대로 이루어지지 않은 부분도 없지 않다. 고려인들에게 모국의 전통과 풍습만을 강요하기보다는 어떤 절차로 의례의식을 진행하는지에 대해 소개하는 책자 등을 제작, 배포하거나 의례의식을 실제로 재연해 보이는 기회를 마련하는 등 다양한 경로와 방법을 통해 우리 문화와 풍습을 알리고, 그들 스스로 선택하고, 환경에 맞게 변화하도록 하는 작업이 필요하다.

고려인 사회가 발전하기 위해서는 차세대 양성에도 노력을 기울여야 한다. 다행히도 로스토프 주에는 다른 지역에서 보기 드문 청년회가 조직되어 활발한 활동을 벌이고 있다. 그러나 다른 한편으로는 단체 활동이나 민족 문화 수용과는 동떨어져 힘든 현실에 맞닥뜨린 청소년들도 있다. 고려인 사회 내부에서부터 이들에게 관심을 기울일 필요가 있다. 한국 문화에 관심 있는 청소년들을 위해서는 또 다른 접근방법이 필요하다. 한국에 흥미를 느낄 때 한국에 관한 관심이 자연스럽게 형성되고, 그때야 비로소 자발적인 한국어 학습이나 민족 문화 수용에 대한 동기가 생겨날 것이다. 그러기 위해서는 '조상의 나라'라는 막연한 생각을 강요하기보다는 한국이 이들에게 조금 더 가깝게 다가갈 기회들이 창출되어야 할 것이다.

참고문헌

권희영, Valery Han, 반병률. 『우즈베키스탄 한인의 정체성 연구』. 서울: 한국정신문화연구원, 2001.

김상철. "러시아 북까프까즈 고려인 사회의 형성과정과 문화적 특성." 『역사문화연구』, 제15호. 서울: 한국외국어대학교 역사문화연구소, 2001.

김재기, 이봄철. "중앙아시아 고려인의 러시아 볼고그라드 재이주현상." 『한국동북아논총』, 제11권, 제3호. 서울: 한국동북아학회, 2006.

김혜진. "고려인 청년층의 민족정체성 형성과정에 대한 고찰 -모스크바 및 남부 러시아 지방을 중심으로." 『슬라브학보』, 제23권, 제4호. 서울: 한국슬라브학회, 2008.

방일권. "상트-페테르부르크 고려인 3-4세대의 의식과 생활문화." 『외대사학』, 제13호. 서울: 한국외국어대학교 사학, 2000.

이채문. "한인의 러시아 극동지역 이주: 초국가주의적 관점." 『한국지역지리학회지』, 제14권, 제2호. 서울: 한국지역지리학회, 2008.

임영상. "중앙아시아 3-4세대 고려인의 의식과 생활문화." 『국제지역연구』, 제4호. 서울: 한국외국어대학교 국제지역연구센터, 2000.

임영상, 황영삼 외. 『소련 해체이후 고려인 사회의 변화와 한민족』. 서울: 한국외국어대학교 출판부, 2005.

전경수. 『까자흐스탄의 고려인』. 서울: 서울대학교출판부, 2002.

전신욱. "중앙아시아 고려인의 재이주 요인과 정착현황: 연해주 지역을 중심으로." 『한국정책과학학회보』, 제11권, 제3호. 서울: 한국정책과학학회, 2007.

황영삼. "모스크바 고려인 3-4세대의 의식과 생활문화." 『외대사학』, 제13호. 서울: 한국외국어대학교 사학, 2000.

Волкова, Т. В. "Российские корейцы: к вопросу о самоидентификации." *Этнографическое обозрение*, No. 4 (2004)

Попова, Ю. Н. "Корейская диаспора Краснодарского края: историко-культурные аспекты: XX в. - начало XXI в." Дис. к.и.н. Краснодар: Кубанский Государственный Университет, 2004.

Сим, Л. М. “Возрождение и развитие культуры российских корейцев на постсоветском пространстве.” Сборник материалов Международной научной конференции, посвященной 70-летию депортации корейцев с Дальнего Востока в Среднюю Азию и Казахстан <Корейцы в России, радикальная трансформация и пути дальнейшего развития>. Москва, (2007)

기타자료

보고서

김원균. “북카프카스 지역 고려인동포 지원방안” (2008.07.08).

이범관. “무국적 고려인국적취득사업을 위한 현지조사보고서 - 러시아와 우크라이나를 중심으로” (2009.07.01).

인터뷰

김원균 로스토프 주 한국교육원 원장과의 인터뷰 (2007.04.23).

러시아 법조문

Закон РСФСР “О реабилитации репрессированных народов” от 26 апреля 1991 г.

Закон “О реабилитации жертв политических репрессий” от 18 октября 1991 г.

Постановление Верховного Совета РФ “О реабилитации российских корейцев” от 1 апреля 1993 г.

Закон “Об общественных объединениях” 1995 г.

Закон “О национально-культурной автономии” 1996 г.

러시아 인구조사결과

Итоги Всесоюзной переписи населения 1989 г.

Итоги Всероссийской переписи населения 2002 г.

인터넷 자료

로스토프주정부 공식 사이트 www.rostovobl.ru (검색일: 2010.05.02)

신문

「연합뉴스」(2009년 1월 19일).

Путь (май 2006).

Российские корейцы (июль 2001; май-июнь 2007).

제8장

러시아 내 아르메니아 디아스포라

김혜진

1. 서론

소련 해체 무렵 소연방 내 수많은 민족은 '민족'이라는 개념에 특별한 의미를 부여하기 시작했다. 1980년대 말부터 소련 영토 전역에 걸쳐 시작된 이주 현상은 소련 해체를 기점으로 거세졌다. 신생 독립공화국들의 탄생으로 명의민족(титульный народ)들이 모국으로 귀환하기 시작했고, 역으로 그곳에 거주하고 있던 비(非)명의민족들도 러시아를 비롯한 다른 지역으로 이주하기 시작했다. 그러나 거의 모든 신생 독립공화국이 독립 이후 정치적, 경제적 불안정을 겪으면서 곧이어 상황이 비교적 나은 러시아로의 재이주가 일어났다. 독립공화국들과 비교해 볼 때 러시아에서는 더 높은 임금과 더 많은 취업의 기회를 기대할 수 있었기 때문이다. 소연방이라는 단일 국가를 구성했던 역사적 배경, 그 덕분에 형성된 러시아에 대한 친숙함, 언어적 장애의 부재 등으로 러시아는 구소련 국민의 주요 이주 대상국이 되었다. 현재까지도 진행되고 있는 이주는 결과적으로 러시아에 수많은 디아스포라를 만들어냈다.

러시아 영토에서 발생한 디아스포라 중 아르메니아 디아스포라는 이미 오랜 역사를 가지고 있다. 아르메니아 디아스포라의 가장 큰 특징은 해외 거주 아르메니아인의 수가 본국의 인구보다 3배 정도 많다는 사실이다. 아르메니아 본국에 사는 인구는 3,238,000명이지만,[1] 모국 밖에 사는 아르메니아인 수는 8백만 명 이상[2]에 이르고 있는데, 본국 밖의 아르메니아인이 가장 많이 거주하는 국가가 바로 러시아이다.[3] 1989년 전 소련 인구조사 결과를 보면, 러시아 거주 아르메니아인은 532,000명에 달했으며, 2002년 전 러시아 인구조사 결과에 따르면, 1,130,491명의 아르메니아인이 러시아에 살고 있었다.[4] 아르메니아 통계청 자료에 의하면, 2006년 러시아 내 아르메니아인은 약 2백만 명에 달했다.[5] 현재 러시아에는 약 250만 명 정도의 아르메니아인이 거주하고 있는 것으로 추정된다. 아르메니아인은 러시아의 다양한 지역에서 일정한 인구 비율을 차지하며 거주하고 있지만, 러시아에서 아르메니아인이 가장 많이 거주하는 곳은 본국과 지리적으로 가까운 북카프카스 지역(로스토프, 크라스노다르 주)이다.[6]

소련 붕괴 후 포스트소비에트 공간에서 무수히 발생한 디아스포라는 여러 분야의 학자들에 의해 연구됐다.[7] 그중에서 아르메니아 디아스포

---

1 아르메니아 국립 통계서비스. http://www.armstat.am (검색일: 2009.08.01).

2 http://news.bbc.co.uk/2/hi/europe/6382703.stm (검색일: 2009.07.23).

3 외국 거주 아르메니아인은 미국 150만, 그루지야 35만, 프랑스 45만, 우크라이나 15만, 레바논 12만, 이란과 시리아, 아르헨티나, 캐나다 각 8만, 터키 6만, 호주 3만 명 순이다. 김혜진, "아르메니아 디아스포라의 형성과 모국과의 관계에 대한 연구,"『슬라브학보』, 제24권, 제4호 (서울: 한국슬라브학회, 2010), p. 2.

4 Итоги Всесоюзной переписи населения 1989 г.; Итоги Всероссийской переписи населения 2002 г.

5 아르메니아 국립통계서비스. http://www.armstat.am (검색일: 2009.09.10).

6 2002년 전 러시아 인구조사 결과를 보면, 로스토프와 크라스노다르 주에는 각각 109,994명(로스토프 주 전체 인구의 2.5%), 274,600명(크라스노다르 주 전체 인구의 5.4%)의 아르메니아인이 살고 있다. 그러나 지역 단체들은 거주등록되지 않은 아르메니아인까지 포함한다면, 이 지역 내 아르메니아인의 실제 수는 이보다 2배 정도 더 많을 것으로 보고 있다. http://www.hayinfo.com/ru/interview/44517.html (검색일: 2009.11.22).

7 몇 가지를 예로 들면 다음과 같다. М. Н. Губогло, *Идентификация идентичости* (Москва: Наука, 2003); М. Г. Кондратьев, Г. Б. Матвеев, "Формирование чувашской диаспоры," *Расы и Народы*, Т. 29 (2003), с. 105-123; Grahan Smith & Andrew Wilson,

라에 관한 서구 학자들의 연구물을 살펴보면, 연구 대부분이 미국과 서유럽 지역의 '서' 디아스포라에 집중되어 있다.[8] 반면, CIS 지역의 아르메니아 디아스포라에 관한 연구는 주로 러시아와 아르메니아 학자에 의해 진행되었다고 할 수 있다.[9] 한편, 국내에서 아르메니아 디아스포라를 연구한 작업은 찾아보기가 여전히 쉽지 않다. 소련 붕괴 후 발생한 디아스포라에 관한 국내 연구는 대개 고려인과 러시아인 등에 치중되어 있다.[10]

이 글에서는 러시아 내 아르메니아 디아스포라의 형성 과정과 특징에 대해 고찰해고자 한다. 여기서 아르메니아 디아스포라의 특징이란 러시아 지역에 다양하게 분포한 아르메니아 디아스포라에서 공통으로 나타나는 특징을 말한다. 이를 위해 2장에서는 러시아에서 아르메니아 디아

"Rethinking Russia's Post-Soviet Diaspora: The Potential for Political Mobilization in Eastern Ukraine and North-East Estonia," *Europe-Asia Studies*, Vol. 49, No. 5 (1997), pp. 845-864; Pal Kolsto, "The New Russian Diaspora: Minority Protection in the Soviet Successor States," *Journal of Peace Research*, Vol. 30, No. 2 (1993), pp. 197-217.

8 이란과 구소련 영토에 거주하고 있는 디아스포라가 아르메니아 디아스포라의 '동'을 대표한다면, 그 외 서구 국가 내 아르메니아 디아스포라는 '서'를 뜻한다. 아르메니아 디아스포라에 관한 서구 학자들의 저서는 다음과 같다. Edmund Herzig, *The New Caucasus: Armenia, Azerbaijan and Georgia* (London: Royal Institute of International Affairs, 1999); Edmund Herzig and Marina Kurkchiyan, *The Armenians: Past and Present in the Making of National Identity* (NY: Taylor & Francis Routledge, 2005); Vladimir Wertsman, *The Armenians in America, 1618-1976* (NY: Oceana Publications, Inc., 1978).

9 특히 모스크바에서 발간되는 잡지 <디아스포르이>(Диаспоры)는 2000년 1-2호에서 러시아 내 아르메니아 디아스포라에 관한 내용을 중점적으로 다룬 바 있다. А. Ю. Майничева, "Армяне современного Новосибирска," *Диаспоры*, No. 1-2 (2000), с. 149-159; Э. Л. Мелконян, "Диаспора в системе этнических меньшинств (На примере армянского рассеяния)," *Диаспоры*, No. 1-2 (2000), с. 6-28; А. Е. Тер-Саркисянц, "Донские армяне: тенденции этнокультурного развития," *Диаспоры*, No. 1-2 (2000), с. 98-119; В. А. Хачатурян, "Становление армянских колоний в России," *Диаспоры*, No. 1-2 (2000), с. 78-97; Е. З. Чикадзе, "Армяне Петербурга: от общественного движения к общинным институтам," *Диаспоры*, No. 1-2 (2000), с. 196-214.

10 몇 가지를 소개하자면 다음과 같다. 권희영, Valery Han, 반병률, 『우즈베키스탄 한인의 정체성 연구』 (서울: 한국정신문화연구원, 2001); 임영상, 황영삼 외, 『소련 해체이후 고려인 사회의 변화와 한민족』 (서울: 한국외국어대학교 출판부, 2005); 전경수, 『까자흐스탄의 고려인』 (서울: 서울대학교출판부, 2002); 유진숙, "그루지야의 러시아 디아스포라," 『민족연구』, 제32권 (서울: 한국민족연구원, 2007), pp. 128-144.

스포라가 형성된 배경을 역사적 흐름에 따라 살펴볼 것이다. 3장에서는 러시아의 다양한 지역에 존재하는 아르메니아인 공동체들의 현황과 특징을 살펴볼 것이다. 여기서는 아르메니아인의 최대 밀집 지역인 크라스노다르, 아르메니아인을 포함한 다양한 민족이 밀집한 러시아 수도 모스크바, 상대적으로 적은 수의 아르메니아인이 거주하는 시베리아 지역 내 아르메니아인 공동체가 고찰 대상이 될 것이다. 이 지역들을 주요 분석 대상으로 선정한 이유는 지역 내 아르메니아 인구의 많고 적음에 따라, 또 거주지의 지리적 위치(중심과 주변)에 따라 아르메니아인 공동체의 특징이 어떻게 다르게 나타나는지 알아보기 위함이다. 제4장에서는 앞서 살펴본 세 지역과 다른 지역 아르메니아인 공동체의 특징을 종합해 비교·분석하여 러시아 내 아르메니아 디아스포라의 일반적 특징을 유추하고 당면 문제점을 점검해본다.

2. 아르메니아 디아스포라의 발생 배경과 원인

2.1. 고대~19세기

아르메니아는 일찍부터 페르시아, 아랍, 비잔틴, 튀르크, 몽골 등 외세의 침입을 끊임없이 받았다. 4세기 후반 아르메니아는 페르시아와 로마에 의해 분열되었고, 7세기에는 아랍의 지배를 받았다. 10세기 후반에는 비잔틴이, 11세기 말에는 셀주크 튀르크가 아르메니아를 통치했다. 그 이후에도 외세의 지배는 계속되어 아르메니아는 13세기에 몽골, 15세기에 오스만튀르크와 티무르의 지배 아래 놓였다. 16세기부터는 약 3세기 동안 튀르크와 페르시아의 지배가 계속되었다.[11] 이와 같은 상황에서 아

11 황영삼, "그루지야와 아르메니아의 종교와 민족주의," 임영상, 황영삼 저, 『소련과 동유럽의 종교와 민족주의』 (서울: 한국외국어대 출판부, 1996), p. 141에서 재인용.

르메니아인은 모국을 떠나 다른 지역으로 이주하기 시작했다. 동시에 교역을 위해 자발적으로 모국을 떠나기도 했다. 이들은 특히 지리적으로 가까운 중동 지역이나 러시아 남부 지역으로 이주했다.

아르메니아인이 러시아 땅을 밟은 것은 키예프 루시 시대였다. 10~11세기부터 아르메니아인은 수공업자, 상인, 건축가, 군인 신분으로 고대 루시의 영토를 드나들었다. 16세기 초 크림과 카잔의 아르메니아인이 무역, 수공업, 농업 등 지역 경제 발전에 크게 이바지하면서, 이반 4세의 칙령으로 많은 아르메니아인이 모스크바를 중심으로 러시아 여러 지역에 걸쳐 정착한다. 아르메니아인의 집거 지역도 차츰 생기나기 시작했다. 예를 들면, 아스트라한에는 아르메니아인의 대규모 집단거주지가 형성되었다.[12]

아르메니아 상인들의 궁정 로비[13]와 더불어 카스피 해와 러시아 간 대외무역에서 아르메니아인이 중요한 구실을 함으로써 이들의 러시아 이주는 그 이후에도 차르 정부의 정책에 의해 보호되었다.[14] 17세기 후반 로마노프 왕조의 두 번째 차르인 알렉세이와 그의 후계자 표트르 1세가 아르메니아 수공업자와 상인을 러시아로 대거 불러들였다. 당시 러시아 내 아르메니아인은 50만 명 이상에 달했다.[15] 예카테리나 2세 역시 1779년 크림 한국에 거주하고 있던 12,500명의 아르메니아인을 돈 강 유역으로 이주시킨 바 있다.[16] 그 이후에도 러시아로 이주한 아르메니아인의 수는 점점 증가했다. 이주지도 모스크바에서 로스토프, 아스트라한, 북카프카스, 카프카스의 흑해 연안, 몰도바로 확대되었다. 아르메니아 상인들의 교역을 통해 면, 실크, 면사, 염료, 보석, 쌀, 말린 과일 등이 러시

12 http://www.armkc.ru/diaspora/ (검색일: 2010.4.10).

13 1659년 사그라갼이라는 아르메니아 상인이 차르에게 다이아몬드 옥좌와 선물을 바치며 경제적 특권을 얻어냈다. 아르메니아 상인층은 러시아 내 페르시아 실크 무역 독점권과 러시아 영토 내 자유통행권 등의 특권을 받을 수 있었다. Хачатурян, Указ. соч., с. 85.

14 Там же, с. 84-85.

15 Долбакян, "Москва-город судьбы армянской," *Дружба Народов*, No. 1 (1998), с. 56.

16 Тер-Саркисянц, Указ. соч., с. 98.

아로 들어오기 시작했다.[17] 이처럼 아르메니아인은 교역자로서 근동 지역과 러시아를 잇는 가교 역할을 담당했다고 할 수 있다. 러시아 내 아르메니아인 수가 증가하면서 아르메니아 자치구 형태의 마을들도 생겨나기 시작했다. 대표적인 곳으로 노바야 나히체반(Новая Нахичевань), 그리고리오폴(Григориополь), 아르마비르(Армавир) 등을 들 수 있다.[18]

아르메니아인의 러시아 이주가 활발했던 또 다른 시기는 1828년 페르시아가 통치하던 동부 아르메니아가 러시아 제국에 복속되던 때였다. 한편, 서아르메니아는 튀르크의 지배를 받고 있었기 때문에 아르메니아인은 국가 전체를 잃은 상태나 다름없었다. 동아르메니아의 러시아 편입으로 모국을 떠났던 아르메니아인과 서아르메니아 지역에 거주하고 있던 아르메니아인이 동아르메니아로 이주할 수 있었다. 이것은 서아르메니아인이 앞으로 러시아에 이주할 가능성을 열어놓은 계기가 되었다.

2.2. 1915년 터키의 아르메니아인 대학살

1915년 터키가 자행한 대학살은 세계 각지에 아르메니아 디아스포라가 발생하게 된 결정적 원인으로 평가받을 만큼 아르메니아인의 대규모 이주를 낳았다. 1차 세계대전 당시 터키 정부는 자국에 거주하고 있던 아르메니아인이 적국인 러시아와 연합할 가능성이 높다는 이유로 이들에 대한 경계를 늦추지 않았다. 결국, 러시아와의 전투에서 참패한 터키군은 1915년 4월 터키 내 아르메니아 지도자와 지식인 총 325명을 처형했고, 나머지 성인 남자들을 군대나 건설현장에 소집했다. 이들은 집단

17 Долбакян, Указ. соч., с. 56-57.

18 Там же, с. 57. 노바야-나히체반(혹은 노르-나히체반)은 돈 강에 세워진 아르메니아인의 도시로 나중에 나히체반-나-도누로 이름이 바뀌었다가 1928년 로스토프-나-도누에 통합되었다. 이후 프롤레타르스키 지역으로 이름이 바뀌면서 나히체반이라는 도시명은 사라지게 되었다. 그리고리오폴은 현재 우크라이나와 몰도바 사이에 자리 잡은 트랜스드네스트르 지역의 한 도시이다. 아르마비르는 크라스노다르 변강의 도시로, 고대 아르메니아 수도 중 한 도시를 기념하여 명명되었다.

학살을 당했으며, 아르메니아 부녀자, 노인, 어린이 60여만 명은 시리아와 메소포타미아 사막으로 추방되었다. 아르메니아 측의 주장을 따르면, 이들 대부분이 사막에서 굶어 죽어서 시리아에 살아 도착한 생존자는 겨우 35명뿐이었다. 당시 터키 영토 내 약 300만 명의 아르메니아인 중 150만 명에서 200만 명이 사망한 셈이었다. 대학살과 추방 등으로 수만 명의 아르메니아인이 당시 러시아 제국이 통치하고 있던 동부 지역과 세계 각지로 피신했다. 1915년 터키의 아르메니아인 대학살은 주로 서아르메니아에 거주하고 있던 아르메니아인의 대규모 이주를 일으켰지만, 이는 결과적으로 서아르메니아에서 동아르메니아로, 더 나아가 동아르메니아에서 러시아로 가는 이주로까지 발전했다.

2.3. 20세기 후반~현재

1980년대 말 소련 전역에 확대된 민족주의 열풍으로 소련 거주 비러시아계 민족들이 자민족 공화국으로 이주하는 현상이 두드러졌다. 그러나 아르메니아를 비롯한 카프카스에서 발생한 일련의 사건은 오히려 아르메니아인의 러시아 역이주를 낳았다. 여기서 일련의 사건이란 남카프카스 지역 내 분쟁과 아르메니아에서 일어난 대지진을 말한다.

남카프카스 지역 분쟁 중에서 아르메니아인의 국외이주에 영향을 미친 것은 아르메니아와 아제르바이잔 사이의 갈등 관계이다. 이러한 긴장 관계의 중심에는 나고르노 카라바흐 자치주와 나히체반 자치 공화국을 둘러싼 영토 문제가 놓여 있다. 나고르노 카라바흐 지역은 현재 아제르바이잔의 서남쪽에 자리 잡고 있지만, 7세기부터 아르메니아 영토였으며 아르메니아인이 인구의 다수를 이루며 거주하고 있었다. 그러나 1921년 러시아 공산당 중앙위원회 카프카스국의 결정에 따라 이 지역은 아제르바이잔 소비에트 사회주의 공화국에 편입되었고, 1923년 7월에는 아제르바이잔 내 자치주로 바뀌게 되었다. 역으로 나히체반 자치 공화국은 아르메니아 영토 안에 자리 잡고 있지만, 공식적으로 아제르바이잔 공화국의 영토이다. 아르메니아인이 이 지역들을 돌려 달라고 요구하면서 이에 반대하는 아제르바이잔인과의 충돌이 빈번하게 일어났다.[19]

양국 간 충돌은 1980년대 말부터 과격한 형태를 띠기 시작했다. 1988년부터 카라바흐 지역과 예레반에서 카라바흐 지역 분리를 요구하는 데모가 열렸다. 그러나 이에 반대하는 아제르바이잔인은 바쿠, 숨가이트 등에서 반대시위를 전개했다. 두 민족의 대규모 시위는 유혈분쟁으로 격화되었다. 이런 무력충돌은 이듬해까지 계속되다가 결국 전쟁으로 번졌다. 이처럼 영토분쟁이 악화하면서 아제르바이잔에서는 아르메니아인의 이주가, 아르메니아에서는 아제르바이잔인의 이주가 증가했다. 피난민 중 일부는 본국으로 귀환했고, 다른 일부는 러시아를 비롯한 이란, 그루지야 등 인접국으로 이주했다.

유혈분쟁으로 모국에 돌아온 아르메니아인은 곧 다른 지역으로 재이주할 수밖에 없었다. 모국에 정착하기도 전에 대지진이 일어났기 때문이다. 1988년 12월 인구 5만의 스피타크(Спитак) 시에서 강진이 발생하여 주변의 레니나칸(Ленинакан), 키로바칸(Кировакан) 시까지 심각한 피해를 줬다.

아르메니아와 아제르바이잔의 영토분쟁뿐만 아니라, 주변국의 상황도 아르메니아인의 이주에 직간접적인 영향을 미쳤다. 가장 최근의 예로는 2008년 그루지야와 러시아의 전쟁을 들 수 있다. 아르메니아인은 이웃국가인 그루지야에도 적지 않게 거주하고 있었다.[20] 2008년 8월 그

19 양국 간 분쟁에 대해서는 다음 자료를 참고하기 바람. 고재남, 『구소련 지역 민족분쟁의 해부』 (마산: 경남대학교 출판부, 1996); 양승함, "구소련지역의 민족분쟁: 나고르노 카라바흐 지역을 중심으로," 『사회과학논집』, 제25권 (서울: 사회과학연구소, 1994), pp. 201-239; 장병옥, "나-카 분쟁과 아제르-아르메니아 평화과정," 『중동연구』, 제26권, 제2호 (서울: 중동연구소, 2007), pp. 277-298.

20 2002년 그루지야 인구조사 결과를 보면, 그루지야 내 아르메니아인은 248,929명으로 그루지야 총인구의 5.7%였다. 아르메니아인이 가장 많이 거주하는 지역은 그루지야 남쪽에 자리

루지야가 자국 내 남오세티야 자치주를 공격하면서 시작된 전쟁은 러시아가 개입하면서 러시아와 그루지야 전쟁으로 확대되었다. 이 전쟁은 그루지야에 경제적, 물질적 피해를 줬을 뿐 아니라, 결과적으로 그루지야에 거주하고 있던 많은 사람의 피난을 낳았다. 전쟁 직전인 2008년 7월 자료에 의하면, 그루지야 내 아르메니아인 거주자는 263,959명이었다. 전쟁 직후 아르메니아인의 인구비율 변화에 대한 통계자료는 없지만, 전쟁으로 118,000명 이상의 피난민이 발생했다는 사실에 비추어 볼 때 남오세티야와 그루지야 내 아르메니아인도 그루지야 땅을 떠났다는 것을 짐작해볼 수 있다.[21] 남오세티야에서는 45,000명, 러시아군 폭격을 당했던 고리 시에서는 73,000명이 피난을 떠났다.[22] 아르메니아인이 많은 수는 아니지만, 남오세티야와 고리 시에도 거주했다는 사실을 고려할 때,[23] 이들 중 일부나 상당 부분도 피난행렬에 합류했을 것으로 추정된다.

정치적, 안보적 요인 외에, 아르메니아인이 러시아로 이주하는 또 다른 이유는 경제적 요인에 있다. 독립 이후 저임금, 고실업률 등 아르메니아의 불안정한 경제 상황으로 많은 아르메니아인이 노동이주를 떠났다. 1992년부터 아르메니아에서 외국으로 나가는 사람들은 백만 명에 이르렀다. 그중에서 70%가 러시아로 떠났는데, 이는 15만에서 18만 가구에 해당하는 수치이다. 노동이주만 놓고 볼 때, 아르메니아 노동이주자의 94%가 러시아를 기착지로 선택하는 것으로 나타났다.[24] 러시아로

잡고 있어 아르메니아 국경과 맞대고 있는 Samtskhe-Javakheti 지역(Самцхе-Джавхети, 아르메니아인 사이에서는 자바히(Джавахи)로 불림)이다. 이곳에 113,347명의 아르메니아인이 거주했는데, 이는 당시 그루지야 내 아르메니아인 전체 인구의 절반 정도에 해당했다. 그루지야 국립통계청 http://www.geostat.ge (검색일: 2010.04.10).

21 *РИА НОВОСТИ* (15.08.2008).

22 Там же.

23 1989년 남오세티야 거주 아르메니아인은 984명이었다. http://www.ethno-kavakz.narod.ru/rnsossetia.html (검색일: 2010.3.29). 2002년 그루지야 인구조사 결과에 따르면, 고리 시 거주 아르메니아인은 1,972명으로 집계되었다. 그루지야 국립통계청, http://www.geostat.ge (검색일: 2010.04.10).

떠나는 아르메니아 노동자가 많은 이유는 몇 가지로 축약할 수 있다. 의사소통의 어려움이 덜하다는 점, 소련의 일부로서 문화적 거부감이 적다는 점, 러시아에 이미 정착했거나 일자리를 구한 지인이 많다는 점, 아르메니아가 독립국가연합의 일원이어서 러시아 입국 시 별도의 비자가 필요치 않는 점 등이다. 노동 이주로 건너간 사람들은 주로 건설업, 서비스업, 자영업에 종사한다. 이들은 보통 이른 봄에 떠났다가 늦가을이나 겨울이 돼서 다시 모국으로 돌아온다. 2009년에 러시아도 경제위기를 겪게 되면서 러시아로의 이주가 예년보다 주춤해졌지만, 지금도 여전히 많은 아르메니아인이 러시아로 떠나고 있다.[25]

이처럼 자연재해, 영토분쟁, 남카프카스의 불안한 정치경제 상황은 아르메니아인의 러시아 이주를 낳았다. 소련 붕괴 이후 구소련 공화국 내 민족 갈등이나 민족 차별로 현지에 거주하는 아르메니아인이 모국으로 이주하는 예도 있지만, 부적응 문제로 러시아로 재이주하기도 했다. 이와 함께 아르메니아에서 수행해야 하는 군복무 의무[26]도 또 다른 이주 원인이 되었다. 이렇듯 다양한 배경과 여러 가지 원인으로 러시아 내 아르메니아 디아스포라는 수적으로 점점 확대되었고, 거주지도 특정 지역을 벗어나 러시아 전역으로 넓어지고 있다.

---

24 *РИА НОВОСТИ* (02.06.2009).

25 2009년 수치에 따르면 러시아로 이주한 아르메니아인 수는 32,000명 이상으로, 2008년보다 690명이 더 증가한 수치이다. *Известия* (28.01.2010).

26 1994년 모스크바 교외에 위치한 칼루가(Калуга)로 이주한 한 아르메니아인은 자신의 아들이 징집당할 처지에 있기 때문에 이주했다고 답하면서, 만약 딸만 있었다면 러시아로 이주하는 일은 생각하지 않았을 것이라고 덧붙였다. В. Д. Попков, *Феномен этнических диаспор* (Москва: Институт Социологии РАН, 2003), с. 127.

3. 지역별 아르메니아인 공동체 현황

3.1. 크라스노다르

크라스노다르 변강(Краснодарский край)은 전통적으로 아르메니아인의 집거 지역이다. 이곳에 거주하는 아르메니아인은 1989년에는 182,200명, 2002년에는 274,000명이었다.[27] 아르메니아인이 주로 모여 사는 곳은 흑해 연안(아나프스크, 겔렌지크스크, 소치, 노보로시스크 등), 쿠반과 그 주변, 크라스노다르, 아르마비르, 아디게야 공화국 등을 들 수 있다. 크라스노다르 아르메니아인은 크게 1980년대 말 이전에 이주해온 아르메니아인의 후손들과 그 이후 최근 20년간 카프카스 지역에서 이주해온 사람들로 구분할 수 있다.

처음 이 지역으로 아르메니아인이 이주해온 시기는 19세기 중반이었다. 물론, 그 이전부터 아르메니아인이 무역과 상업을 목적으로 이 지역을 거치기도 했다. 정착을 목적으로 이주하게 된 계기는 오스만튀르크의 크림 정복 때문이었다. 아르메니아인은 일찍부터 크림반도에 터를 잡고 있었다. 13세기 비잔틴이 크림반도를 점령하면서 당시 비잔틴 제국의 지배를 받았던 아르메니아인들이 크림 지역으로 이주했다.[28] 그 이후 1783년 러시아가 크림반도를 병합하면서 이 지역으로의 이주가 다시 활발해졌다. 그러나 1853~56년 크림전쟁 결과 튀르크가 이 지역을 차지하게 되면서 크림 지역의 아르메니아인은 크라스노다르 지역으로 건너왔다. 이들이 처음 정착한 지역은 현재의 아르마비르 지역으로, 후에 큰 교역도시로 성장하게 된다. 주목할 만한 것은 이 지역으로 건너와 정착했던 아르메니아 사람들이 주로 북서 아르메니아 출신이라는 사실이다.

---

27 Итоги Всесоюзной переписи населения 1989 г.; Итоги Всероссийской переписи населения 2002 г.

28 Д. Лэнг, *Армяне. Народ-созидатель* (Москва: Центрополиграф, 2009), с. 211-241.

특히 암쉔(Амшен, 후에는 헴쉰이라고 불리기도 하는 이 지역은 현재 터키 동북부에 있는 '리제'의 한 곳을 지칭함)에서 이주해온 아르메니아인이 많아 이 지역 내 아르메니아 디아스포라 중에서 암쉔 아르메니아인은 하나의 독특한 소그룹으로 구분된다. 아직도 이 지역에는 암쉔 아르메니아인의 후손이 많이 거주하고 있다.[29]

최근 20년간 이 지역으로의 이주는 남카프카스의 상황과 밀접한 관련이 있다. 1980년대 말부터 남카프카스에서 일어난 유혈 사태로 말미암아 지리적으로 가까운 크라스노다르 지역으로 또 한 차례의 대규모 아르메니아인 이주가 진행되었다. 소련 붕괴 당시 지리적으로 가까운 압하지야 자치 공화국과 체첸 공화국에 거주하던 아르메니아인이 이곳으로 이주하기도 했다. 그 외 중앙아시아와 그루지야에서도 아르메니아인 이주가 이어졌다. 1990년대 중반부터는 주로 경제적인 이유로 이주해온 사람이 많았는데, 그들 중 80%는 본국에서 이주해왔다.[30]

이 지역 내 아르메니아 조직은 1990년대 초반부터 형성되기 시작했다. 아르메니아인이 대거 거주하고 있는 지역에는 어김없이 아르메니아 단체가 조직되어 있다. 예를 들면, '러시아 아르메니아인 연맹'(Союз Армян России, САР)의 크라스노다르 지부, 아르메니아 학술문화센터 '암쉔'(Амшен), 크라스노다르 문화센터 '하치카르'(Хачкар), 아르메니아 문화교육센터 '하렉'(Харек) 등 다양한 단체가 지역별로 형성되어 있다. 이 외에 청년 단체 '에르키르'(Еркир)와 대학생연합체 '아라라트'(Арарат)도 활동하고 있어 아르메니아 젊은이들도 민족 공동체 활동에 참여하고 있음을 알 수 있다.[31]

러시아 내 여타 민족 단체가 그렇듯이, 이 지역 내 아르메니아 단체들

---

29 http://www.armkc.ru/diaspora/ (검색일: 2010.04.10).

30 М. С. Симонян, *Новая волна мигрантов. Рост кризисных явлений во взаимоотношениях между русским и армянским населением Кубани (конец XX века)*. http://www.mashtots.ru/istorita-armyan-kubani/ (검색일: 2010.04.02).

31 http://www.karabah88.ru/interviu/20081216_tavadian.html (검색일 2010.03.30).

도 민족 문화 보존을 위해 많은 노력을 기울이고 있다. 또한, 아르메니아 전통 무용단이나 합창단, 일요학교 등도 자체적으로 운영되고 있다. 이러한 문화 활동은 주로 아르메니아 교회를 중심으로 이뤄지고 있는 것이 특징이다. 현재 크라스노다르 주에는 10개의 아르메니아 교구가 있으며 신규 교회 건축도 계획되어 있다.[32]

아르메니아인을 위한 잡지와 신문도 발행되고 있다. 대중정보지 '하치카르'를 비롯해 '에르크라마스'(Еркрамас)와 '루이스'(Луйс) 등의 신문이 이 지역 아르메니아 디아스포라 사이에서 큰 인기를 얻고 있다.[33] 최근 모국에서 이주해온 신이주민 그룹을 제외하고는 아르메니아인 대부분이 모국어를 상실했기 때문에, 이런 잡지와 신문은 러시아어로 발행되고 있다.

3.2. 모스크바

1989년 소연방 인구조사 결과를 보면, 당시 모스크바에는 44,000명의 아르메니아인이 거주하고 있었다.[34] 이후 2002년에는 그보다 3배 정도 많은 124,000명의 아르메니아인이 모스크바에 거주하는 것으로 나타났다.[35] 거주등록이 되지 않은 이주자까지 고려한다면 그 수는 더 많을 것으로 보인다.

아르메니아인들, 특히 상공업자들은 중세 시대부터 모스크바에 진출했다. 아르메니아인의 러시아 진출은 러시아 역사와도 관련이 있다. 모스크바 공국은 본격적으로 발전하기 시작하면서 동방 국가들과의 교역을 중시하였다. 공국은 자국 상인들을 동방 국가로 보내는 한편, 외부 상인들도 받아들였다. 이때 아르메니아 상인들이 볼가 강을 건너 모스

32 http://www.armkc.ru/diaspora/ (검색일: 2010.04.10).

33 Там же.

34 Итоги Всесоюзной переписи населения 1989 г.

35 Итоги Всероссийской переписи населения 2002 г.

크바, 아르한겔스크, 노브고로드, 핀란드 만까지 진출한다. 이렇게 형성된 무역로를 '아르메니아의 길'(Армянская дорога)이라 부른다.[36] 또한, 14세기 말 물물교환과 교역이 활발하게 일어났던 모스크바 키타이-고로드(Китай-город)에 이미 '아르메니아 블록'이 존재했다는 사실은[37] 아르메니아 상인들이 일찍부터 모스크바에 진출했다는 것을 증명해준다. 그 이후 키타이-고로드 내 아르메니아인 구역이 점차 확장되어 16세기에는 궁정에 물품을 전문적으로 공급하는 '아르메니아 교역관'(армянский торговый дом)이 설립되었다.[38]

초기 아르메니아 이주민이 모스크바에서 세대교체를 거듭하며 아르메니아 디아스포라의 근간이 되었다면, 1980년대 말 이후 모스크바로 이주해 온 새로운 이주민들은 디아스포라의 규모를 확대했다. 다른 지역에서와는 달리, 모스크바에서는 러시아 내부 이주 현상을 관찰할 수 있다. 말하자면, 모스크바가 러시아 정치, 경제, 사회, 문화를 망라한 모든 분야의 중심지이기 때문에, 카프카스 지역에서뿐만 아니라 이미 다른 러시아 지역들에 거주하고 있던 아르메니아인들이 모스크바로 재이주하는 현상이 두드러진다는 것이다.

모스크바에서 활동하고 있는 가장 큰 단체는 2000년에 설립된 '러시아 아르메니아인 연맹'(САР)을 들 수 있다. 이 단체는 각 지역에 지부를 두고 있으며, 구성원 수도 가장 많아 러시아에서 활동하는 아르메니아 단체 중에서 가장 크다. 모스크바의 지역 아르메니아인을 대상으로 하는 단체들도 활동하고 있다. 1992년에는 '모스크바 아르메니아 공동체'(Армянская община Москвы, АОМ)라는 협회가 창설되었다. 이어 1997년에는 모스크바의 남서행정구역 내 아르메니아 민족문화자치회가 설립되었다. 이 외에도 러시아-아르메니아 협력지원펀드, 국제 아르메니

36 Хачатурян, Указ. соч., с. 80.

37 Долбакян, Указ. соч., с. 58.

38 Там же, с. 59.

아학 인문펀드, 러시아-아르메니아 협력회, 국제 아르메니아 대학생협회 등 여러 단체가 모스크바에서 활동 중이다. 이와 함께 비즈니스 연합회 '아라데스'(АРАДЕС), 법률 지원단체 '미아반누튠'(МИАБАНУТЮН), '아라라트역사연구단체'처럼 특화된 영역 출신들이 조직한 단체들도 있다.[39] 어느 정도 규모를 갖춘 민족단체들은 단체 소식을 전하는 신문이나 정보지 등을 발간한다. 하지만 '디알로그'(Диалог), 월간신문 '유시사파일'(Юсисапайл) 등 정기간행물들은 아르메니아어가 아닌 러시아어로 출간되고 있다.[40]

모스크바가 수도인 만큼 이곳에는 다른 지역보다 더 많은 아르메니아 교육기관이 존재한다. 러시아-아르메니아 국립학교, 아르메니아 김나지움 등을 비롯하여, 151번 학교 부속 러시아-아르메니아 문화센터와 일요학교 등도 있어 아르메니아 학생들은 이 시설들을 통해 모국어와 모국 문화를 접할 수 있다. 아르메니아 전통문화와 관련하여 아르메니아 실내합창단과 극단 등 예술단들도 활동하고 있다.[41] 모스크바에서도 역시 아르메니아 교회를 찾아볼 수 있다. 모스크바는 러시아 최초의 아르메니아 교회가 설립된 곳이다.[42]

3.3. 시베리아와 극동

2002년 인구조사 결과에 따르면, 당시 시베리아 연방관구에는 60,286명, 극동관구에는 17,903명의 아르메니아인이 거주했다. 시베리아 관구에서 가장 많은 아르메니아인이 거주하는 곳은 크라스노야르 변강(10,807명)과 케메로보 주(10,104명)이다. 극동 관구에서는 연해주(5,640

39 Долбакян, Указ. соч., с. 64.
40 http://mdn.hypnotronic.ru/ (검색일: 2010.04.13).
41 Там же.
42 아르메니아 교회가 러시아 영토에 처음으로 세워진 해는 1599년이다. Хачатурян, Указ. соч., с. 81.

명)와 아무르 주(4,045명)에 비교적 많은 수의 아르메니아인이 거주하고 있다.[43] 시베리아 지역에 거주하는 아르메니아인 수가 예년과 비교해서 증가했다 하더라도, 러시아연방의 중앙 지역이나 남부 지역에 비하면 이 지역 내 디아스포라의 규모는 여전히 작다고 할 수 있다.

시베리아 지역에는 비교적 늦게 아르메니아 디아스포라가 형성되었다. 아르메니아인들이 교역을 목적으로 일찍부터 러시아 남부 지역과 모스크바를 드나들었던 데 비해, 시베리아에는 오랫동안 아르메니아인의 발길이 닿지 않았다. 러시아가 시베리아를 정복했던 16세기 후반부터 아르메니아인들도 이 지역에 관심을 두게 된다. 아르메니아인들이 시베리아에 주목했던 이유는 다름 아닌 시베리아산 모피 때문이었다. 아르메니아 상인들이 상품 가치가 훌륭한 시베리아 모피에 눈을 돌리면서 아르메니아인과 시베리아의 인연이 시작되었던 것이다.

초기 아르메니아인과 시베리아의 관계가 주로 경제적인 동기에서 시작되었다면, 동아르메니아가 러시아에 복속된 1828년부터는 시베리아 지역이 아르메니아인들에게 새로운 정착지로서 의미를 띠게 되었다. 그러나 중심지에서 멀리 떨어진 지리적 특성과 열악한 기후 조건 등으로 아르메니아인의 시베리아 이주는 속도를 내지 못했다. 19세기 후반에 가서야 비로소 시베리아의 아르메니아 디아스포라가 형성되기 시작했다. 형성 원인 중 하나는 경제적인 데에 있었다. 초기 아르메니아인들에게 경제적 이익 대상이 모피였다면, 19세기 후반부터는 교역만 아니라, 시베리아 철도공사나 광산업 참여를 통해서 아르메니아인들의 경제 활동 영역이 넓어졌다. 경제적 요인 외에도, 시베리아에 유형 온 아르메니아인들을 중심으로 디아스포라가 생겨나기도 했다.[44]

---

43 Итоги Всероссийской переписи населения 2002 г.

44 농민이나 소시민층에 속했던 아르메니아인들은 주로 금광업에 종사했다. 1897년 러시아 제국의 첫 번째 인구조사 결과에 의하면 야쿠트 주에 정착한 아르메니아인은 총 19명이었다. 한편, 1901년부터 1916년까지 야쿠트 주로 유형을 온 아르메니아인은 약 20명 정도였다. П. Л. Казарян, “Историко-демографический облик армянской диаспоры в Якутии,”

그 이후 톰스크와 같은 학술도시로 대학생들이 유학을 오거나, 시베리아의 대규모 산업 중심지에서 업무를 위해 고학력 전문가들이 이주하는 등 아르메니아인의 시베리아 이주는 꾸준히 계속됐다. 이들 중 일부는 유학과 업무를 마치고 다시 본국이나 러시아 중심지로 돌아갔고, 다른 일부는 그 후에도 시베리아 지역에 남아 정착했다. 하지만 시베리아 지역에서도 아르메니아 노동이주 그룹은 존재한다. 이들은 건축업 같은 분야에서 일하기 위해 1~3개월 단위로 시베리아를 방문한다. 이들도 역시 노동이주를 고수하는 그룹과 나머지 가족을 불러 들여 정착하는 그룹으로 나눌 수 있다.[45] 이러한 이주현상을 통해서 시베리아 내 아르메니아 디아스포라의 규모가 조금씩 확대되었다.

시베리아에서도 1980년대 말부터 아르메니아 단체들이 조직되기 시작했다. 이들은 처음에 비공식 조직으로 출발했지만, 러시아 정부가 1995년 사회단체법, 1996년 민족문화자치법을 제정하면서 정부 승인을 받은 공식 단체로 자리 잡았다. 예를 들어, 야쿠티야에는 1996년 9월 아르메니아 문화펀드가 설립되어 아르메니아인을 위한 각종 문화 프로그램을 기획하고 있다. 아르메니아 역사와 언어를 알릴뿐 아니라 서적, 달력, 신문 등을 발간하고 각종 문화 행사나 대회 등을 준비한다. 2000년부터는 '러시아 아르메니아인 연맹'의 야쿠티야 지부가 창설되어 지역 아르메니아인을 대표하고 있다. 이 단체는 낡은 집을 수리한다거나 유치원 등을 건설하는 등 지역 활동에도 참여하고 있으며, 모국과 카라바흐 공화국에 원조를 보내는 등 민족 단체로서 활약하고 있다. 이뿐만 아니라, 민족 문화 계승을 위해 각종 대회, 전시회, 공연 등을 마련하고 일요학교 등을 열어 아르메니아어 교육에도 관심을 기울이고 있다.[46] 노보

Сибирская Заимка, No. 5 (2002). http://zaimka.ru/05_2002/kazarian_armenians/ (검색일: 2010. 03.20).

45 А. Ю. Майничева, "Там наша память... Проблемы армянской диаспоры в Новосибирске," *Сибирская Заимка*, No. 5 (2001). http://zaimka.ru/culture/ainicheva12.shtml? (검색일: 2010. 03.24).

시비르스크에서도 야쿠티야에서처럼 여러 아르메니아 단체가 조직되었다. 이들의 활동 목적과 과제는 다른 지역의 그것과 크게 다르지 않다. 주목할 만한 것은 아르메니아 학자들에 의해 아간베갼(А. Г. Аганбегян)의 이름을 딴 시베리아 경제연구소가 세워지면서 이곳이 시베리아 아르메니아인의 학술 중심지가 되었다는 점이다.[47]

4. 아르메니아 디아스포라의 일반적 특징과 문제점

지금까지 크라스노다르, 모스크바, 시베리아 지역에 있는 아르메니아 공동체의 특성을 살펴보았다. 이 세 지역과 기타 지역 내 아르메니아 공동체의 특징들을 참고하여 종합해보면,[48] 러시아 내 아르메니아 디아스포라의 일반적 특징과 문제점을 유추해 볼 수 있다.

4.1. 디아스포라 내 소그룹

러시아 내 아르메니아 디아스포라는 여러 지역에서, 그리고 다양한 시기에 걸쳐 형성되었다. 아르메니아 디아스포라 내부는 다양한 기준에 따라 몇 개의 소그룹으로 구분된다. 먼저 시기별 구분이 가능하다. 첫 번째 시기는 아르메니아가 소련에 편입되기 이전, 즉 1920년 이전 시기에 해당한다. 고대 루시에서부터 시작하여 본격적인 교역 활동을 펼쳤

---

46 Казарян, Указ. соч.

47 Майничева, Указ. соч.

48 기타 지역으로는 크라스노다르 주와 함께 아르메니아인이 가장 많이 거주하는 지역 중 하나인 스타브로폴 변강(Ставропольский край)과 페테르부르크를 포함했다. В. Акопян, *Проблемы армян Ставропольского края*. http://noravank.am/ru/file/article/289-ru.pdf (검색일: 2010.04.01); С. В. Лурье, "Армянская община в Санкт-Петербуруге." http://svlourie.narod.ru/armenian-myth/diaspora.htm (검색일: 2010.03.22); http://www.arrro.ru/history/i/2 (검색일: 2010.04.19); http://www.hayinfo.ru/ru/interview/61844.html (검색일: 2010.04.13).

던 중세, 동아르메니아가 러시아 제국에 복속된 1828년, 터키의 대학살이 일어난 1915년이 이 시기에 포함된다. 이때 러시아로 이주해온 아르메니아인의 후손들이 현재 아르메니아 디아스포라의 초기 구성원이 되었다. 이들은 러시아에 정착한 시기가 오래되어 모국어와 전통문화의 요소들을 상당 부분 상실했다고 볼 수 있다. 오랜 기간 모국과 떨어져 있으면서 러시아 사회에 동화되었기 때문에 이들의 아르메니아 민족 정체성은 약할 수밖에 없다.

두 번째 시기는 1980년대 말부터 1990년 초이다. 이 시기는 자연재해, 민족분쟁 등 불가피한 상황에 의한 이주를 특징으로 한다. 다시 말해 이 시기에 해당하는 이주민들은 '피난민'의 성격을 띤다고 할 수 있다. 1990년대 말과 2000년대 초 나온 설문조사 결과들을 살펴보면, 이 시기에 러시아로 이주한 아르메니아인은 경제적으로나 사회적으로 첫 번째 시기의 그룹보다 안정적이지 않다는 것을 알 수 있다. 이와 관련하여 아루튜난(Ю. В. Арутюнян)은 첫 번째와 두 번째 시기 그룹의 교육수준, 직업을 비교한 바 있는데, 전자가 후자보다 교육수준이 높을 뿐만 아니라, 학술, 교육, 문화에 종사하는 비율도 훨씬 높았다. 공무원 비율도 첫 번째 그룹에서 더 높았다. 반면, 두 번째 그룹은 산업, 교통, 건축, 자영업에 종사하는 비율이 월등히 높은 것으로 나타났다. 이들은 아르메니아어를 모국어로 간주하고 있으며, 1/3 정도만 러시아어 구사가 가능했다. 민족 소속감이나 민족 문화 보존 수준도 두 번째 그룹이 훨씬 더 높은 것으로 나타났다.[49] 이런 결과는 다른 연구에서도 유사하게 나타나고 있다. 그러나 그로부터 10년 정도 시간이 흘렀다는 것을 고려하면, 당시 신이주민으로 구분된 아르메니아인은 지금 구이주민 그룹과 비슷한 속성을 띠고 있을 것으로 보인다. 즉, 그들은 첫 번째 그룹과 다음에서 살

49 이 설문조사 결과는 다음을 참조하기 바람. Ю. В. Арутюнян, "Армяне в Москве (по результатам сравнительного исследования)," *Социологические исследования*, No. 11 (2001), с. 15-17.

펴볼 최근 10년 사이에 이주한 신이주민 그룹 사이에서 중간 형태의 특성을 띠고 있을 것이다.

세 번째 시기는 최근 10년 동안으로, 이 시기 이주민은 신이주민 그룹으로 규정할 수 있다. 이때의 이주는 주로 경제적인 필요에서 나왔다. 이 그룹은 두 번째 그룹의 초기 형태와 유사한 특징이 있다고 볼 수 있다. 이 그룹에 해당하는 아르메니아인은 모국에서의 가난을 피해 러시아로 이주해온 사람들이 주류이기 때문에 교육이나 경제적 수준이 낮고, 러시아어 구사 능력도 앞서 살펴본 두 그룹보다 낮을 것으로 보인다. 이들에게서는 아직은 러시아 국민으로서의 정체성보다 아르메니아 민족 정체성이 더 뚜렷하게 나타난다고 할 수 있다.

시기별 구분 외에도 출신지별로 디아스포라 내부 그룹을 구분할 수 있다. 학자들은 저마다 출신지별 구분을 조금씩 달리 하고 있다. 예를 들면, 폴로스코바(Т. Полоскова)는 모스크바 아르메니아인을 그루지야 트빌리시, 중앙아시아, 아제르바이잔 바쿠, 아르메니아 본국 출신으로 나누었다.[50] 반면, 아루튜냔은 동일한 모스크바 아르메니아인을 아르메니아 본국, 남카프카스, 러시아의 다른 지역 출신, 모스크바 출생자, 모스크바 장기 거주 아르메니아인으로 구분했다.[51] 한편, 아르메니아 디아스포라를 출신지별로 구분할 때, 모킨(К. С. Мокин)은 아르메니아 출신자들, 구소련 공화국에서 모국으로 귀환했다가 러시아로 되돌아온 사람들, 구소련에서 바로 러시아로 이주한 사람들, 러시아 다른 지역 출신자들, 러시아에서 아르메니아로 갔다가 러시아로 뒤돌아온 사람들, 이렇게 다섯 가지로 분류한다.[52] 앞서 살펴본 크라스노다르 지역 내 아르메니아인은 출신지에 따라, 암센 출신(구이주민), 아르메니아 출신, 그루지

50 Т. Полоскова, “Армянская диаспора в России.” http://www.armenia.ru/community.php3?page=poloskova (검색일: 2005.10.22)

51 Арутюнян, Указ. соч., с. 15.

52 К. С. Мокин, “Балаково: Миграционные истории армян,” *Социологические исследования*, No. 2 (2007), с. 97.

야 출신, 아제르바이잔 출신 등으로 나눠볼 수 있다. 이렇듯 학자마다, 지역마다 아르메니아 디아스포라 내부를 구분하는 기준은 다르지만, 크게 본국 출신, 그루지야 출신, 아제르바이잔(바쿠) 출신, 중앙아시아 출신(주로 카자흐스탄과 투르크메니스탄), 러시아 기타 지역 출신으로 구분할 수 있다.

출신지별 그룹도 각기 다른 정체성과 민족 문화에 대한 태도를 보여준다. 예를 들면, 본국 출신들은 아르메니아어 구사 능력이나 전통문화 보존 정도에서 자신들이 진정한 아르메니아인이라는 자부심을 갖고 있다. 반면, 러시아에서 오랫동안 지내온 아르메니아인은 러시아에 강한 애착을 보이며 러시아인과 유사한 정체성을 갖는다고 볼 수 있다. 카프카스 아르메니아인은 모국만 강조하기보다는 카프카스 지역 전체와 자신들을 동일시하는 경향을 드러낸다. 이에 반해 중앙아시아 출신들은 모국과의 연계성이 약한 편이다. 그렇다고 이들에게서 카프카스 아르메니아인처럼 지역 정체성이 강하게 표출되는 것도 아니다.[53]

4.2. 민족 문화 보존과 민족 교육을 위한 노력

러시아 아르메니아인들은 모국이 아닌 타국에 거주하면서 민족 문화 보호를 위해 노력하고 있다. 민족 문화의 재생 의지는 민족 단체들과 아르메니아 교회를 중심으로 실현됐다. 아르메니아 단체들은 아르메니아 전통문화와 관습을 보존, 유지하기 위해 다양한 활동을 펼치고 있다. 이들은 아르메니아 역사 소개서를 출판하거나 신문과 단체 정보지를 발행하여 단체의 활동과 아르메니아 소식 등을 전해준다.

아르메니아 전통문화 보존에서는 아르메니아 교회의 역할이 특히 두드러진다. 아르메니아인 집거 지역에는 일찍부터 아르메니아 정교 교회가 세워져 아르메니아인의 문화적 중심 구실을 하고 있다. 이주 10년 차

53 Попков, Указ. соч., с. 125.

이상의 구이주민에서는 현지 동화 수준이 높지만, 이들도 역시 종교만큼은 아르메니아 정교를 그대로 유지하고 있다. 물론, 러시아 정교로 개종하는 사람들도 있기는 하지만, 많은 아르메니아인이 아르메니아 교회에 다니고 있다. 이처럼 아르메니아 교회는 지역 아르메니아인이 함께 모일 기회를 창출한다. 아르메니아 교회가 아르메니아인의 민족 정체성 유지에 그만큼 중요한 역할을 하고 있는 것이다.

교회에서는 종종 민족 단체들이 펼치는 활동들을 도맡아 하거나 단체들과 연합하여 여러 행사를 진행한다. 예를 들면, 아르메니아의 중요한 역사적 사건들을 기념하는 행사들을 꼽을 수 있다. 1915년 터키의 대학살 희생자들을 기리는 행사, 아르메니아 독립기념일을 기념하는 행사 등이 대표적이다. 2001년에는 아르메니아의 기독교 수용 1,700주년 기념행사, 2006년에는 '아르메니아의 해' 경축행사가 개최된 바 있다.

아르메니아인들은 자신들을 위한 학교 설립에도 힘쓰고 있다. 아르메니아어는 구이주민 사이에서 의사소통 수단의 실질적 기능을 사실상 상실했다고 할 수 있다. 소연방 시기에 존재했던 아르메니아 학교들은 초반에는 아르메니아어로 교육하다가 점차 러시아어와 아르메니아어를 병행 교육하기 시작했다. 아르메니아어로만 교육하면, 학생들이 졸업 후 러시아의 고등교육기관 입학에 어려움을 겪을 수 있고 좋은 직업을 구할 기회도 놓칠 수 있기 때문이다. 현재 모스크바와 같이 아르메니아 학교가 설립된 지역들이 있긴 하지만, 이런 곳에서도 수업은 두 가지 언어로 진행되고 있다. 아르메니아인 사이에서는 아르메니아 학교가 반드시 필요하다는 의견이 절대적이다. 하지만 아르메니아 학교로 자녀를 실제로 보내는 아르메니아인은 그리 많지 않다. 이제 아르메니아 학교는 민족 문화를 가르치고 전수하는 민족 교육의 산실이 아니라, 러시아어가 익숙하지 않은 신이주민 자식들이 러시아어를 배우고 러시아 사회에 적응할 수 있는 교육기관으로 바뀌었다.[54] 그러나 여전히 많은 아르메니아인은 모국어를 배워야 한다는 의식이 있기 때문에 아르메니아 학교가 설립되지 못한 곳에는 교회를 중심으로 아르메니아를 배울 수 있는 일요학교나 프로그램이 개설되어 있다.

4.3. 내부 분화와 분열

구성원이 많아질수록 디아스포라 내부의 통합은 더욱 어려워진다. 여전히 많은 아르메니아인이 경제적 안정을 좇아 러시아로 이주하고 있는데, 먼저 이주해 정착한 지인들은 아르메니아 본국에 남아 있는 이들의 연쇄 이주를 낳는다. 즉, 아르메니아인의 러시아 이주는 여전히 진행형이다. 이것은 곧 러시아 내 아르메니아 디아스포라가 확장된다는 것을 의미한다. 수적으로 증가한 디아스포라는 한편으로는 일정한 공동체 의식을 형성하게 하고 현지에서 자민족 권리신장과 보호를 위해 더 큰 목소리를 낼 수 있게 한다. 그러나 다른 한 편으로 디아스포라의 수적 팽창과 더불어 구성원의 서로 다른 사회·경제적 위치가 내부 갈등을 심화시켜 아르메니아인 사이에 분열을 유발하기도 한다.

출신지별 차이도 상호 교제를 방해한다. 모킨은 사라토프 주 발라코보(Балаково) 지역에 거주하는 아르메니아인을 조사하면서 소그룹 간 경계에 관한 흥미로운 결과를 도출한 바 있다.[55] 각 그룹은 비아르메니아인과의 결혼을 긍정적으로 생각하고 있지만, 같은 아르메니아인이지만 자신의 출신지와 다른 지역 출신의 사람과 하는 결혼에 대해서는 오히려 부정적으로 보고 있다는 것이다. 또한, 친하게 지내는 주변 사람의 민족적 배경을 따져보았을 때, 오히려 러시아인이 더 많지만, 다른 지역 출신의 아르메니아인을 친구로 삼는 예는 굉장히 드물다는 결과가 나왔다. 이유는 타민족에는 더 많은 관용과 이해심을 갖고 다가가지만, 다른

---

54 Арутюнян, Указ. соч., с. 17.

55 Мокин, Указ. соч., с. 94-101.

지역 출신의 같은 아르메니아인에게는 더 엄격한 기준으로 대하기 때문이었다.

그러나 갈등과 분열은 일반 아르메니아 주민에게서만 발견되는 것은 아니다. 아르메니아 단체가 많이 존재하지만, 단체와 지역 내 아르메니아인 간의 실제적인 상호협력이 항상 긴밀하게 이루어지는 것은 아니다. 현존하는 '러시아 아르메니아인 연맹'만 보더라도 수많은 아르메니아 디아스포라를 통합하고 있지 못하다. 이 단체는 가장 많은 수의 아르메니아 단체와 구성원을 포섭하고 있는 동시에 단일한 아르메니아 단체로서의 목표가 있지만, 러시아 각지에 분포해 있는 다양한 지방 단체와의 협력이나 일반 아르메니아인과의 교류 수준은 실제로 높다고 할 수 없다.

또한, 여러 단체가 아르메니아 명절, 독립기념일 등 중요한 날에 맞춰 다양한 행사를 준비하고 있지만, 이런 행사에 참여하는 사람들의 수는 한정적이다. 많은 아르메니아 사람들은 자민족 단체가 존재한다는 사실을 알고는 있어도 단체의 활동에 무관심한 태도를 보이는 경우도 적지 않다.

4.4. 민족 관계

모국을 떠나 타지에 거주하는 사람들의 특징은 수용국에 통합되기 위해 노력한다는 것이다. 이들은 현지 언어를 배우고 문화를 익히며 주변 민족들에 좋은 평판을 얻으려고 애쓴다. 러시아 내 아르메니아인도 예외는 아니다. 그러나 특정 민족의 대규모 이주나 그들이 가진 독특한 민족성은 때때로 주변 민족에게 거부감을 낳기도 한다. 예를 들어, 크라스노다르 지역은 러시아인 다음으로 아르메니아인이 많이 모여 사는 곳이다. 지역 내 아르메니아인의 수적 우세는 자칫 지역민의 불만을 살 수도 있다. 이뿐만 아니라, 새로운 이주민의 활발한 경제 활동과 성공은 주변 민족의 질투나 경계심을 유발할 수도 있다. 실제로 크라스노다르 지역 주민, 특히 카자크 사회의 공개적 불만과 원성으로 주 정부가 아르메니아인의 여권 조사에 나서는 일이 일어났고, 지방 언론이 개입하여 반아르메니아적 성격의 기사를 내보내며 아르메니아인에 부정적인 여론을 조성하기도 했다.[56]

아르메니아인의 대규모 이주 외에, 아르메니아인이 가진 속성도 주변 민족과의 관계에 영향을 미친다. 주변 민족이 아르메니아인을 바라보는 시선은 어느 정도 정형화되어 있다. 아르메니아인은 전통적으로 뛰어난 적응력과 높은 교육열, 성공 지향적 성향이 있어서, 다른 민족보다 비교적 이른 시기에 사회적 성공을 이루거나 부를 축적하는 일이 많다. 그래서 주변 민족에게 호감을 사지 못하거나 탐욕스럽다는 좋지 못한 평판을 종종 듣곤 한다. 아르메니아인에 대한 주변 민족의 비우호적인 관계는 과격한 형태로 발전하기도 하는데, 이는 때때로 극단적 제노포비아 현상으로 나타나기도 한다. 예를 들면, 아르메니아 공동묘지 내 비석을 부수거나 아르메니아 단체 건물 벽에 과격한 표현의 낙서를 남긴다든가, 더 심한 경우에는 건물 파손이나 방화 등이 발생하기도 한다.[57]

그러나 아르메니아인이 주변 민족에게 부정적 인상을 남기는 일은 그들이 남들보다 더 이른 성공을 얻거나 경제적 부를 금방 누려서만은 아닐 것이다. 현지 사회 동화 과정에서 나타나는 수동적 태도, 아르메니아인들만의 교류(물론 같은 출신지의 경우) 등도 주변 민족의 비우호적 태도를 낳을 수 있다. 이들이 누리는 경제적 부와 비교하면 지역사회 활동에는 무관심하거나 지역사회에 적응하지 않으려고 하는 폐쇄주의는 우호적 민족 관계를 위협할 수 있다.

---

56 Симонян, Указ. соч.

57 Акопян, Указ. соч., с. 37.

5. 결론

지금까지 지역별 아르메니아 공동체에 대한 기존 연구, 기사, 분석자료 등을 기반으로 각 지역 아르메니아 공동체의 특징을 종합, 분석해보았다. 현지조사가 빠졌다는 점에서 한계가 있을 수 있지만, 다양한 시기에 걸쳐 진행된 연구 자료를 분석하는 과정에서 러시아 내 아르메니아 디아스포라의 공통 특징과 문제점을 포착해볼 수 있었다.

아르메니아인은 고대 루시에서 시작하여 현재에 이르기까지 오랜 시간에 걸쳐 러시아로 이주하여 거주했다. 러시아 내 아르메니아 디아스포라의 형성 과정은 아르메니아 역사뿐만 아니라 러시아 및 주변국 역사, 당시 정세와도 밀접한 관련이 있다. 각기 다른 역사적 배경 속에 다양한 지역에서 이주해온 아르메니아인들은 이주 시기와 출신지에 따라 몇 개의 소그룹으로 나뉜다. 크게 세 가지 시기로 구분된 소그룹은 러시아 사회에서의 통합 수준, 모국에 대한 애착 정도, 아르메니아어 구사 능력, 아르메니아 전통문화와 관습의 보존 수준에서 각각 차이가 난다. 출신지별로 나눠보자면, 크게 아르메니아 본국과 신생 독립공화국에서 이주해온 사람들, 러시아 내부 이주자로 구분할 수 있다. 아르메니아 민족이라는 공통분모가 있음에도, 소그룹 간 교류는 다른 민족과의 교류보다 활발하지 못하며 서로에 대한 선입견 등도 존재한다.

아르메니아 디아스포라가 러시아 여러 지역에 걸쳐 형성되어 있는 만큼, 아르메니아 단체도 많은 지역에 존재한다. 1980년대 말부터 아르메니아인은 자체 단체를 만들어 본격적으로 활동하기 시작했다. 아르메니아 민족에게 비극적인 사건들이 발생했던 이 시기에는 아제르바이잔과의 유혈 사태, 대지진 등으로 발생한 피해자들을 원조하고 모국 복구를 지원하는 모임들도 모스크바를 비롯한 러시아 각지에서 생겨났다. 1980년대 말 소련 전 지역에서는 아르메니아 민족뿐만 아니라 모든 민족이 민족 단합과 민족 문화 복원 등을 주창했는데, 각종 민족 단체가 우후죽순 생겨난 것도 이때부터였다. 이 시기에 많은 민족이 그동안 억압되었던 민족성을 표출해 보이고 민족 부흥의 상징적 목적에 의해 민족 단체를 만들었다면, 아르메니아인에게는 모국에서 일어난 일련의 사건이 민족 단체 조직의 중요한 동기가 되었다.

현재 러시아의 다양한 지역에서 크고 작은 아르메니아 단체가 활동하고 있다. 이들의 목적은 지역 내 아르메니아인의 통합, 전통문화 보존, 아르메니아어 교육 등에서 유사성을 보인다. 모든 지역의 아르메니아인이 이런 단체 활동에 능동적으로 참여하는 것은 아니지만, 단체의 활동이 아르메니아인의 집단 정체성, 지역 정체성 등을 형성하는 데 일조하고 있는 것은 분명하다. 많은 지역에 아르메니아 단체가 조직되어 있지만, 공식 단체가 형성되지 않은 곳에는 해당 지역 아르메니아인이 인정하는 일부 권위자나 리더가 존재하고 있다. 이런 곳에는 사회단체로서의 체계적 네트워크보다는 친인척 관계와 개인적 신뢰나 신용을 바탕으로 하는 내부 네트워크가 형성돼 있다. 동향회나 친목회 정도의 모임이라고 일컫는 것이 더 적절할 정도로, 이런 공동체에서는 대외 활동보다는 아르메니아인들 간의 인간적 교류, 상부상조, 정신적 지지 등을 더 많이 찾아볼 수 있다.[58]

단체 외에도 아르메니아인의 민족 정체성을 유지하는 데 중요한 역할을 수행하는 또 다른 기관은 아르메니아 교회이다. 아르메니아 단체가 형성되기 훨씬 이전부터 아르메니아인은 교회를 중심으로 모이면서 같은 민족의 정체성을 공유할 수 있었다.

러시아 내 아르메니아 디아스포라의 일반적 특징을 분석하는 과정에서 드러난 아르메니아 디아스포라의 당면 문제는 크게 통합 문제, 주변 민족과의 관계로 추릴 수 있다. 통합 문제는 아르메니아 디아스포라뿐

58 김혜진, op. cit., p. 357.

만 아니라, 모든 디아스포라가 직면해 있는 문제이기도 하다. 아르메니아인의 지속적 이주, 러시아 내 아르메니아 디아스포라의 규모 확대로 내부 통합 문제가 수면 위로 떠오르면서 반드시 해결해야 할 문제가 되었다. 또한, 그동안 타민족에 각인되었던 아르메니아인의 부정적 이미지도 탈피해야 할 것이다. 현지 사회에 통합되는 데서 수동성과 사회·문화적 폐쇄성을 버리고, 지역을 발전시키는 활동 등에 적극적으로 참여한다면 주변 민족과의 관계도 발전할 수 있을 것이다.

디아스포라 내부 분리와 교류 부진에도 많은 아르메니아인은 아르메니아 디아스포라가 단결해야 하고 전통문화를 유지해야 한다는 점에서 같은 의견이다. 애초에 아르메니아 단체가 만들어질 수 있었던 것은 모국의 위기를 극복하기 위한 것이었다. 미국이나 유럽 내 아르메니아 디아스포라와 비교할 때, 러시아 내 아르메니아 디아스포라의 활동은 미약한 편이지만, 모국에 도움을 주기 위해 다양한 노력을 기울이고 있다. 러시아 국가두마가 아르메니아 내 러시아 군사기지 건설, 아르메니아의 러시아-벨라루스 동맹 합류 등에 승인하고, 1995년 러시아 의회가 터키의 아르메니아인 대학살 논의에 들어간 것은 러시아와 아르메니아의 상호이익을 위한 결정이면서도 아르메니아 디아스포라의 노력이 결실을 맺은 것이기도 하다.[59]

모국의 위기 때문만이 아니라 러시아 사회에서 아르메니아 디아스포라가 더 견고한 입지를 다지기 위해서도, 아르메니아 민족 문화와 정체성이 다음 세대에게도 전수되기 위해서도 디아스포라가 당면한 문제들이 해결되어야 한다. 이를 위해서는 지금까지 살펴본 디아스포라 내부 그룹 간 활발한 교류와 주변 민족과의 우호적 관계 형성이 우선시되어야 한다.

---

59 А. М. Халмухамедов, "Армянская диаспора как социокультурный и политический феномен." http://www.escocman.edu.ru (검색일: 2010.04.03)

참고문헌

고재남. 『구소련 지역 민족분쟁의 해부』. 마산: 경남대학교 출판부, 1996.

권희영, Valery Han, 반병률, 『우즈베키스탄 한인의 정체성 연구』. 서울: 한국정신문화연구원, 2001.

김혜진. "아르메니아 디아스포라의 형성과 모국과의 관계에 대한 연구." 『슬라브학보』, 제24집, 제4호. 서울: 한국슬라브학회, 2010.

양승함. "구소련지역의 민족분쟁: 나고르노 카라바흐 지역을 중심으로." 『사회과학논집』, 제25권. 서울: 사회과학연구소, 1994.

유진숙. "그루지야의 러시아 디아스포라." 『민족연구』, 제32권. 서울: 한국민족연구원, 2007.

임영상, 황영삼. 『소련 해체이후 고려인 사회의 변화와 한민족』. 서울: 한국외국어대학교 출판부, 2005.

______. 『소련과 동유럽의 종교와 민족주의』. 서울: 한국외국어대 출판부, 1996.

장병옥. "나-카 분쟁과 아제르-아르메니아 평화과정." 『중동연구』, 제26권, 제2호. 서울: 중동연구소, 2007.

전경수. 『까자흐스탄의 고려인』. 서울: 서울대학교출판부, 2002.

Акопян, В. *Проблемы армян Ставропольского края*. http://noravank.am/ru/file/article/289-ru.pdf (검색일: 2010.04.01).

Арутюнян, Ю. В. "Армяне в Москве (по результатам сравнительного исследования)." *Социологические исследования*, No. 11 (2001).

Губогло, М. Н. *Идентификация идентичости*. Москва: Наука, 2003.

Долбакян, Э. "Москва-город судьбы армянской." *Дружба Народов*, No. 1 (1998).

Казарян, П. Л. "Историко-демографический облик армянской диаспоры в Якутии." *Сибирская Заимка*, No. 5 (2002).

Кондратьев, М. Г., Матвеев, Г.Б. "Формирование чувашской диаспоры." *Расы и Народы*, Т. 29 (2003).

Крылов, А. "Армянская диаспора - важный фактор мировой политики."

Новая Политика. http://www.novopol.ru/material306.html (검색일: 2009. 09.28).

Лурье, С. В. “Армянская община в Санкт-Петербуруге.” http://svlourie.narod.ru/armenian-myth/diaspora.htm (검색일: 2010.03.22).

Лэнг, Д. *Армяне. Народ-созидатель*. Москва: Центрполиграф, 2009.

Майничева, А. Ю. “Армяне современного Новосибирска.” *Диаспоры*, No. 1-2 (2000).

________________. “Там наша память... Проблемы армянской диаспоры в Новосибирске.” *Сибирская Заимка*, № 5 (2001).

Мелконян, Э. Л. “Диаспора в системе этнических меньшинств (На примере армянского рассеяния).” *Диаспоры*, No. 1-2 (2000).

Мокин, К. С. “Балаково: Миграционные истории армян.” *Социологические исследования*, No. 2 (2007).

Полоскова, Т. “Армянская диаспора в России.” http://www.armenia.ru/community.php3?page=poloskova (검색일: 2005.10.22).

Попков, В. Д. *Феномен этнических диаспор*. Москва: Институт социологии РАН, 2003.

Симонян, М. С. “Новая волна мигрантов. Рост кризисных явлений во взаимоотношениях между русским и армянским населением Кубани (конец XX века).” http://www.mashtots.ru/istorita-armyan-kubani/ (검색일: 2010.04.02).

Тер-Саркисянц, А. Е. “Донские армяне: тенденции этнокультурного развития.” *Диаспоры*, No. 1-2 (2000).

Халмухамедов, А. М. “Армянская диаспора как социокультурный и политический феномен.” http://www.escocman.edu.ru (검색일: 2010.04. 03).

Хачатурян, В. А. “Становление армянских колоний в России.” *Диаспоры*, No. 1-2 (2000).

Чикадзе, Е. З. “Армяне Петербурга: от общественного движения к общинным институтам.” *Диаспоры*, No. 1-2 (2000).

Grigoryan, Marianna. *Armenia: Falloff in Remittances is a Cause for Economic Uncertainty at Home.* http://www.eurasianet.org (검색일: 2009. 10.10).

Herzig, Edmund. *The New Caucasus: Armenia, Azerbaijan and Georgia.* London: Royal Institute of International Affairs, 1999.

Herzig, Edmund and Marina Kurkchiyan. *The Armenians: Past and Present in the Making of National Identity.* NY: Taylor & Francis Routledge, 2005.

Kolsto, Pal. "The New Russian Diaspora: Minority Protection in the Soviet Successor States." *Journal of Peace Research*, Vol. 30, No. 2. (1993)

Smith, Graham and Andrew Wilson. "Rethinking Russia's Post-Soviet Diaspora: The Potential for Political Mobilization in Eastern Ukraine and North-East Estonia." *Europe-Asia Studies*, Vol. 49, No. 5. (1997)

Wertsman, Vladimir. *The Armenians in America. 1618-1976.* NY: Oceana Publications, Inc., 1978.

기타 참고자료

러시아 인구조사결과

Итоги Всесоюзной переписи населения 1989 г.

Итоги Всероссийской переписи населения 2002 г.

신문

Известия (28.01.2010).

РИА НОВОСТИ (15.08.2008; 02.06.2009).

통계자료

그루지야 국립통계청 http://www.geostat.ge

아르메니아 국립 통계서비스 http://www.armstat.am

인터넷 자료

http://www.arrro.ru/history/i/2 (검색일: 2010.4.19).

http://www.hayinfo.ru/ru/interview/61844.html (검색일: 2010.4.13).

http://www.hayinfo.com/ru/interview/44517.html (검색일: 2009.11.22).

http://news.bbc.co.uk/2/hi/europe/6382703.stm (검색일: 2009.07.23).

http://www.karabah88.ru/interviu/20081216_tavadian.html (검색일 2010.03.30).

http://www.armkc.ru/diaspora/ (검색일: 2010.04.10).
http://mdn.hypnotronic.ru/ (검색일: 2010.04.13).
http://www.ethno-kavakz.narod.ru/rnsossetia.html (검색일: 2010.03.29).

찾아보기

러시아 인문공간: 자연·인간·사회

초판 인쇄 2012년 5월 10일
초판 발행 2012년 5월 21일

지 은 이 라승도, 김혜진, 송준서, 황성우
기　　획 한국외국어대학교 러시아연구소
449-791 경기도 용인시 처인구 모현면 왕산리 산89
전화 (031)330-4852
팩스 (031)330-4840
홈페이지 http://www.rus.or.kr/
전자우편 hufsirs@hufs.ac.kr
발 행 인 박 철
발 행 처 한국외국어대학교 출판부
130-791 서울시 동대문구 이문로 107
전화 (02)2173-2495~7
팩스 (02)2173-3363
홈페이지 http://press.hufs.ac.kr
전자우편 press@hufs.ac.kr
출판등록 제6-6호(1969. 4. 30)
디자인·편집 (주)이환디앤비 (02)2254-4301
인쇄·제본 SM C&P (02)468-6100

ISBN 978-89-7464-743-8 94920　　정가 15,000원
ISBN 978-89-7464-650-9 (세트)

* 잘못된 책은 교환하여 드립니다.